MORTADELO

MORTADELO

ÍNDICE

Aventura completa:
La ruta del yerbajo 5
Test 53
Tablón de anuncios 54
La cinemateca de la T.I.A. 56
Espíc Ínglish güiz Mortadelo y Filemón 58
Los archivos secretos de la T.I.A. 60
Análisis caquil 62
Los inventos del profesor Bacterio 64
Aventura completa:
La Elasticina 65
Test 109

© Francisco Ibáñez - © Ediciones B, S.A. – Consell de Cent, 425-427 – 08009 Barcelona (España)
Titularidad y derechos reservados a favor de la propia editorial – Prohibida la reproducción
1.ª edición: 2016 – ISBN: 978-84-666-5947-5 – DL B 8.820-2016
Imprime: ROL PRESS – Impreso en España – Printed in Spain

www.edicionesb.com - www.mortadeloyfilemon.com

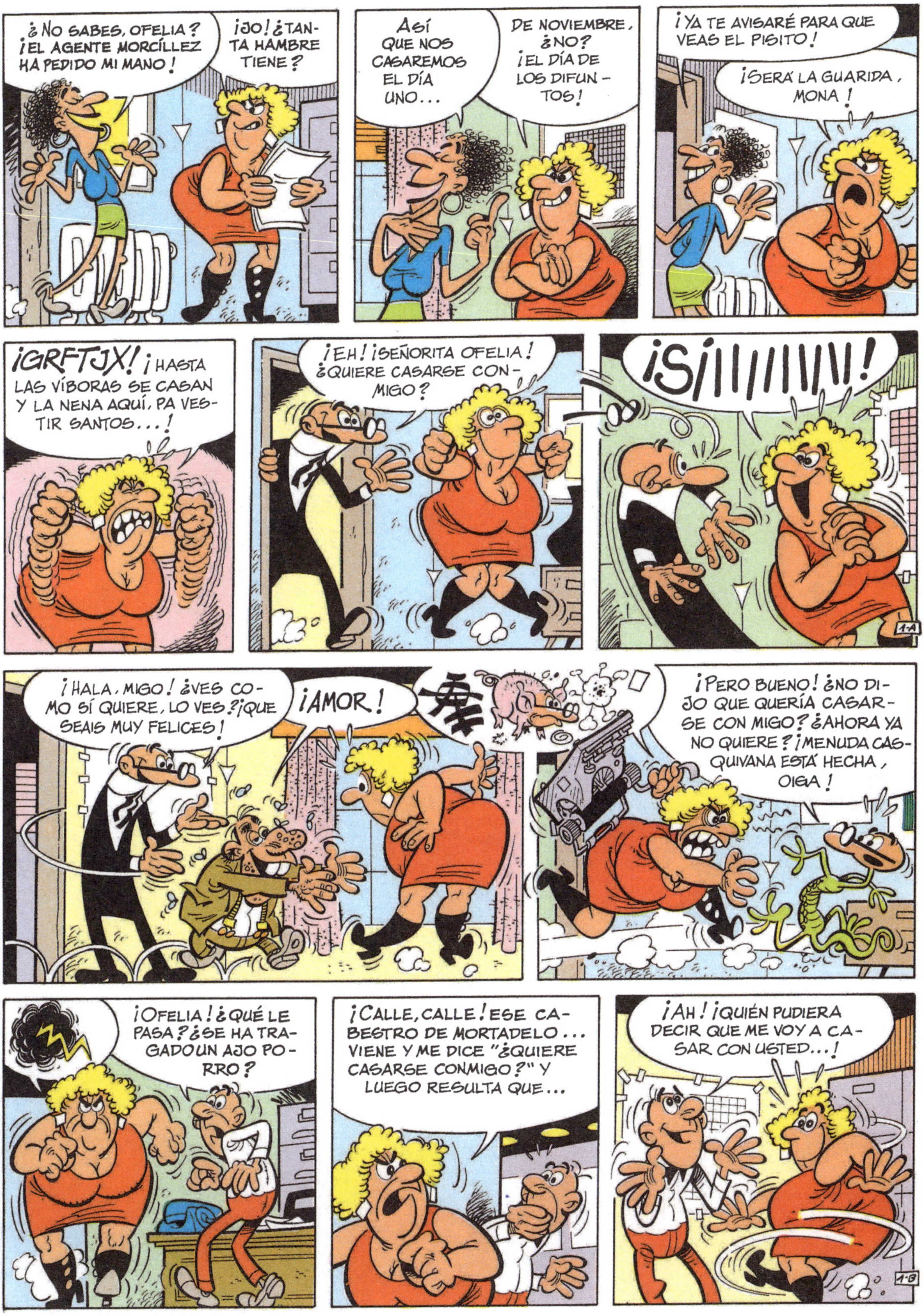
¿NO SABES, OFELIA? ¡EL AGENTE MORCÍLLEZ HA PEDIDO MI MANO!
¡JO! ¿TANTA HAMBRE TIENE?
ASÍ QUE NOS CASAREMOS EL DÍA UNO...
DE NOVIEMBRE, ¿NO? ¡EL DÍA DE LOS DIFUNTOS!
¡YA TE AVISARÉ PARA QUE VEAS EL PISITO!
¡SERÁ LA GUARIDA, MONA!
¡GRFTJX! ¡HASTA LAS VÍBORAS SE CASAN Y LA NENA AQUÍ, PA VESTIR SANTOS...!
¡EH! ¡SEÑORITA OFELIA! ¿QUIERE CASARSE CONMIGO?
¡SÍ!!!!!!!!!
1-A
¡HALA, MIGO! ¿VES COMO SÍ QUIERE, LO VES? ¡QUE SEAIS MUY FELICES!
¡AMOR!
¡PERO BUENO! ¿NO DIJO QUE QUERÍA CASARSE CON MIGO? ¿AHORA YA NO QUIERE? ¡MENUDA CASQUIVANA ESTÁ HECHA, OIGA!
¡OFELIA! ¿QUÉ LE PASA? ¿SE HA TRAGADO UN AJO PORRO?
¡CALLE, CALLE! ESE CABESTRO DE MORTADELO... VIENE Y ME DICE "¿QUIERE CASARSE CONMIGO?" Y LUEGO RESULTA QUE...
¡AH! ¡QUIÉN PUDIERA DECIR QUE ME VOY A CASAR CON USTED...!
1-B

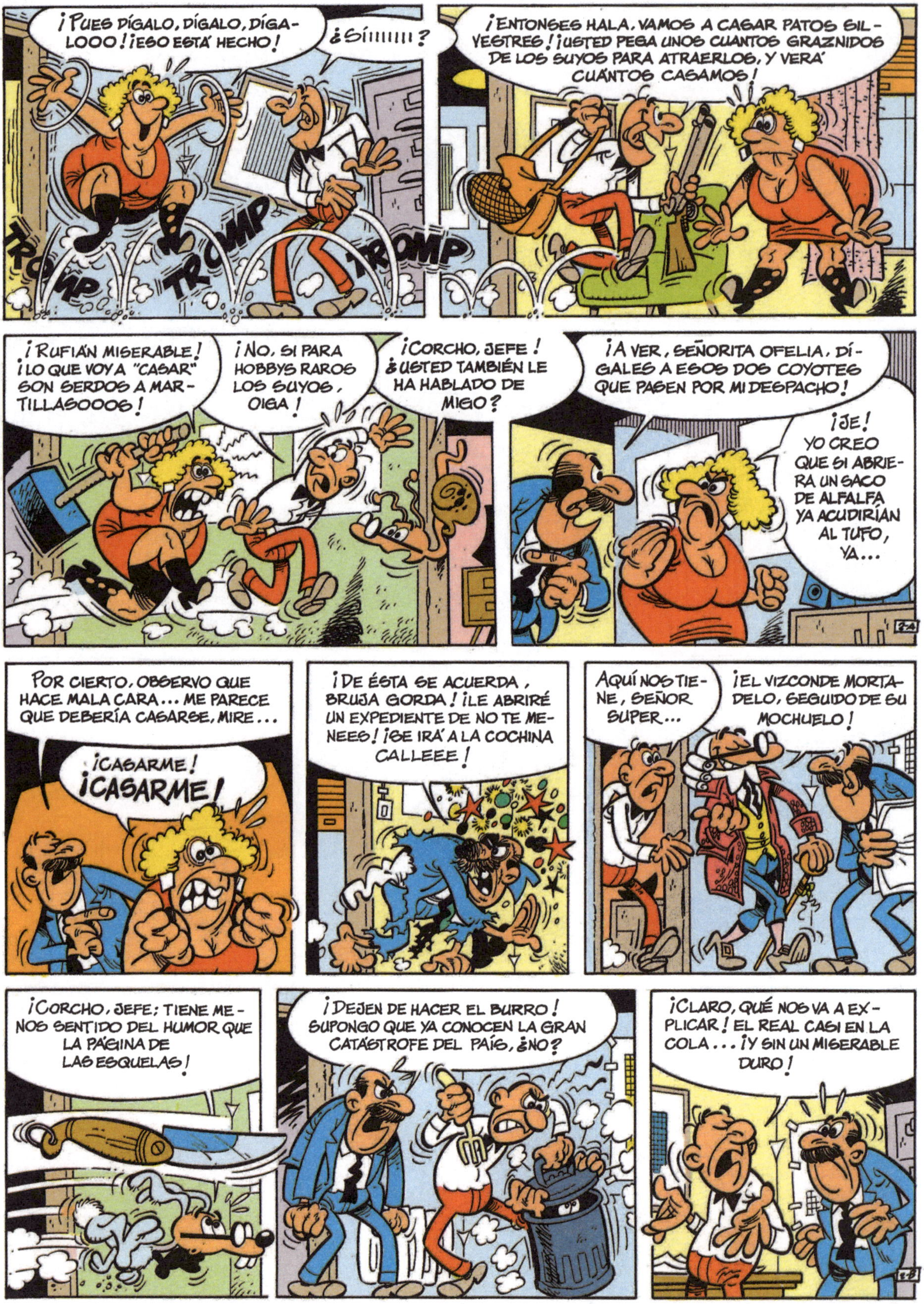
¡PUES DÍGALO, DÍGALO, DÍGALOOO! ¡ESO ESTÁ HECHO!
¿SÍ!!!!!!!?
TROMP
TROMP
TROMP
¡ENTONSES HALA, VAMOS A CASAR PATOS SILVESTRES! ¡USTED PEGA UNOS CUANTOS GRAZNIDOS DE LOS SUYOS PARA ATRAERLOS, Y VERÁ CUÁNTOS CASAMOS!
¡RUFIÁN MISERABLE! ¡LO QUE VOY A "CASAR" SON SERDOS A MARTILLASOOOS!
¡NO, SI PARA HOBBYS RAROS LOS SUYOS, OIGA!
¡CORCHO, JEFE! ¿USTED TAMBIÉN LE HA HABLADO DE MIGO?
¡A VER, SEÑORITA OFELIA, DÍGALES A ESOS DOS COYOTES QUE PASEN POR MI DESPACHO!
¡JE! YO CREO QUE SI ABRIERA UN SACO DE ALFALFA YA ACUDIRÍAN AL TUFO, YA...
POR CIERTO, OBSERVO QUE HACE MALA CARA... ME PARECE QUE DEBERÍA CASARSE, MIRE...
¡CASARME! ¡CASARME!
¡DE ÉSTA SE ACUERDA, BRUJA GORDA! ¡LE ABRIRÉ UN EXPEDIENTE DE NO TE MENEES! ¡SE IRÁ A LA COCHINA CALLEEE!
AQUÍ NOS TIENE, SEÑOR SUPER...
¡EL VIZCONDE MORTADELO, SEGUIDO DE SU MOCHUELO!
¡CORCHO, JEFE; TIENE MENOS SENTIDO DEL HUMOR QUE LA PÁGINA DE LAS ESQUELAS!
¡DEJEN DE HACER EL BURRO! SUPONGO QUE YA CONOCEN LA GRAN CATÁSTROFE DEL PAÍS, ¿NO?
¡CLARO, QUÉ NOS VA A EXPLICAR! EL REAL CASI EN LA COLA... ¡Y SIN UN MISERABLE DURO!

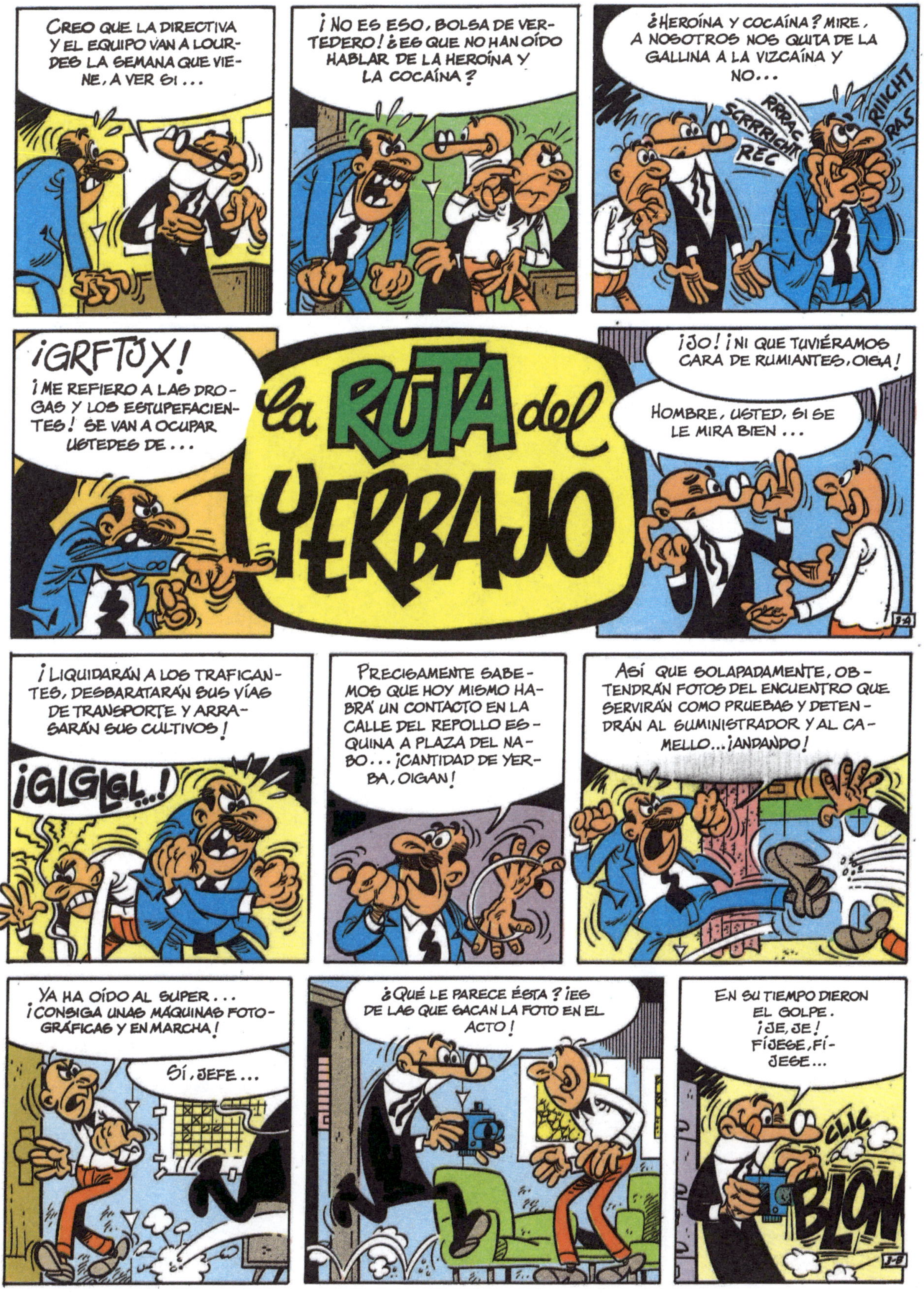

CREO QUE LA DIRECTIVA Y EL EQUIPO VAN A LOURDES LA SEMANA QUE VIENE, A VER SI...
¡NO ES ESO, BOLSA DE VERTEDERO! ¿ES QUE NO HAN OÍDO HABLAR DE LA HEROÍNA Y LA COCAÍNA?
¿HEROÍNA Y COCAÍNA? MIRE, A NOSOTROS NOS QUITA DE LA GALLINA A LA VIZCAÍNA Y NO...
RRRAC
SCRRRIGHT
REC
RIIICHT
RAS
¡GRFTJX!
¡ME REFIERO A LAS DROGAS Y LOS ESTUPEFACIENTES! SE VAN A OCUPAR USTEDES DE...
La RUTA del YERBAJO
¡JO! ¡NI QUE TUVIÉRAMOS CARA DE RUMIANTES, OIGA!
HOMBRE, USTED, SI SE LE MIRA BIEN...
¡LIQUIDARÁN A LOS TRAFICANTES, DESBARATARÁN SUS VÍAS DE TRANSPORTE Y ARRASARÁN SUS CULTIVOS!
¡GLGLGL...!
PRECISAMENTE SABEMOS QUE HOY MISMO HABRÁ UN CONTACTO EN LA CALLE DEL REPOLLO ESQUINA A PLAZA DEL NABO... ¡CANTIDAD DE YERBA, OIGAN!
ASÍ QUE SOLAPADAMENTE, OBTENDRÁN FOTOS DEL ENCUENTRO QUE SERVIRÁN COMO PRUEBAS Y DETENDRÁN AL SUMINISTRADOR Y AL CAMELLO... ¡ANDANDO!
YA HA OÍDO AL SUPER... ¡CONSIGA UNAS MÁQUINAS FOTOGRÁFICAS Y EN MARCHA!
SÍ, JEFE...
¿QUÉ LE PARECE ÉSTA? ¡ES DE LAS QUE SACAN LA FOTO EN EL ACTO!
EN SU TIEMPO DIERON EL GOLPE. ¡JE, JE! FÍJESE, FÍJESE...
CLIC
BLOM

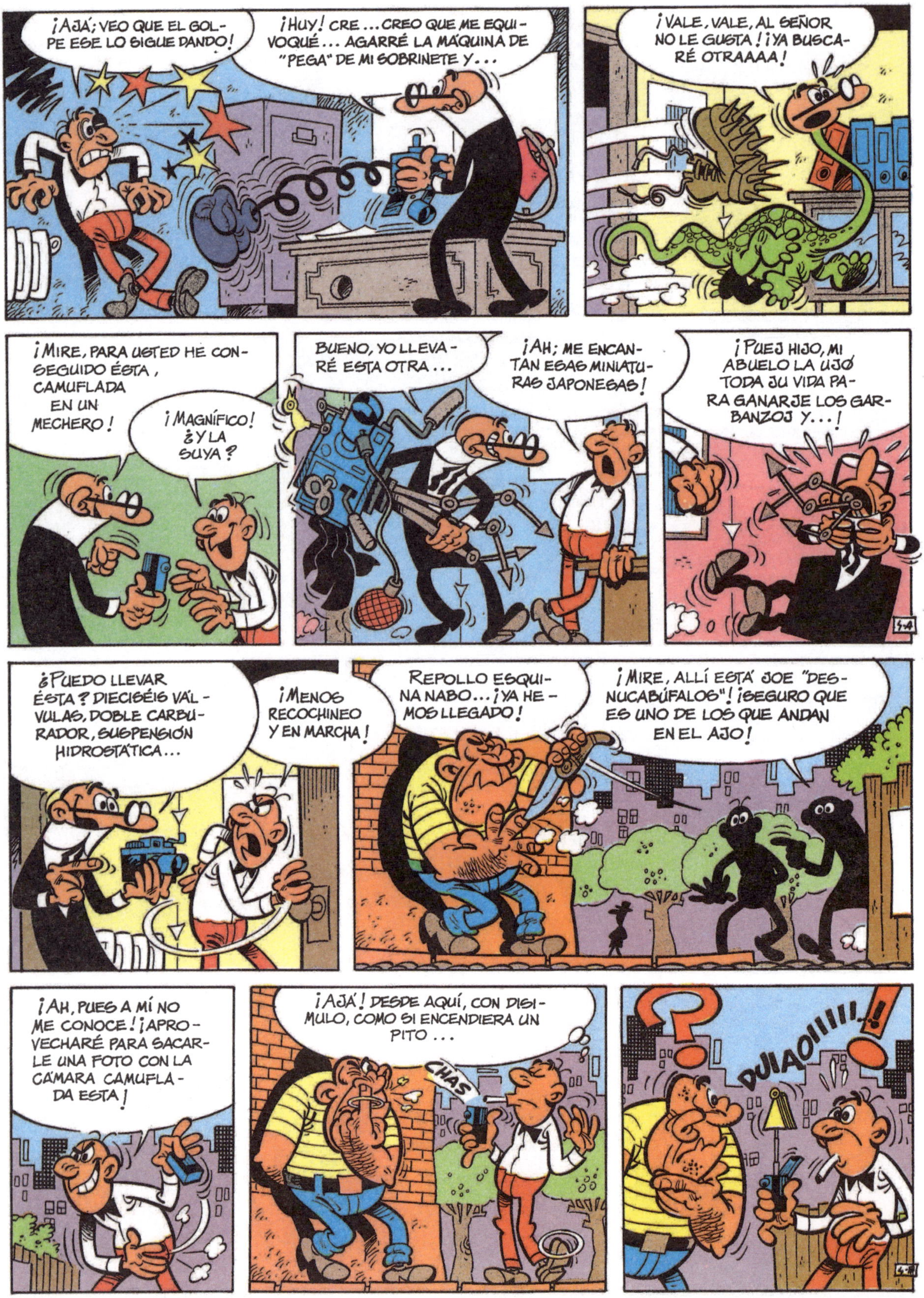

¡AJÁ; VEO QUE EL GOLPE ESE LO SIGUE DANDO!
¡HUY! CRE... CREO QUE ME EQUIVOQUÉ... AGARRÉ LA MÁQUINA DE "PEGA" DE MI SOBRINETE Y...
¡VALE, VALE, AL SEÑOR NO LE GUSTA! ¡YA BUSCARÉ OTRAAAA!
¡MIRE, PARA USTED HE CONSEGUIDO ÉSTA, CAMUFLADA EN UN MECHERO!
¡MAGNÍFICO! ¿Y LA SUYA?
BUENO, YO LLEVARÉ ESTA OTRA...
¡AH; ME ENCANTAN ESAS MINIATURAS JAPONESAS!
¡PUEJ HIJO, MI ABUELO LA UJÓ TODA JU VIDA PARA GANARJE LOS GARBANZOJ Y...!
¿PUEDO LLEVAR ÉSTA? DIECISÉIS VÁLVULAS, DOBLE CARBURADOR, SUSPENSIÓN HIDROSTÁTICA...
¡MENOS RECOCHINEO Y EN MARCHA!
REPOLLO ESQUINA NABO... ¡YA HEMOS LLEGADO!
¡MIRE, ALLÍ ESTÁ JOE "DESNUCABÚFALOS"! ¡SEGURO QUE ES UNO DE LOS QUE ANDAN EN EL AJO!
¡AH, PUES A MÍ NO ME CONOCE! ¡APROVECHARÉ PARA SACARLE UNA FOTO CON LA CÁMARA CAMUFLADA ESTA!
¡AJÁ! DESDE AQUÍ, CON DISIMULO, COMO SI ENCENDIERA UN PITO...
CHAS
?
DUIAOIIIII
!

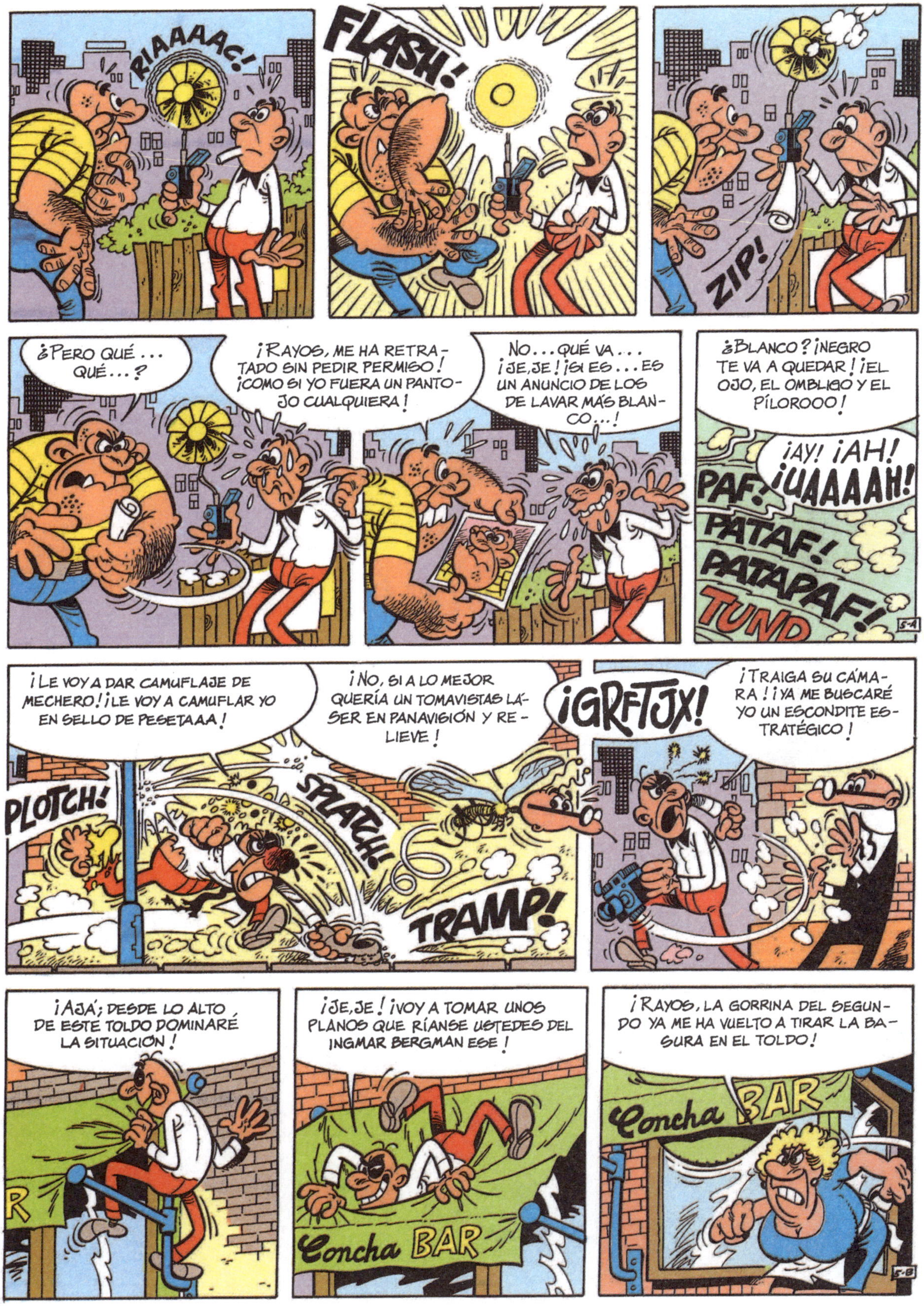

RIAAAAC!
FLASH!
ZIP!
¿PERO QUÉ... QUÉ...?
¡RAYOS, ME HA RETRATADO SIN PEDIR PERMISO! ¡COMO SI YO FUERA UN PANTOJO CUALQUIERA!
NO... QUÉ VA... ¡JE, JE! ¡SI ES... ES UN ANUNCIO DE LOS DE LAVAR MÁS BLANCO...!
¿BLANCO? ¡NEGRO TE VA A QUEDAR! ¡EL OJO, EL OMBLIGO Y EL PÍLOROOO!
¡AY! ¡AH! ¡UAAAAAH!
PAF!
PATAF!
PATAPAF!
TUND
5-A
¡LE VOY A DAR CAMUFLAJE DE MECHERO! ¡LE VOY A CAMUFLAR YO EN SELLO DE PESETAAA!
¡NO, SI A LO MEJOR QUERÍA UN TOMAVISTAS LÁSER EN PANAVISIÓN Y RELIEVE!
PLOTCH!
SPLATCH!
TRAMP!
¡GRFTJX!
¡TRAIGA SU CÁMARA! ¡YA ME BUSCARÉ YO UN ESCONDITE ESTRATÉGICO!
¡AJÁ; DESDE LO ALTO DE ESTE TOLDO DOMINARÉ LA SITUACIÓN!
R
¡JE, JE! ¡VOY A TOMAR UNOS PLANOS QUE RÍANSE USTEDES DEL INGMAR BERGMAN ESE!
Concha BAR
¡RAYOS, LA GORRINA DEL SEGUNDO YA ME HA VUELTO A TIRAR LA BASURA EN EL TOLDO!
Concha BAR
5-B

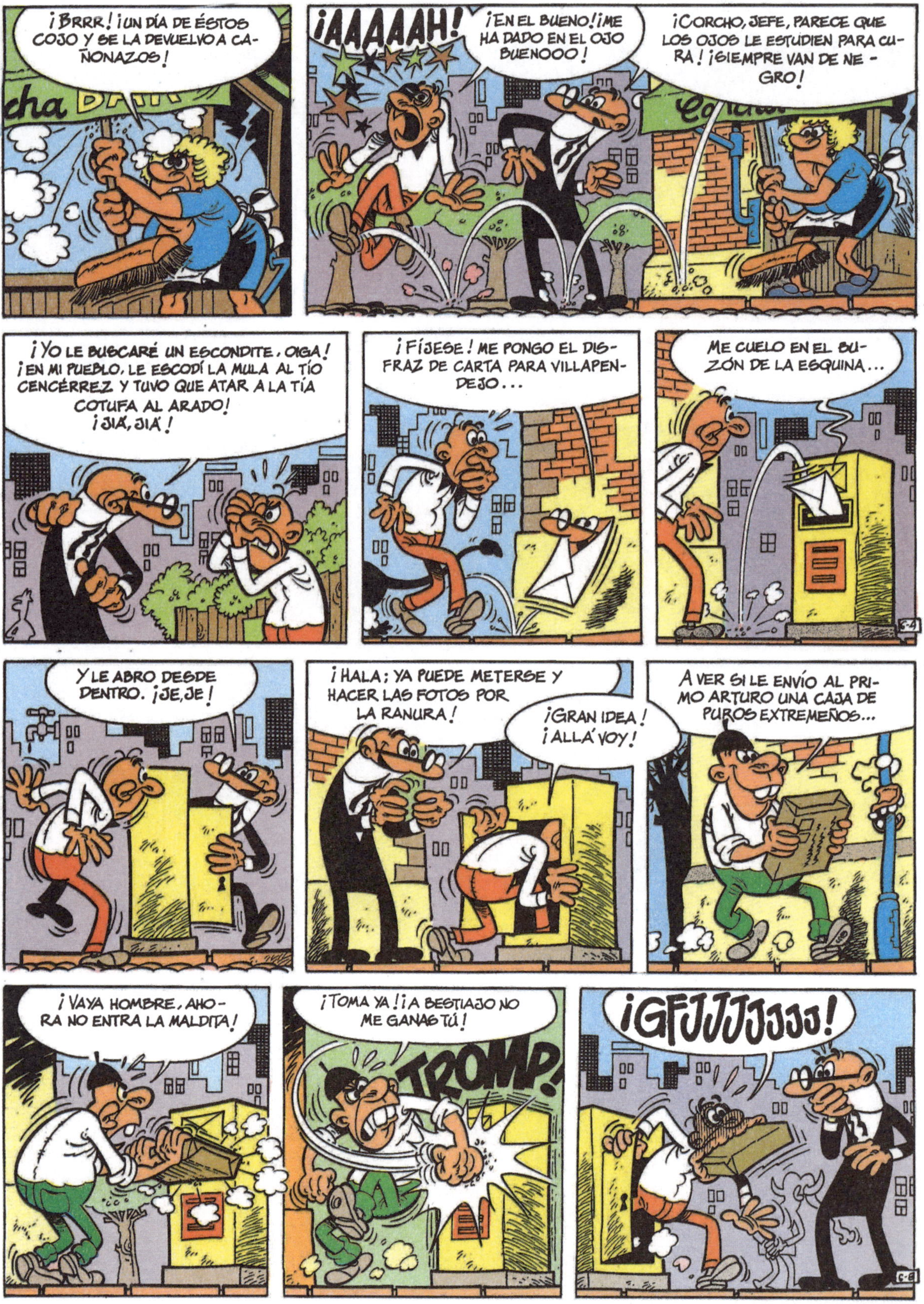
¡BRRR! ¡UN DÍA DE ÉSTOS COJO Y SE LA DEVUELVO A CAÑONAZOS!
¡AAAAAH!
¡EN EL BUENO! ¡ME HA DADO EN EL OJO BUENOOO!
¡CORCHO, JEFE, PARECE QUE LOS OJOS LE ESTUDIEN PARA CURA! ¡SIEMPRE VAN DE NEGRO!
¡YO LE BUSCARÉ UN ESCONDITE, OIGA! ¡EN MI PUEBLO, LE ESCODÍ LA MULA AL TÍO CENCÉRREZ Y TUVO QUE ATAR A LA TÍA COTUFA AL ARADO! ¡JIÁ, JIÁ!
¡FÍJESE! ME PONGO EL DISFRAZ DE CARTA PARA VILLAPENDEJO...
ME CUELO EN EL BUZÓN DE LA ESQUINA...
Y LE ABRO DESDE DENTRO. ¡JE, JE!
¡HALA; YA PUEDE METERSE Y HACER LAS FOTOS POR LA RANURA!
¡GRAN IDEA! ¡ALLÁ VOY!
A VER SI LE ENVÍO AL PRIMO ARTURO UNA CAJA DE PUROS EXTREMEÑOS...
¡VAYA HOMBRE, AHORA NO ENTRA LA MALDITA!
¡TOMA YA! ¡A BESTIAJO NO ME GANAS TÚ!
TROMP!
¡GFJJJJJJJ!

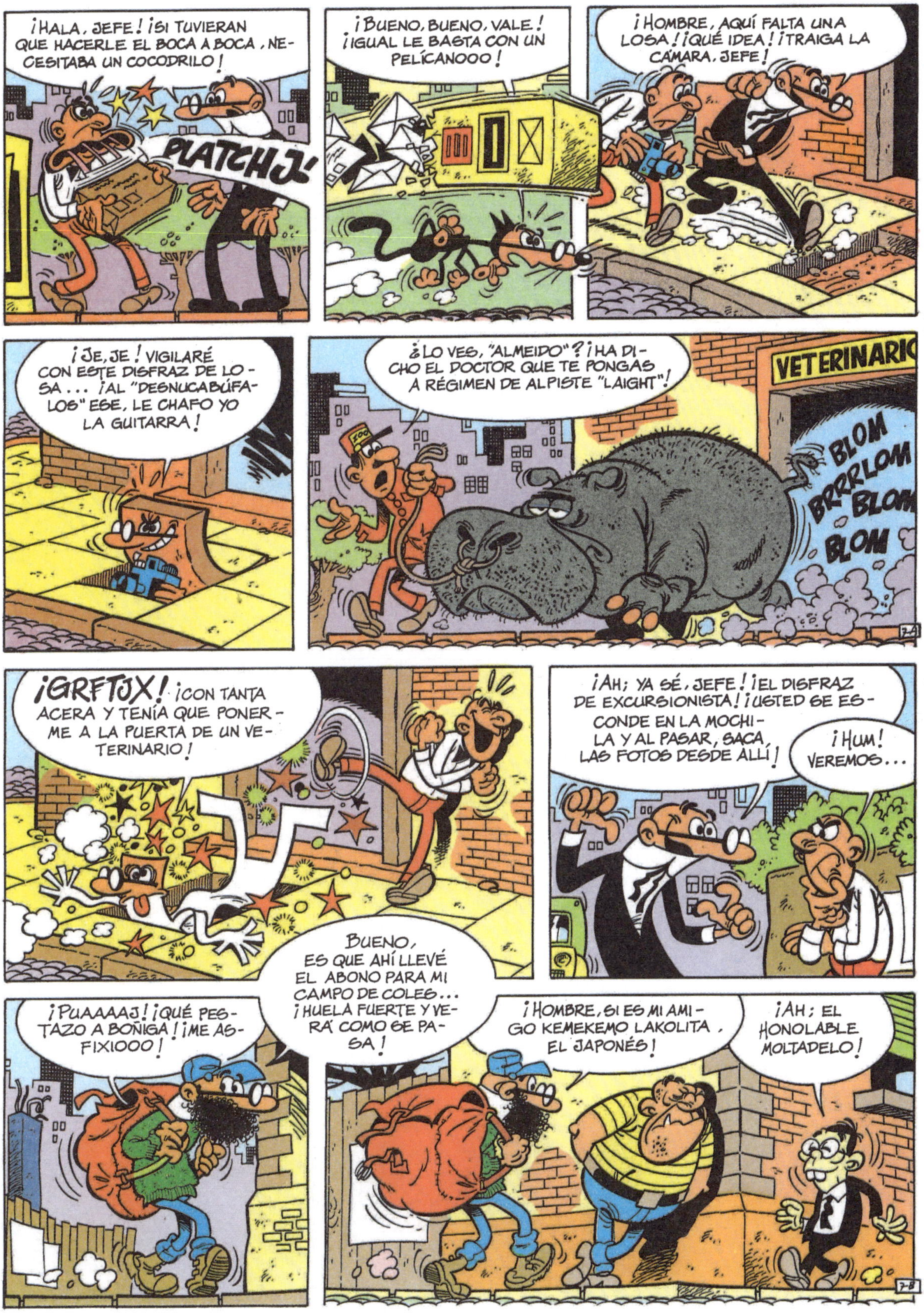
¡HALA, JEFE! ¡SI TUVIERAN QUE HACERLE EL BOCA A BOCA, NECESITABA UN COCODRILO!
PLATCHJ!
¡BUENO, BUENO, VALE! ¡IGUAL LE BASTA CON UN PELÍCANOOO!
¡HOMBRE, AQUÍ FALTA UNA LOSA! ¡QUÉ IDEA! ¡TRAIGA LA CÁMARA, JEFE!
¡JE, JE! VIGILARÉ CON ESTE DISFRAZ DE LOSA... ¡AL "DESNUCABÚFALOS" ESE, LE CHAFO YO LA GUITARRA!
¿LO VES, "ALMEIDO"? ¡HA DICHO EL DOCTOR QUE TE PONGAS A RÉGIMEN DE ALPISTE "LAIGHT"!
VETERINARIO
BLOM
BRRRLOM
BLOM
BLOM
¡GRFTJX! ¡CON TANTA ACERA Y TENÍA QUE PONERME A LA PUERTA DE UN VETERINARIO!
¡AH; YA SÉ, JEFE! ¡EL DISFRAZ DE EXCURSIONISTA! ¡USTED SE ESCONDE EN LA MOCHILA Y AL PASAR, SACA LAS FOTOS DESDE ALLÍ!
¡HUM! VEREMOS...
¡PUAAAAJ! ¡QUÉ PESTAZO A BOÑIGA! ¡ME ASFIXIOOO!
BUENO, ES QUE AHÍ LLEVÉ EL ABONO PARA MI CAMPO DE COLES... ¡HUELA FUERTE Y VERÁ COMO SE PASA!
¡HOMBRE, SI ES MI AMIGO KEMEKEMO LAKOLITA, EL JAPONÉS!
¡AH; EL HONOLABLE MOLTADELO!

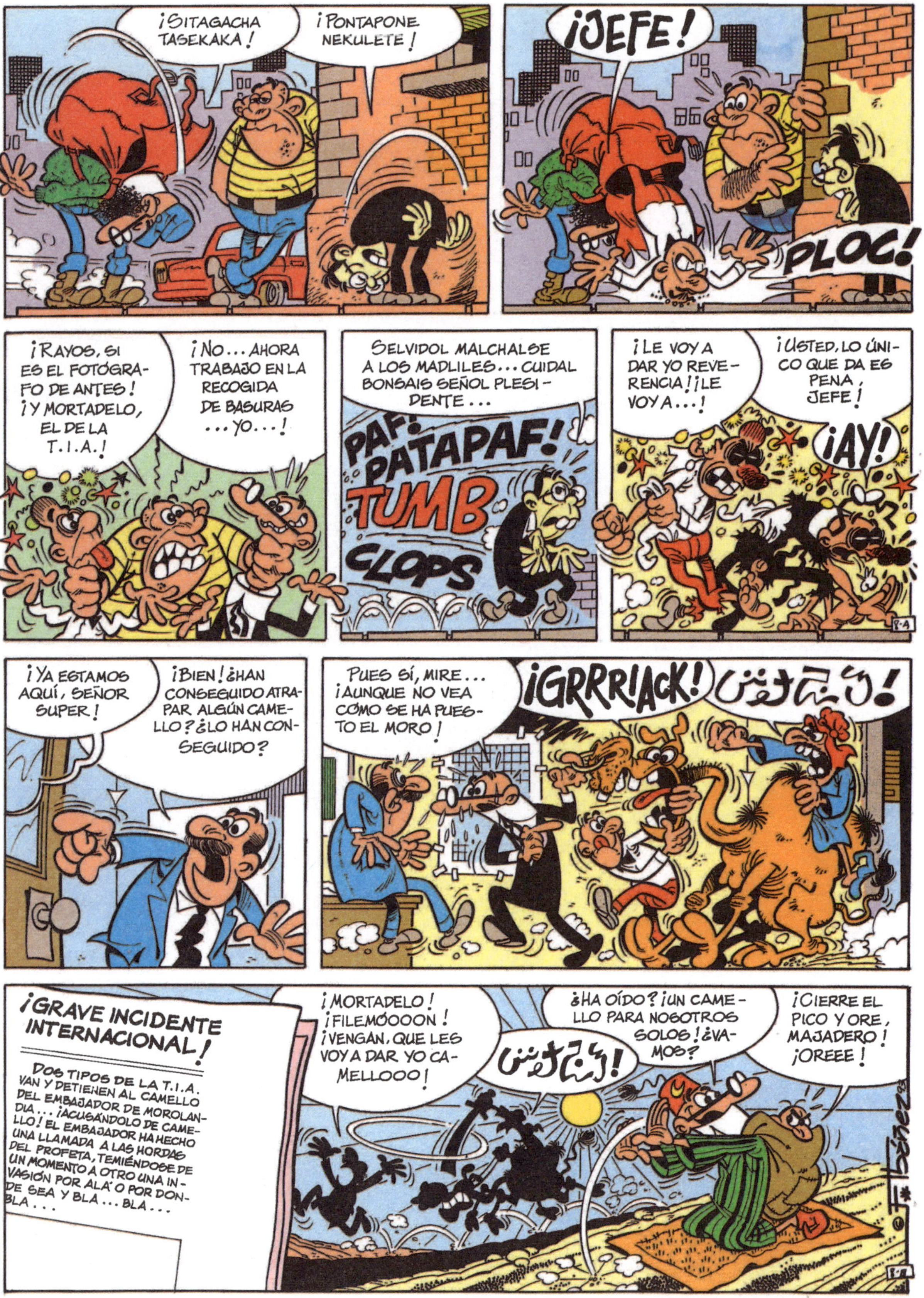
¡SITAGACHA TASEKAKA!
¡PONTAPONE NEKULETE!
¡JEFE!
PLOC!
¡RAYOS, SI ES EL FOTÓGRAFO DE ANTES! ¡Y MORTADELO, EL DE LA T.I.A.!
¡NO... AHORA TRABAJO EN LA RECOGIDA DE BASURAS ...YO...!
SELVIDOL MALCHALSE A LOS MADLILES... CUIDAL BONSAIS SEÑOL PLESIDENTE...
PAF! PATAPAF! TUMB CLOPS
¡LE VOY A DAR YO REVERENCIA! ¡LE VOY A...!
¡USTED, LO ÚNICO QUE DA ES PENA, JEFE!
¡AY!
¡YA ESTAMOS AQUÍ, SEÑOR SUPER!
¡BIEN! ¿HAN CONSEGUIDO ATRAPAR ALGÚN CAMELLO? ¿LO HAN CONSEGUIDO?
PUES SÍ, MIRE... ¡AUNQUE NO VEA CÓMO SE HA PUESTO EL MORO!
¡GRRRIACK!
¡GRAVE INCIDENTE INTERNACIONAL!
DOS TIPOS DE LA T.I.A. VAN Y DETIENEN AL CAMELLO DEL EMBAJADOR DE MOROLANDIA... ¡ACUSÁNDOLO DE CAMELLO! EL EMBAJADOR HA HECHO UNA LLAMADA A LAS HORDAS DEL PROFETA, TEMIÉNDOSE DE UN MOMENTO A OTRO UNA INVASIÓN POR ALÁ O POR DONDE SEA Y BLA... BLA... BLA...
¡MORTADELO! ¡FILEMÓOOON! ¡VENGAN, QUE LES VOY A DAR YO CAMELLOOO!
¿HA OÍDO? ¡UN CAMELLO PARA NOSOTROS SOLOS! ¿VAMOS?
¡CIERRE EL PICO Y ORE, MAJADERO! ¡OREEE!

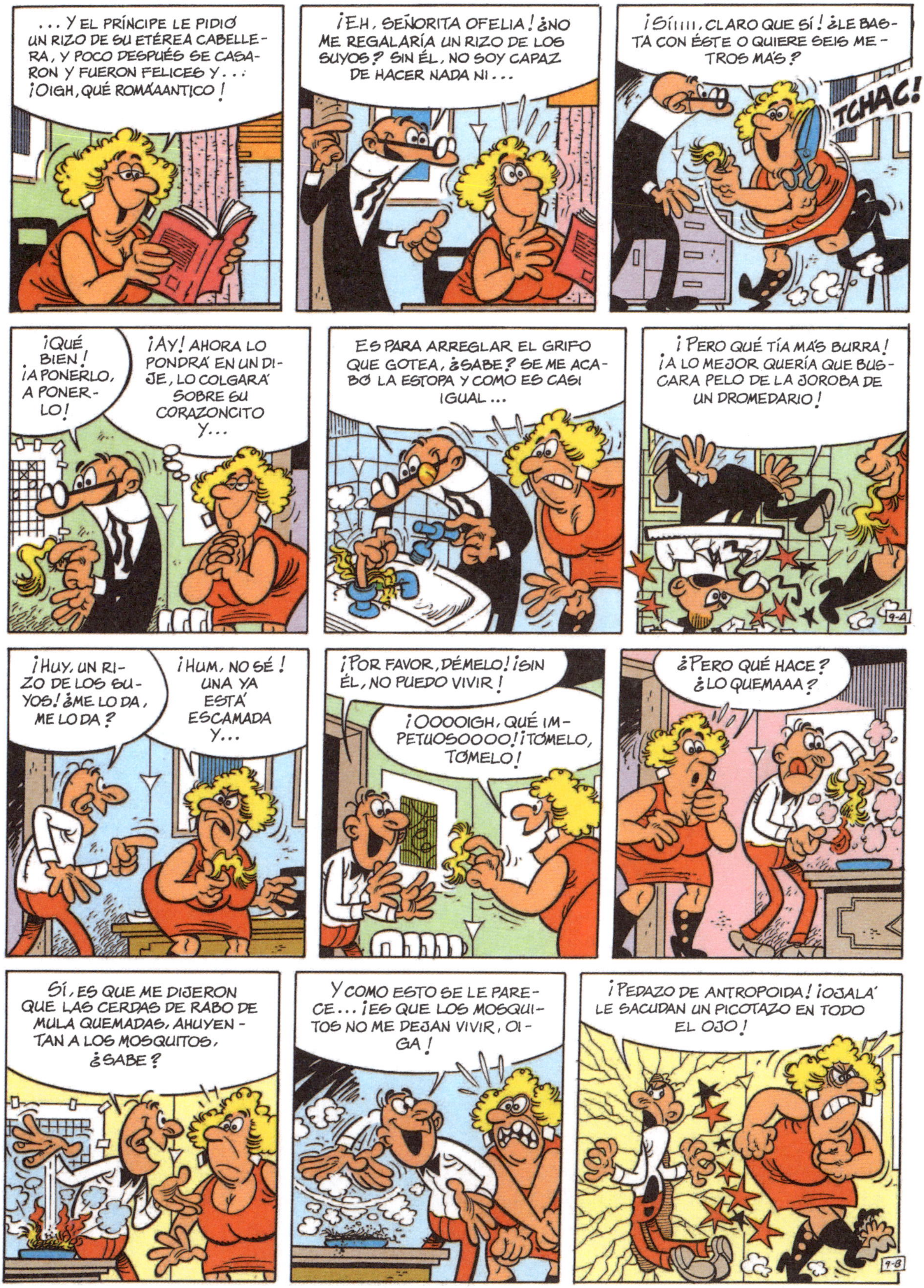

... Y EL PRÍNCIPE LE PIDIÓ UN RIZO DE SU ETÉREA CABELLERA, Y POCO DESPUÉS SE CASARON Y FUERON FELICES Y... ¡OIGH, QUÉ ROMÁAANTICO!
¡EH, SEÑORITA OFELIA! ¿NO ME REGALARÍA UN RIZO DE LOS SUYOS? SIN ÉL, NO SOY CAPAZ DE HACER NADA NI...
¡SÍ!!!!, CLARO QUE SÍ! ¿LE BASTA CON ÉSTE O QUIERE SEIS METROS MÁS?
TCHAC!
¡QUÉ BIEN! ¡A PONERLO, A PONERLO!
¡AY! AHORA LO PONDRÁ EN UN DIJE, LO COLGARÁ SOBRE SU CORAZONCITO Y...
ES PARA ARREGLAR EL GRIFO QUE GOTEA, ¿SABE? SE ME ACABÓ LA ESTOPA Y COMO ES CASI IGUAL...
¡PERO QUÉ TÍA MÁS BURRA! ¡A LO MEJOR QUERÍA QUE BUSCARA PELO DE LA JOROBA DE UN DROMEDARIO!
9-A
¡HUY, UN RIZO DE LOS SUYOS! ¿ME LO DA, ME LO DA?
¡HUM, NO SÉ! UNA YA ESTÁ ESCAMADA Y...
¡POR FAVOR, DÉMELO! ¡SIN ÉL, NO PUEDO VIVIR!
¡OOOOIGH, QUÉ IMPETUOSOOOO! ¡TÓMELO, TÓMELO!
¿PERO QUÉ HACE? ¿LO QUEMAAA?
SÍ, ES QUE ME DIJERON QUE LAS CERDAS DE RABO DE MULA QUEMADAS, AHUYENTAN A LOS MOSQUITOS, ¿SABE?
Y COMO ESTO SE LE PARECE... ¡ES QUE LOS MOSQUITOS NO ME DEJAN VIVIR, OIGA!
¡PEDAZO DE ANTROPOIDA! ¡OJALÁ LE SACUDAN UN PICOTAZO EN TODO EL OJO!
9-B

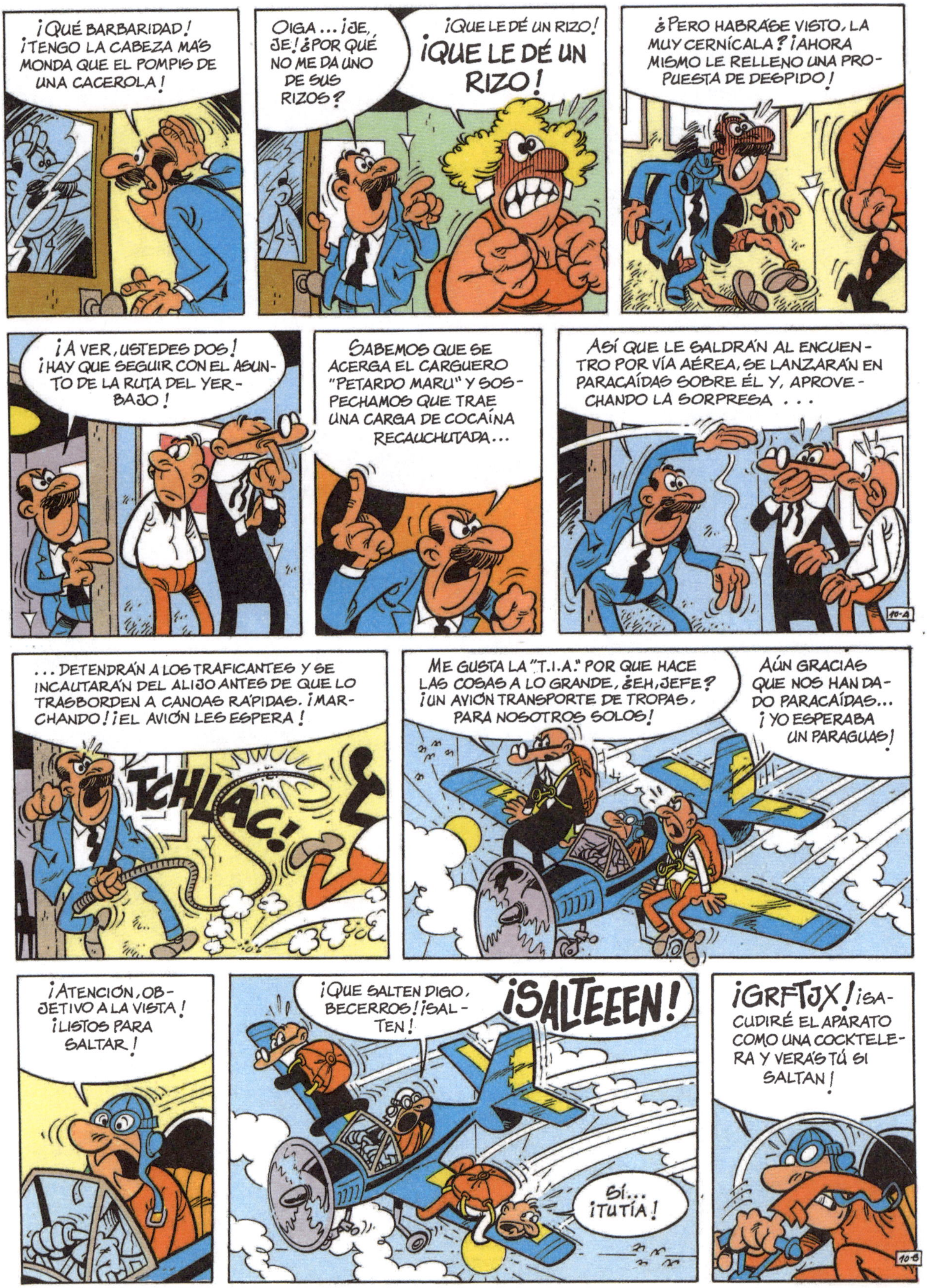
¡QUÉ BARBARIDAD! ¡TENGO LA CABEZA MÁS MONDA QUE EL POMPIS DE UNA CACEROLA!
OIGA... ¡JE, JE! ¿POR QUÉ NO ME DA UNO DE SUS RIZOS?
¡QUE LE DÉ UN RIZO! ¡QUE LE DÉ UN RIZO!
¿PERO HABRÁSE VISTO, LA MUY CERNÍCALA? ¡AHORA MISMO LE RELLENO UNA PROPUESTA DE DESPIDO!
¡A VER, USTEDES DOS! ¡HAY QUE SEGUIR CON EL ASUNTO DE LA RUTA DEL YERBAJO!
SABEMOS QUE SE ACERCA EL CARGUERO "PETARDO MARU" Y SOSPECHAMOS QUE TRAE UNA CARGA DE COCAÍNA RECAUCHUTADA...
ASÍ QUE LE SALDRÁN AL ENCUENTRO POR VÍA AÉREA, SE LANZARÁN EN PARACAÍDAS SOBRE ÉL Y, APROVECHANDO LA SORPRESA...
10-A
...DETENDRÁN A LOS TRAFICANTES Y SE INCAUTARÁN DEL ALIJO ANTES DE QUE LO TRASBORDEN A CANOAS RÁPIDAS. ¡MARCHANDO! ¡EL AVIÓN LES ESPERA!
TCHLAC!
ME GUSTA LA "T.I.A." POR QUE HACE LAS COSAS A LO GRANDE, ¿EH, JEFE? ¡UN AVIÓN TRANSPORTE DE TROPAS, PARA NOSOTROS SOLOS!
AÚN GRACIAS QUE NOS HAN DADO PARACAÍDAS... ¡YO ESPERABA UN PARAGUAS!
¡ATENCIÓN, OBJETIVO A LA VISTA! ¡LISTOS PARA SALTAR!
¡QUE SALTEN DIGO, BECERROS! ¡SALTEN!
¡SALTEEEN!
SÍ... ¡TUTÍA!
¡GRFTJX! ¡SACUDIRÉ EL APARATO COMO UNA COCKTELERA Y VERÁS TÚ SI SALTAN!
10-B

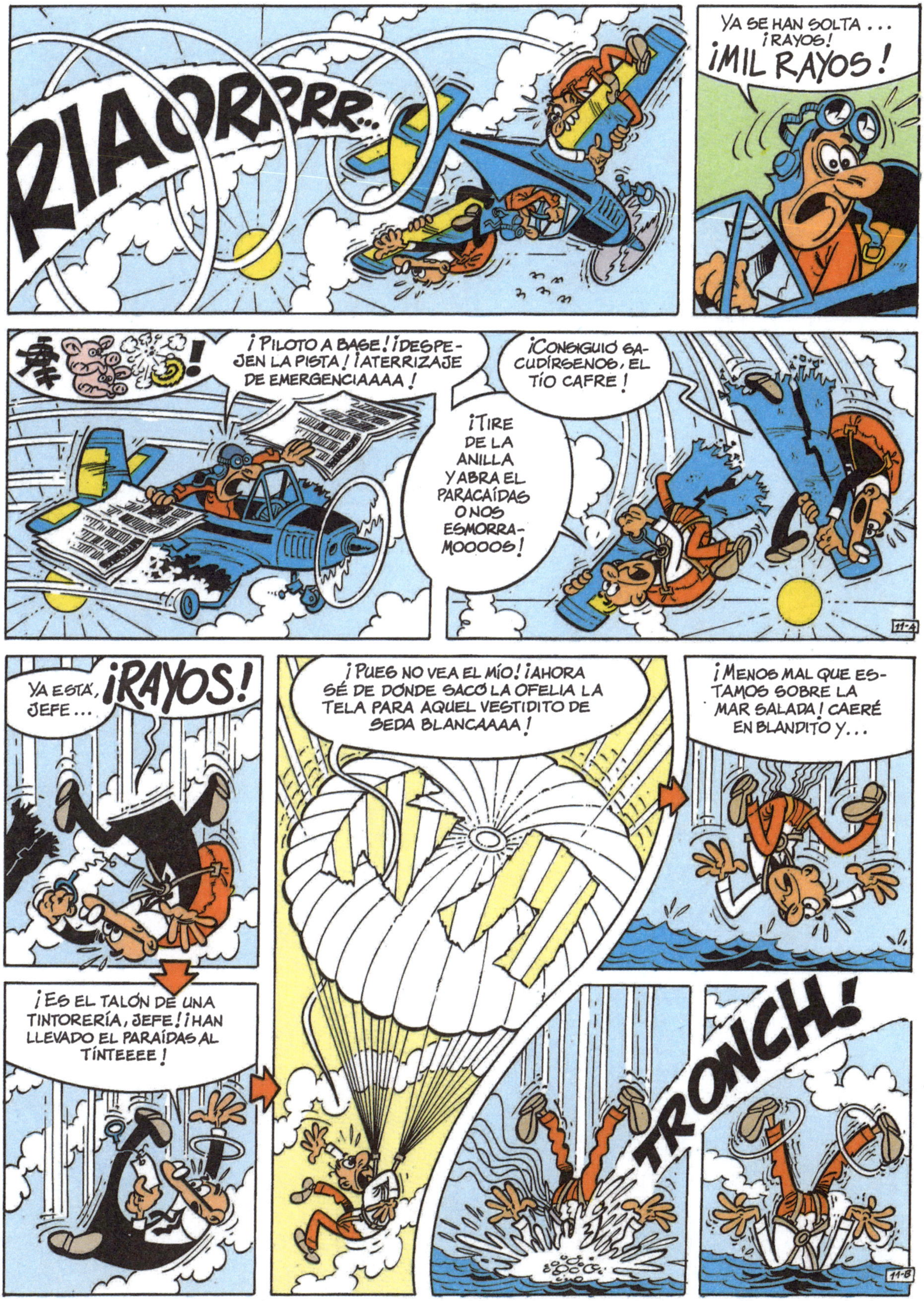
RIAORRRR...
YA SE HAN SOLTA... ¡RAYOS! ¡MIL RAYOS!
¡PILOTO A BASE! ¡DESPEJEN LA PISTA! ¡ATERRIZAJE DE EMERGENCIAAAA!
¡TIRE DE LA ANILLA Y ABRA EL PARACAÍDAS O NOS ESMORRAMOOOOS!
¡CONSIGUIÓ SACUDIRSENOS, EL TÍO CAFRE!
11-A
YA ESTÁ, JEFE...
¡RAYOS!
¡ES EL TALÓN DE UNA TINTORERÍA, JEFE! ¡HAN LLEVADO EL PARAÍDAS AL TINTEEEE!
¡PUES NO VEA EL MÍO! ¡AHORA SÉ DE DÓNDE SACÓ LA OFELIA LA TELA PARA AQUEL VESTIDITO DE SEDA BLANCAAAA!
¡MENOS MAL QUE ESTAMOS SOBRE LA MAR SALADA! CAERÉ EN BLANDITO Y...
TRONCH!
11-B

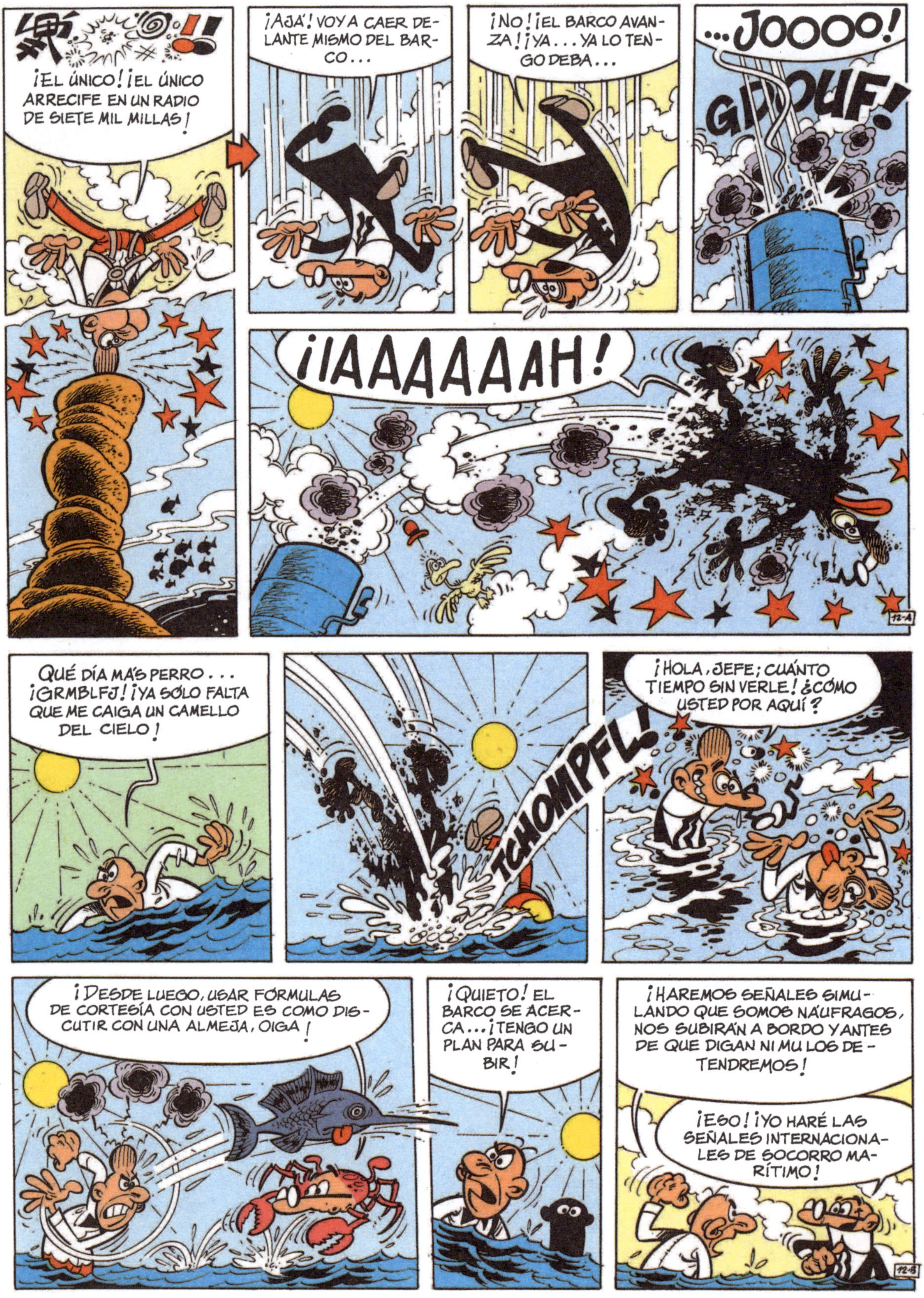

¡EL ÚNICO! ¡EL ÚNICO ARRECIFE EN UN RADIO DE SIETE MIL MILLAS!
¡AJÁ! VOY A CAER DELANTE MISMO DEL BARCO...
¡NO! ¡EL BARCO AVANZA! ¡YA... YA LO TENGO DEBA...
...JOOOO!
¡IAAAAAAH!
12-A
QUÉ DÍA MÁS PERRO... ¡GRMBLFJ! ¡YA SÓLO FALTA QUE ME CAIGA UN CAMELLO DEL CIELO!
TCHOMPFL!
¡HOLA, JEFE; CUÁNTO TIEMPO SIN VERLE! ¿CÓMO USTED POR AQUÍ?
¡DESDE LUEGO, USAR FÓRMULAS DE CORTESÍA CON USTED ES COMO DISCUTIR CON UNA ALMEJA, OIGA!
¡QUIETO! EL BARCO SE ACERCA... ¡TENGO UN PLAN PARA SUBIR!
¡HAREMOS SEÑALES SIMULANDO QUE SOMOS NÁUFRAGOS, NOS SUBIRÁN A BORDO Y ANTES DE QUE DIGAN NI MU LOS DETENDREMOS!
¡ESO! ¡YO HARÉ LAS SEÑALES INTERNACIONALES DE SOCORRO MARÍTIMO!
12-B

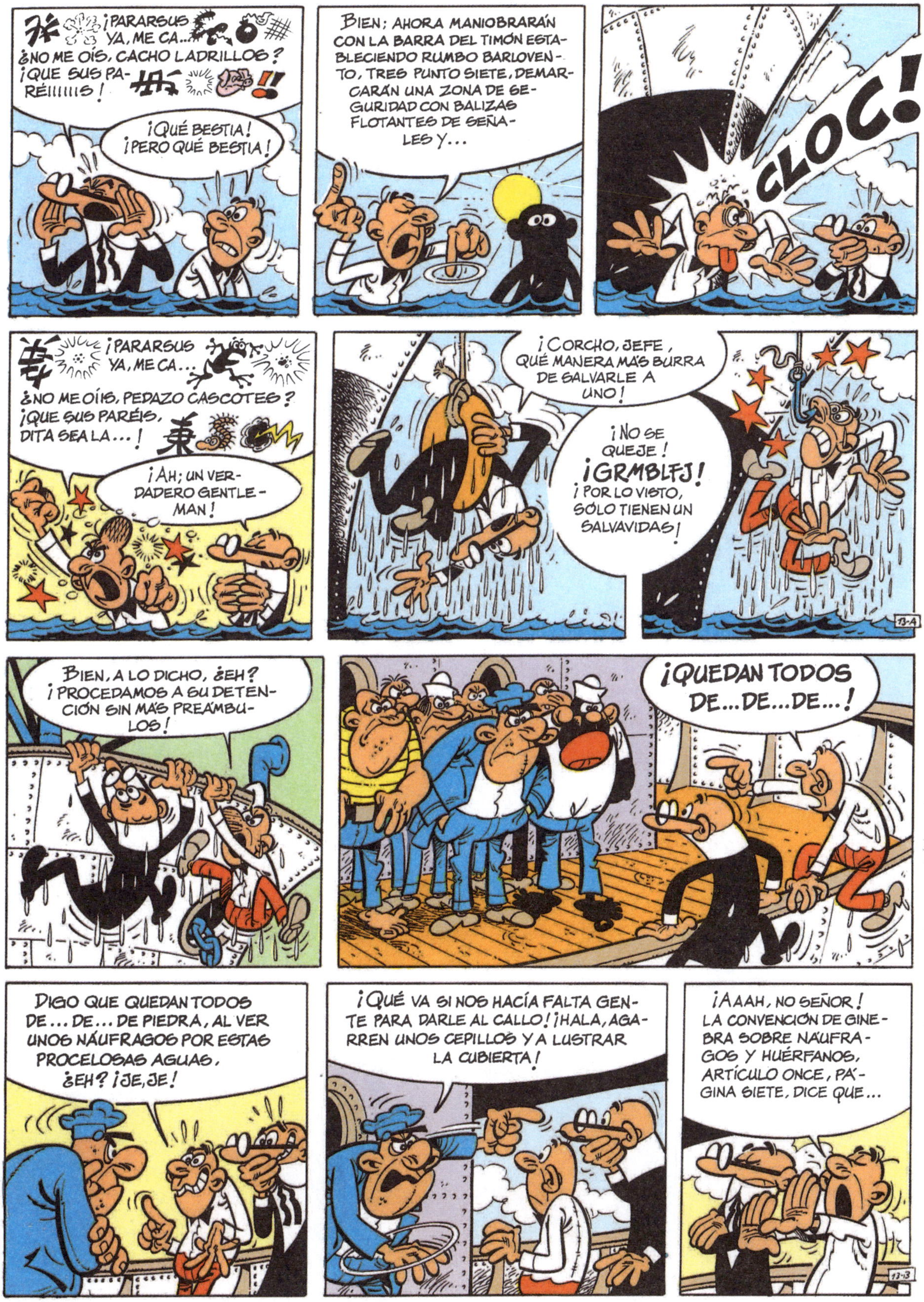
¡PARARSUS YA, ME CA... ¿NO ME OÍS, CACHO LADRILLOS? ¡QUE SUS PARÉIIIIIIS!
¡QUÉ BESTIA! ¡PERO QUÉ BESTIA!
BIEN; AHORA MANIOBRARÁN CON LA BARRA DEL TIMÓN ESTABLECIENDO RUMBO BARLOVENTO, TRES PUNTO SIETE, DEMARCARÁN UNA ZONA DE SEGURIDAD CON BALIZAS FLOTANTES DE SEÑALES Y...
CLOC!
¡PARARSUS YA, ME CA... ¿NO ME OÍS, PEDAZO CASCOTES? ¡QUE SUS PARÉIS, DITA SEA LA...!
¡AH; UN VERDADERO GENTLEMAN!
¡CORCHO, JEFE, QUÉ MANERA MÁS BURRA DE SALVARLE A UNO!
¡NO SE QUEJE! ¡GRMBLFJ! ¡POR LO VISTO, SÓLO TIENEN UN SALVAVIDAS!
13-A
BIEN, A LO DICHO, ¿EH? ¡PROCEDAMOS A SU DETENCIÓN SIN MÁS PREÁMBULOS!
¡QUEDAN TODOS DE...DE...DE...!
DIGO QUE QUEDAN TODOS DE... DE... DE PIEDRA, AL VER UNOS NÁUFRAGOS POR ESTAS PROCELOSAS AGUAS, ¿EH? ¡JE, JE!
¡QUÉ VA SI NOS HACÍA FALTA GENTE PARA DARLE AL CALLO! ¡HALA, AGARREN UNOS CEPILLOS Y A LUSTRAR LA CUBIERTA!
¡AAAH, NO SEÑOR! LA CONVENCIÓN DE GINEBRA SOBRE NÁUFRAGOS Y HUÉRFANOS, ARTÍCULO ONCE, PÁGINA SIETE, DICE QUE...
13-B

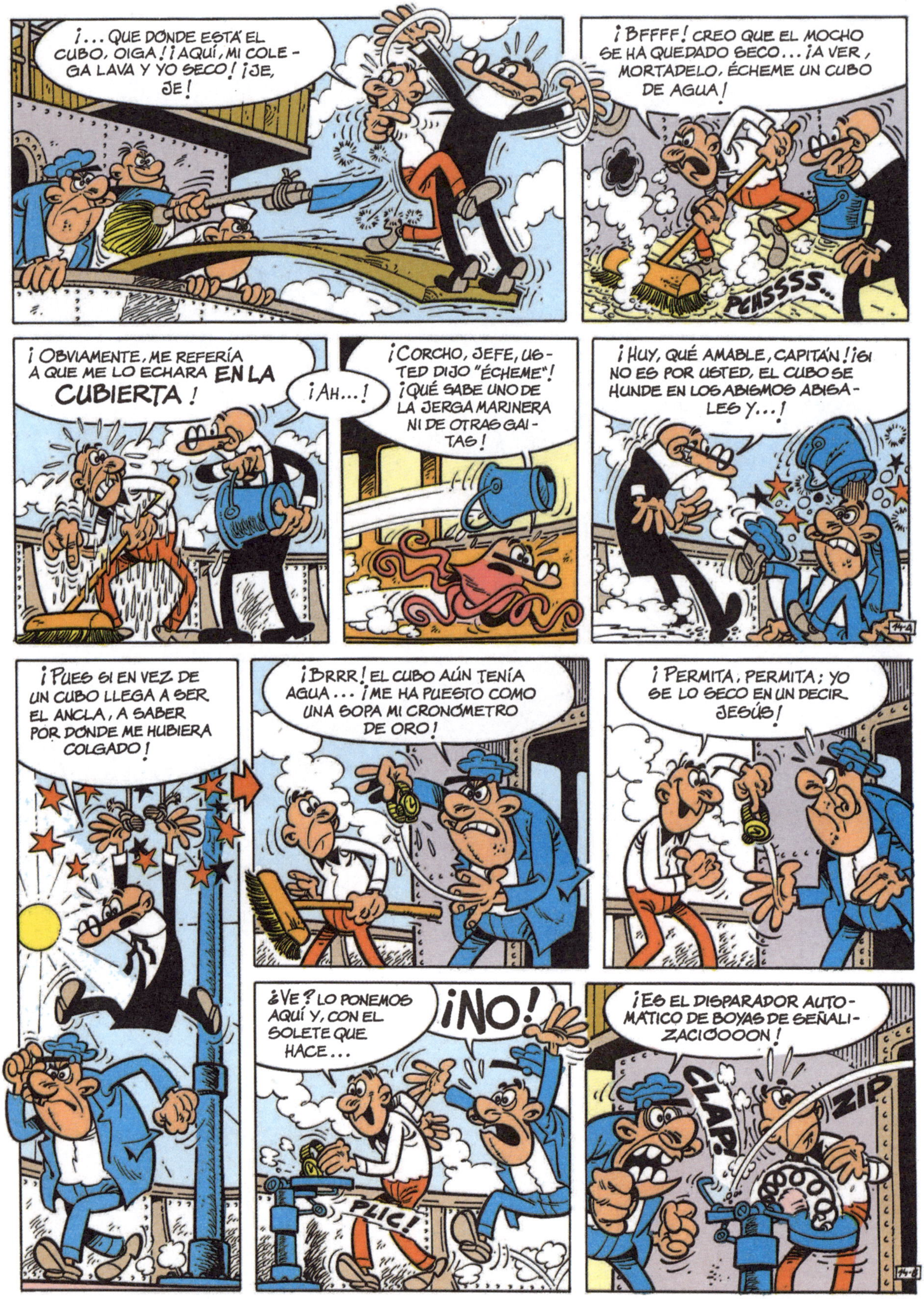
¡... QUE DONDE ESTÁ EL CUBO, OIGA! ¡AQUÍ, MI COLEGA LAVA Y YO SECO! ¡JE, JE!
¡BFFFF! CREO QUE EL MOCHO SE HA QUEDADO SECO... ¡A VER, MORTADELO, ÉCHEME UN CUBO DE AGUA!
PCHSSSS...
¡OBVIAMENTE, ME REFERÍA A QUE ME LO ECHARA EN LA CUBIERTA!
¡AH...!
¡CORCHO, JEFE, USTED DIJO "ÉCHEME"! ¡QUÉ SABE UNO DE LA JERGA MARINERA NI DE OTRAS GAITAS!
¡HUY, QUÉ AMABLE, CAPITÁN! ¡SI NO ES POR USTED, EL CUBO SE HUNDE EN LOS ABISMOS ABISALES Y...!
¡PUES SI EN VEZ DE UN CUBO LLEGA A SER EL ANCLA, A SABER POR DÓNDE ME HUBIERA COLGADO!
¡BRRR! EL CUBO AÚN TENÍA AGUA... ¡ME HA PUESTO COMO UNA SOPA MI CRONÓMETRO DE ORO!
¡PERMITA, PERMITA: YO SE LO SECO EN UN DECIR JESÚS!
¿VE? LO PONEMOS AQUÍ Y, CON EL SOLETE QUE HACE...
¡NO!
PLIC!
¡ES EL DISPARADOR AUTOMÁTICO DE BOYAS DE SEÑALIZACIOOOON!
CLAP!
ZIP

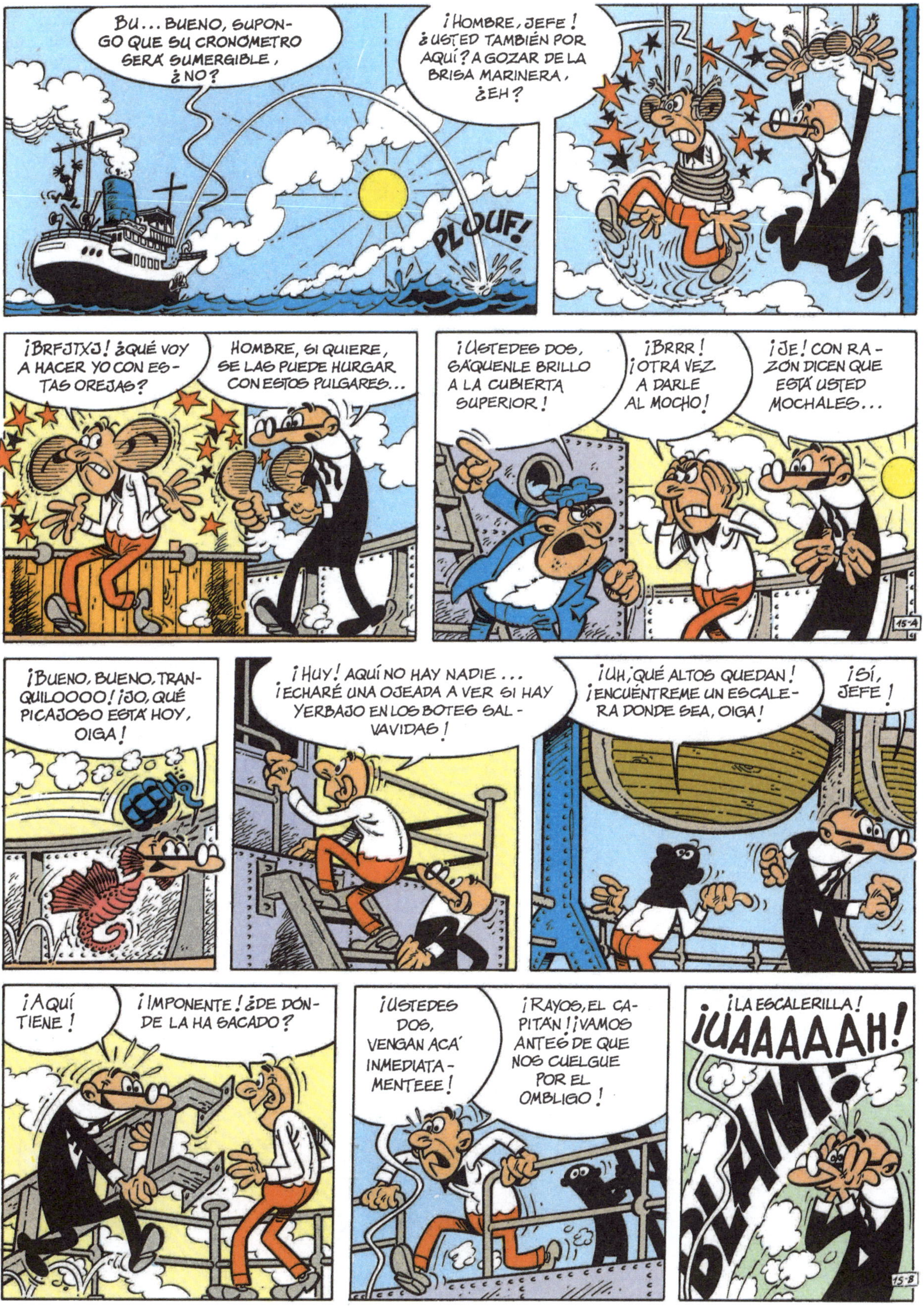
BU... BUENO, SUPONGO QUE SU CRONÓMETRO SERÁ SUMERGIBLE, ¿NO?
PLOUF!
¡HOMBRE, JEFE! ¿USTED TAMBIÉN POR AQUÍ? A GOZAR DE LA BRISA MARINERA, ¿EH?
¡BRFJTXJ! ¿QUÉ VOY A HACER YO CON ESTAS OREJAS?
HOMBRE, SI QUIERE, SE LAS PUEDE HURGAR CON ESTOS PULGARES...
¡USTEDES DOS, SÁQUENLE BRILLO A LA CUBIERTA SUPERIOR!
¡BRRR! ¡OTRA VEZ A DARLE AL MOCHO!
¡JE! CON RAZÓN DICEN QUE ESTÁ USTED MOCHALES...
15-A
¡BUENO, BUENO, TRANQUILOOOO! ¡JO, QUÉ PICAJOSO ESTÁ HOY, OIGA!
¡HUY! AQUÍ NO HAY NADIE... ¡ECHARÉ UNA OJEADA A VER SI HAY YERBAJO EN LOS BOTES SALVAVIDAS!
¡UH, QUÉ ALTOS QUEDAN! ¡ENCUÉNTREME UN ESCALERA DONDE SEA, OIGA!
¡SÍ, JEFE!
¡AQUÍ TIENE!
¡IMPONENTE! ¿DE DÓNDE LA HA SACADO?
¡USTEDES DOS, VENGAN ACÁ INMEDIATAMENTEEE!
¡RAYOS, EL CAPITÁN! ¡VAMOS ANTES DE QUE NOS CUELGUE POR EL OMBLIGO!
¡LA ESCALERILLA! ¡UAAAAAH!
15-B

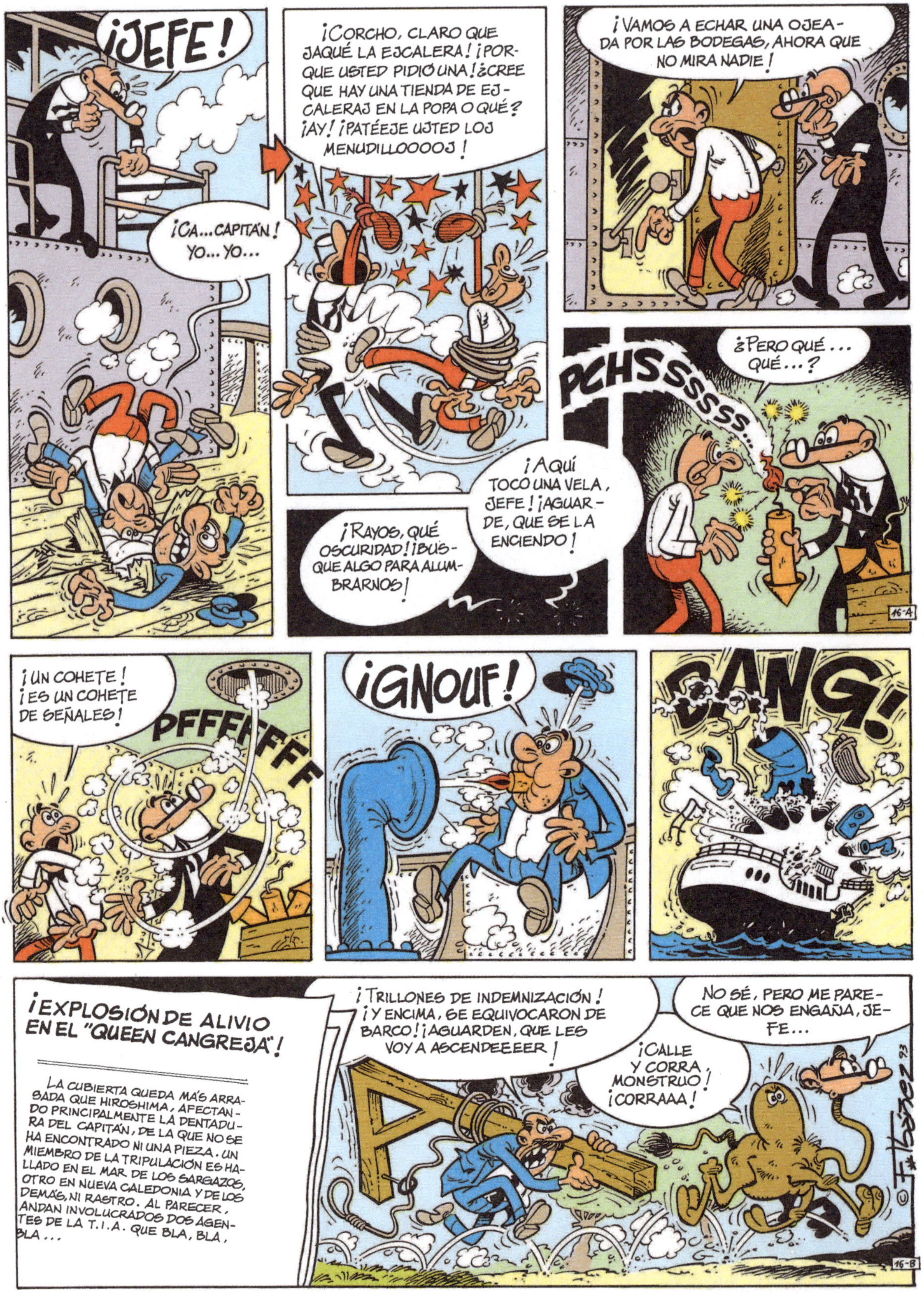
¡JEFE!
¡CA...CAPITÁN! YO... YO...
¡CORCHO, CLARO QUE JAQUÉ LA EJCALERA! ¡PORQUE USTED PIDIÓ UNA! ¿CREE QUE HAY UNA TIENDA DE EJCALERAJ EN LA POPA O QUÉ? ¡AY! ¡PATÉEJE UJTED LOJ MENUDILLOOOOJ!
¡VAMOS A ECHAR UNA OJEADA POR LAS BODEGAS, AHORA QUE NO MIRA NADIE!
¡RAYOS, QUÉ OSCURIDAD! ¡BUSQUE ALGO PARA ALUMBRARNOS!
¡AQUÍ TOCO UNA VELA, JEFE! ¡AGUARDE, QUE SE LA ENCIENDO!
PCHSSSSSS...
¿PERO QUÉ... QUÉ...?
¡UN COHETE! ¡ES UN COHETE DE SEÑALES!
PFFFFFFF
¡GNOUF!
BANG!
¡EXPLOSIÓN DE ALIVIO EN EL "QUEEN CANGREJA"!
LA CUBIERTA QUEDA MÁS ARRASADA QUE HIROSHIMA, AFECTANDO PRINCIPALMENTE LA DENTADURA DEL CAPITÁN, DE LA QUE NO SE HA ENCONTRADO NI UNA PIEZA. UN MIEMBRO DE LA TRIPULACIÓN ES HALLADO EN EL MAR DE LOS SARGAZOS, OTRO EN NUEVA CALEDONIA Y DE LOS DEMÁS, NI RASTRO. AL PARECER, ANDAN INVOLUCRADOS DOS AGENTES DE LA T.I.A. QUE BLA, BLA, BLA...
¡TRILLONES DE INDEMNIZACIÓN! ¡Y ENCIMA, SE EQUIVOCARON DE BARCO! ¡AGUARDEN, QUE LES VOY A ASCENDEEEER!
¡CALLE Y CORRA, MONSTRUO! ¡CORRAAA!
NO SÉ, PERO ME PARECE QUE NOS ENGAÑA, JEFE...

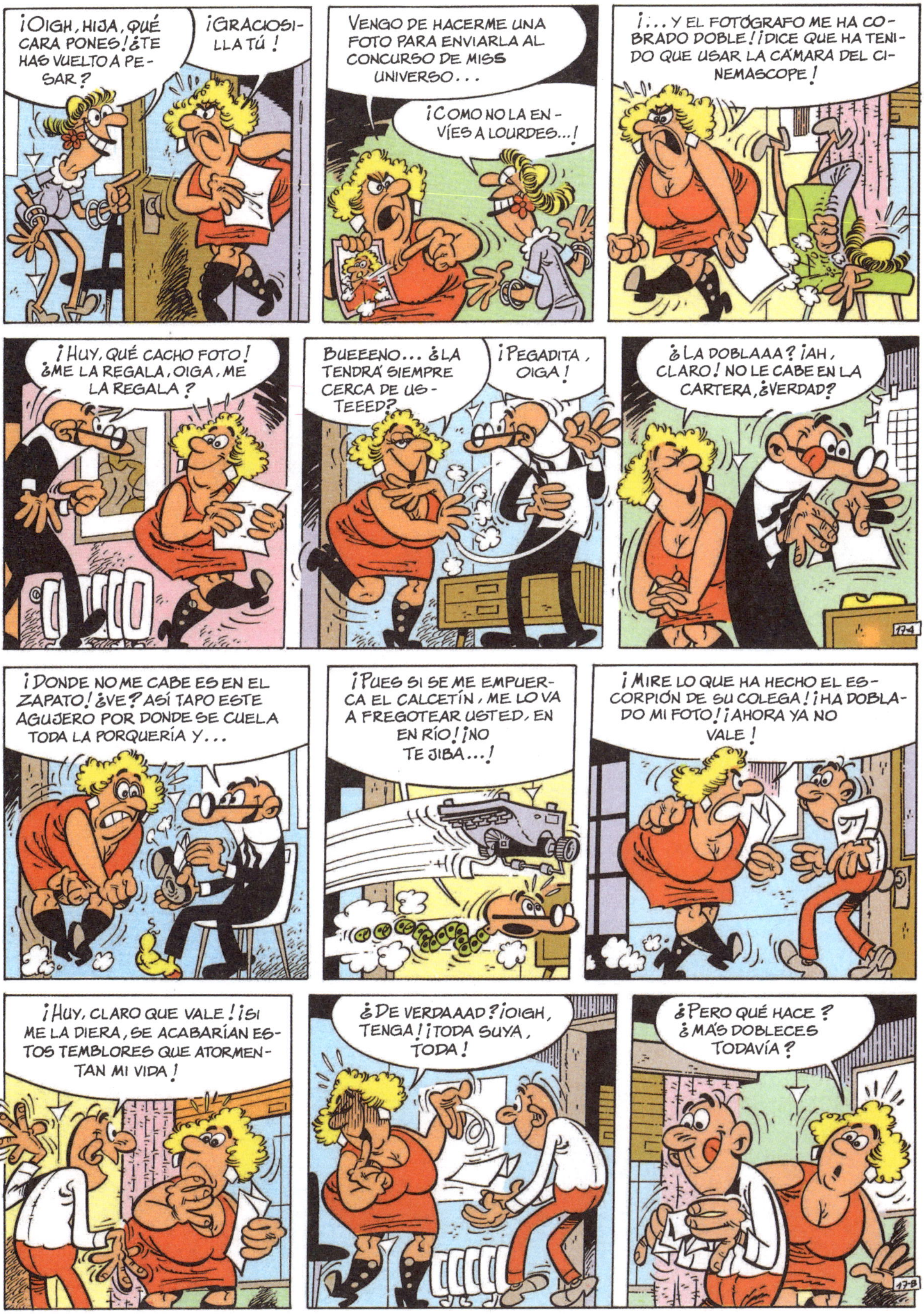
¡OIGH, HIJA, QUÉ CARA PONES! ¿TE HAS VUELTO A PESAR?
¡GRACIOSILLA TÚ!
VENGO DE HACERME UNA FOTO PARA ENVIARLA AL CONCURSO DE MISS UNIVERSO...
¡COMO NO LA ENVÍES A LOURDES...!
¡...Y EL FOTÓGRAFO ME HA COBRADO DOBLE! ¡DICE QUE HA TENIDO QUE USAR LA CÁMARA DEL CINEMASCOPE!
¡HUY, QUÉ CACHO FOTO! ¿ME LA REGALA, OIGA, ME LA REGALA?
BUEEENO... ¿LA TENDRÁ SIEMPRE CERCA DE USTEEED?
¡PEGADITA, OIGA!
¿LA DOBLAAA? ¡AH, CLARO! NO LE CABE EN LA CARTERA, ¿VERDAD?
17-A
¡DONDE NO ME CABE ES EN EL ZAPATO! ¿VE? ASÍ TAPO ESTE AGUJERO POR DONDE SE CUELA TODA LA PORQUERÍA Y...
¡PUES SI SE ME EMPUERCA EL CALCETÍN, ME LO VA A FREGOTEAR USTED, EN EN RÍO! ¡NO TE JIBA...!
¡MIRE LO QUE HA HECHO EL ESCORPIÓN DE SU COLEGA! ¡HA DOBLADO MI FOTO! ¡AHORA YA NO VALE!
¡HUY, CLARO QUE VALE! ¡SI ME LA DIERA, SE ACABARÍAN ESTOS TEMBLORES QUE ATORMENTAN MI VIDA!
¿DE VERDAAAD? ¡OIGH, TENGA! ¡TODA SUYA, TODA!
¿PERO QUÉ HACE? ¿MÁS DOBLECES TODAVÍA?
17-B

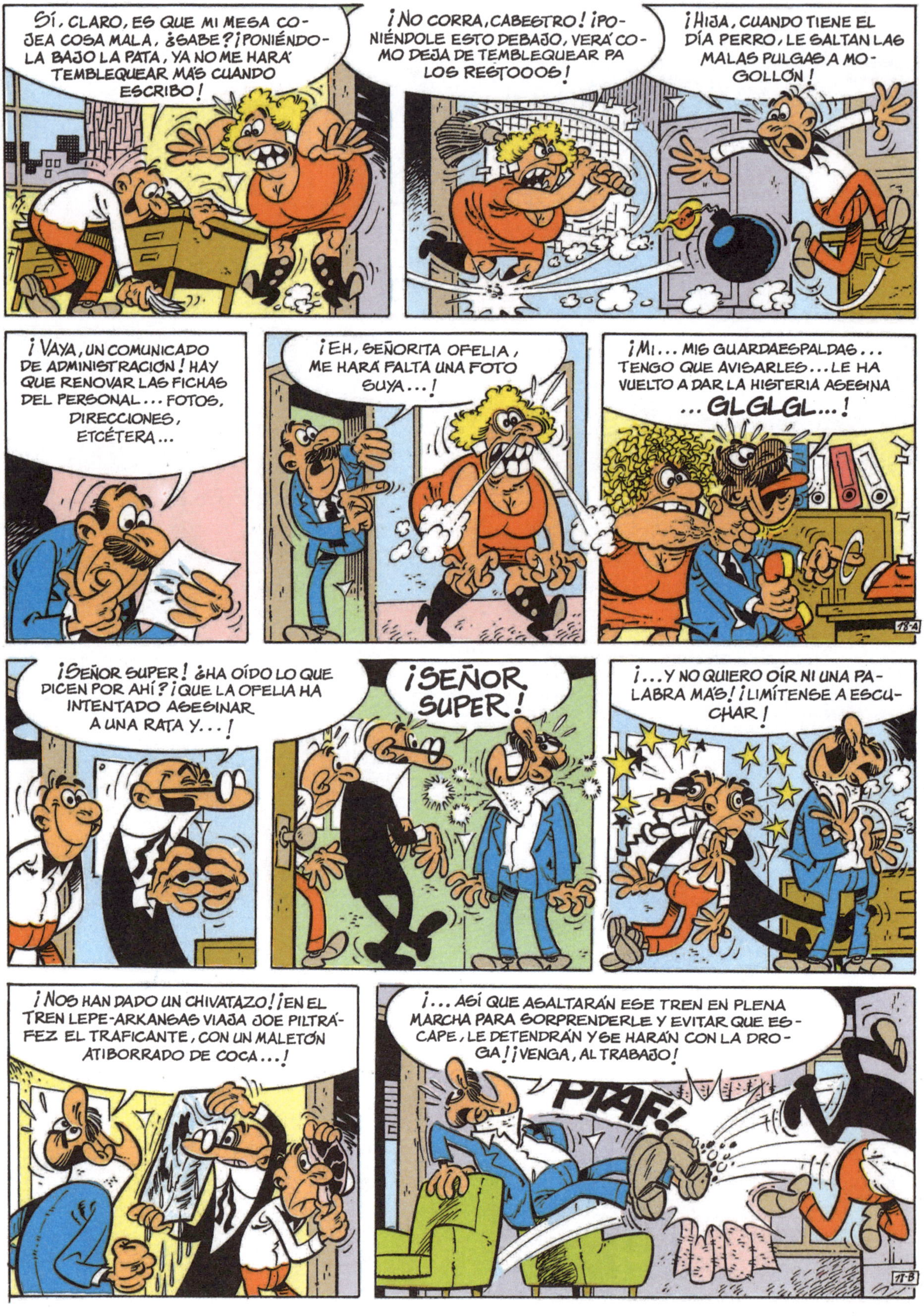
SÍ, CLARO, ES QUE MI MESA COJEA COSA MALA, ¿SABE? ¡PONIÉNDOLA BAJO LA PATA, YA NO ME HARÁ TEMBLEQUEAR MÁS CUANDO ESCRIBO!
¡NO CORRA, CABESTRO! ¡PONIÉNDOLE ESTO DEBAJO, VERÁ CÓMO DEJA DE TEMBLEQUEAR PA LOS RESTOOOS!
¡HIJA, CUANDO TIENE EL DÍA PERRO, LE SALTAN LAS MALAS PULGAS A MOGOLLÓN!
¡VAYA, UN COMUNICADO DE ADMINISTRACIÓN! HAY QUE RENOVAR LAS FICHAS DEL PERSONAL... FOTOS, DIRECCIONES, ETCÉTERA...
¡EH, SEÑORITA OFELIA, ME HARÁ FALTA UNA FOTO SUYA...!
¡MI... MIS GUARDAESPALDAS... TENGO QUE AVISARLES... LE HA VUELTO A DAR LA HISTERIA ASESINA ...GLGLGL...!
18-A
¡SEÑOR SUPER! ¿HA OÍDO LO QUE DICEN POR AHÍ? ¡QUE LA OFELIA HA INTENTADO ASESINAR A UNA RATA Y...!
¡SEÑOR SUPER!
¡...Y NO QUIERO OÍR NI UNA PALABRA MÁS! ¡LIMÍTENSE A ESCUCHAR!
¡NOS HAN DADO UN CHIVATAZO! ¡EN EL TREN LEPE-ARKANSAS VIAJA JOE PILTRÁFEZ EL TRAFICANTE, CON UN MALETÓN ATIBORRADO DE COCA...!
¡...ASÍ QUE ASALTARÁN ESE TREN EN PLENA MARCHA PARA SORPRENDERLE Y EVITAR QUE ESCAPE, LE DETENDRÁN Y SE HARÁN CON LA DROGA! ¡VENGA, AL TRABAJO!
PTAF!
11-B

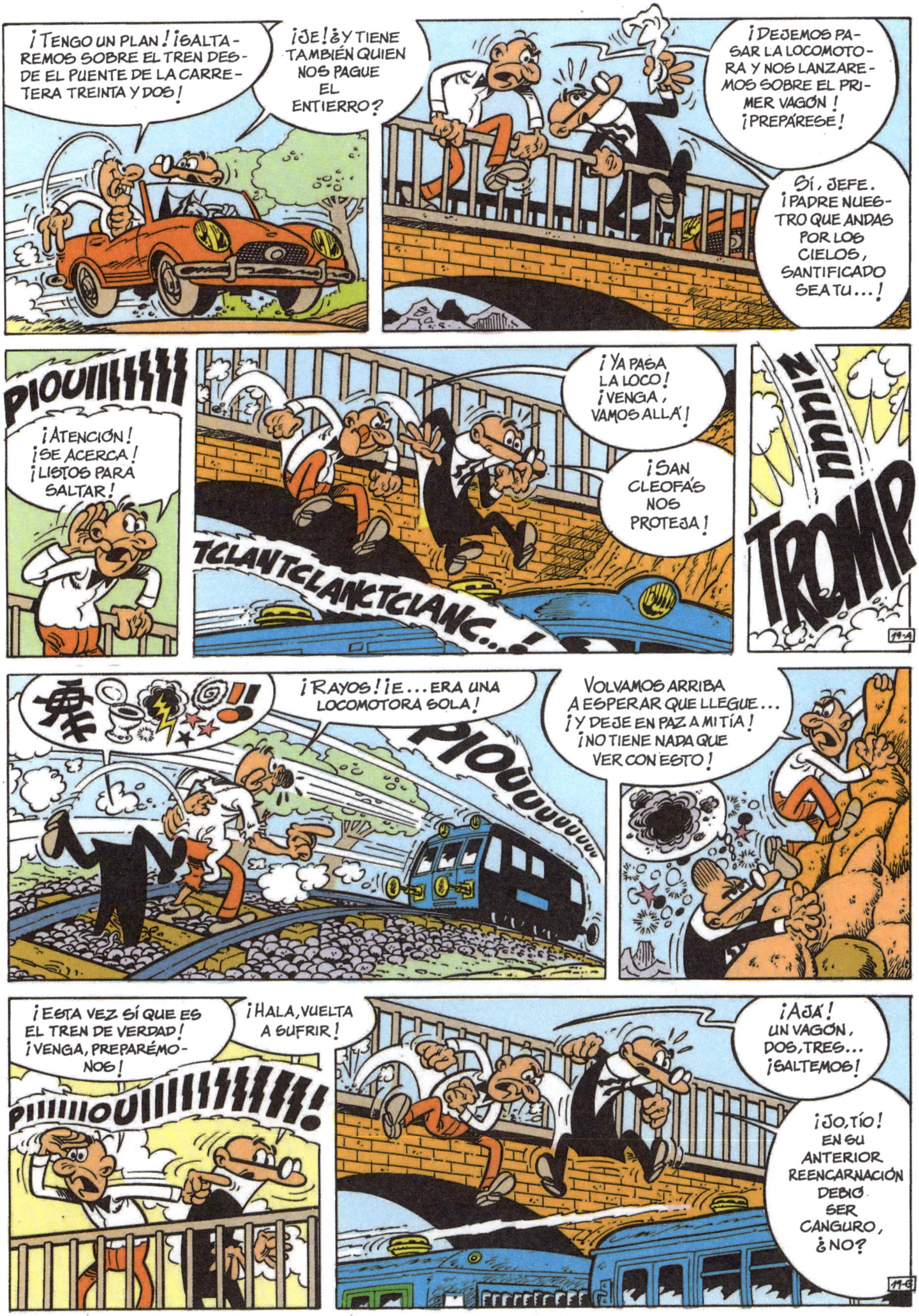
¡TENGO UN PLAN! ¡SALTAREMOS SOBRE EL TREN DESDE EL PUENTE DE LA CARRETERA TREINTA Y DOS!
¡JE! ¿Y TIENE TAMBIÉN QUIEN NOS PAGUE EL ENTIERRO?
¡DEJEMOS PASAR LA LOCOMOTORA Y NOS LANZAREMOS SOBRE EL PRIMER VAGÓN! ¡PREPÁRESE!
SÍ, JEFE. ¡PADRE NUESTRO QUE ANDAS POR LOS CIELOS, SANTIFICADO SEA TU...!
PIOUIIIIIIII
¡ATENCIÓN! ¡SE ACERCA! ¡LISTOS PARA SALTAR!
¡YA PASA LA LOCO! ¡VENGA, VAMOS ALLÁ!
¡SAN CLEOFÁS NOS PROTEJA!
TCLANTCLANCTCLANC...!
ZIUUUU
TROMP
19-A
¡RAYOS! ¡E... ERA UNA LOCOMOTORA SOLA!
PIOUUUUUUU
VOLVAMOS ARRIBA A ESPERAR QUE LLEGUE... ¡Y DEJE EN PAZ A MI TÍA! ¡NO TIENE NADA QUE VER CON ESTO!
¡ESTA VEZ SÍ QUE ES EL TREN DE VERDAD! ¡VENGA, PREPARÉMONOS!
¡HALA, VUELTA A SUFRIR!
PIIIIIOUIIIIIIIIII!
¡AJÁ! UN VAGÓN, DOS, TRES... ¡SALTEMOS!
¡JO, TÍO! EN SU ANTERIOR REENCARNACIÓN DEBIÓ SER CANGURO, ¿NO?
19-B

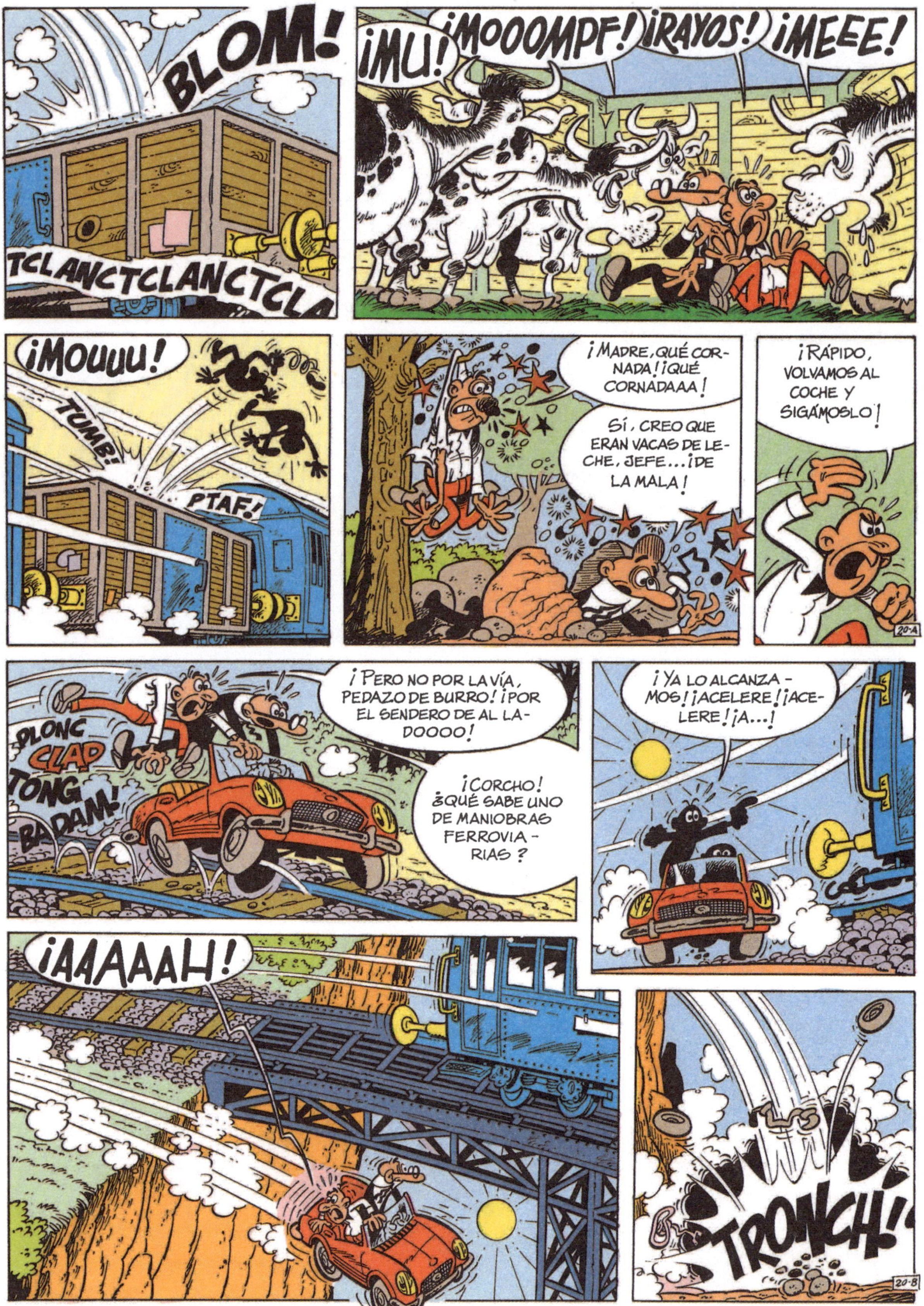
BLOM!
TCLANCTCLANCTCLA
¡MU!
¡MOOOOMPF!
¡RAYOS!
¡MEEE!
¡MOUUU!
TUMB!
PTAF!
¡MADRE, QUÉ CORNADA! ¡QUÉ CORNADAAA!
SÍ, CREO QUE ERAN VACAS DE LECHE, JEFE... ¡DE LA MALA!
¡RÁPIDO, VOLVAMOS AL COCHE Y SIGÁMOSLO!
20-A
¡PERO NO POR LA VÍA, PEDAZO DE BURRO! ¡POR EL SENDERO DE AL LADOOOO!
PLONC
CLAP
TONG
BADAM!
¡CORCHO! ¿QUÉ SABE UNO DE MANIOBRAS FERROVIARIAS?
¡YA LO ALCANZAMOS! ¡ACELERE! ¡ACELERE! ¡A...!
¡AAAAAH!
TRONCH!
20-B

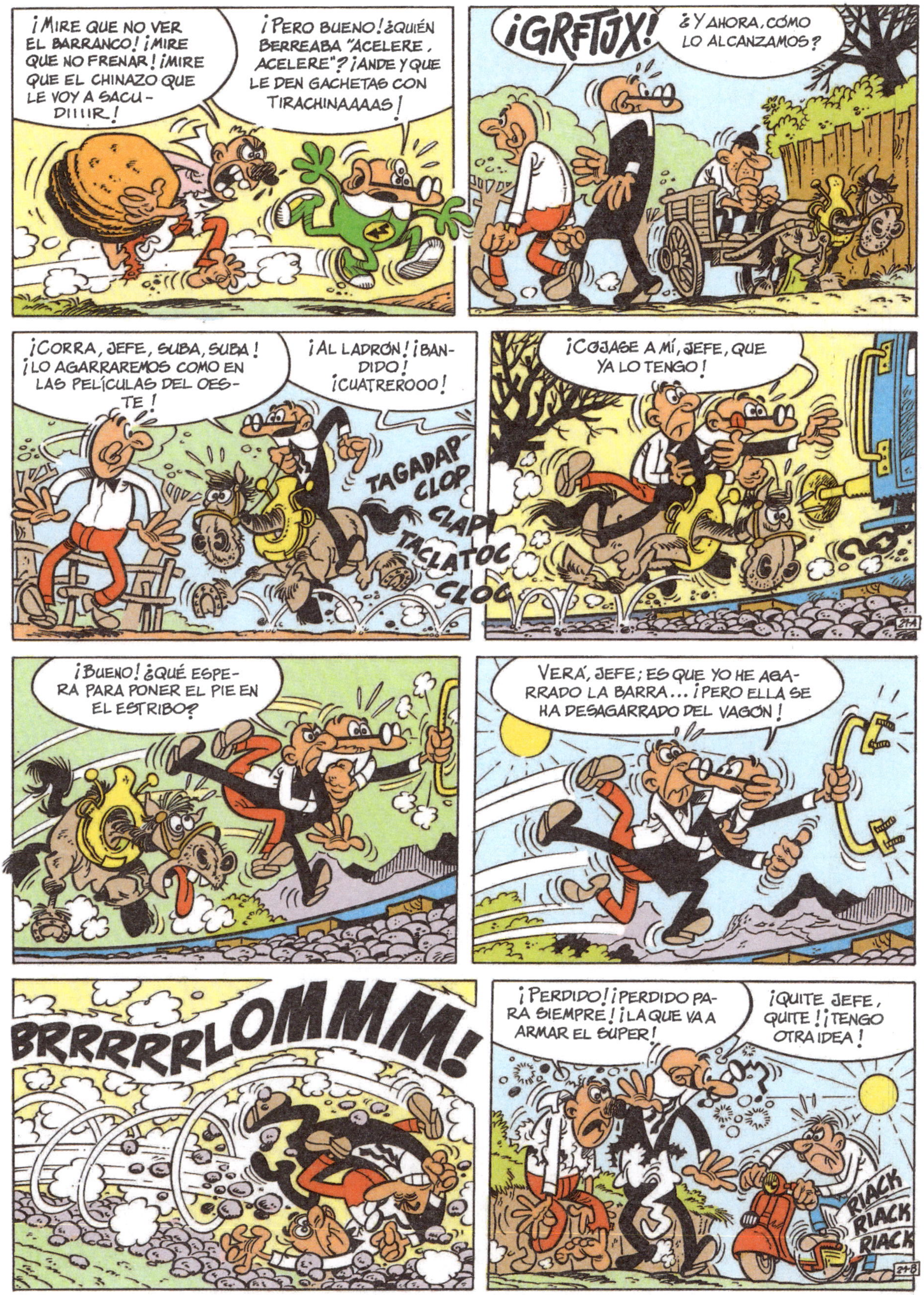
¡MIRE QUE NO VER EL BARRANCO! ¡MIRE QUE NO FRENAR! ¡MIRE QUE EL CHINAZO QUE LE VOY A SACU-DIIIIR!
¡PERO BUENO! ¿QUIÉN BERREABA "ACELERE, ACELERE"? ¡ANDE Y QUE LE DEN GACHETAS CON TIRACHINAAAAS!
¡GRFTJX!
¿Y AHORA, CÓMO LO ALCANZAMOS?
¡CORRA, JEFE, SUBA, SUBA! ¡LO AGARRAREMOS COMO EN LAS PELÍCULAS DEL OES-TE!
¡AL LADRÓN! ¡BAN-DIDO! ¡CUATREROOO!
TAGADAP CLOP CLAP TACLATOC CLOC
¡CÓJASE A MÍ, JEFE, QUE YA LO TENGO!
¡BUENO! ¿QUÉ ESPE-RA PARA PONER EL PIE EN EL ESTRIBO?
VERÁ, JEFE; ES QUE YO HE AGA-RRADO LA BARRA... ¡PERO ELLA SE HA DESAGARRADO DEL VAGÓN!
BRRRRRLOMMMM!
¡PERDIDO! ¡PERDIDO PA-RA SIEMPRE! ¡LA QUE VA A ARMAR EL SÚPER!
¡QUITE JEFE, QUITE! ¡TENGO OTRA IDEA!
RIACK RIACK RIACK

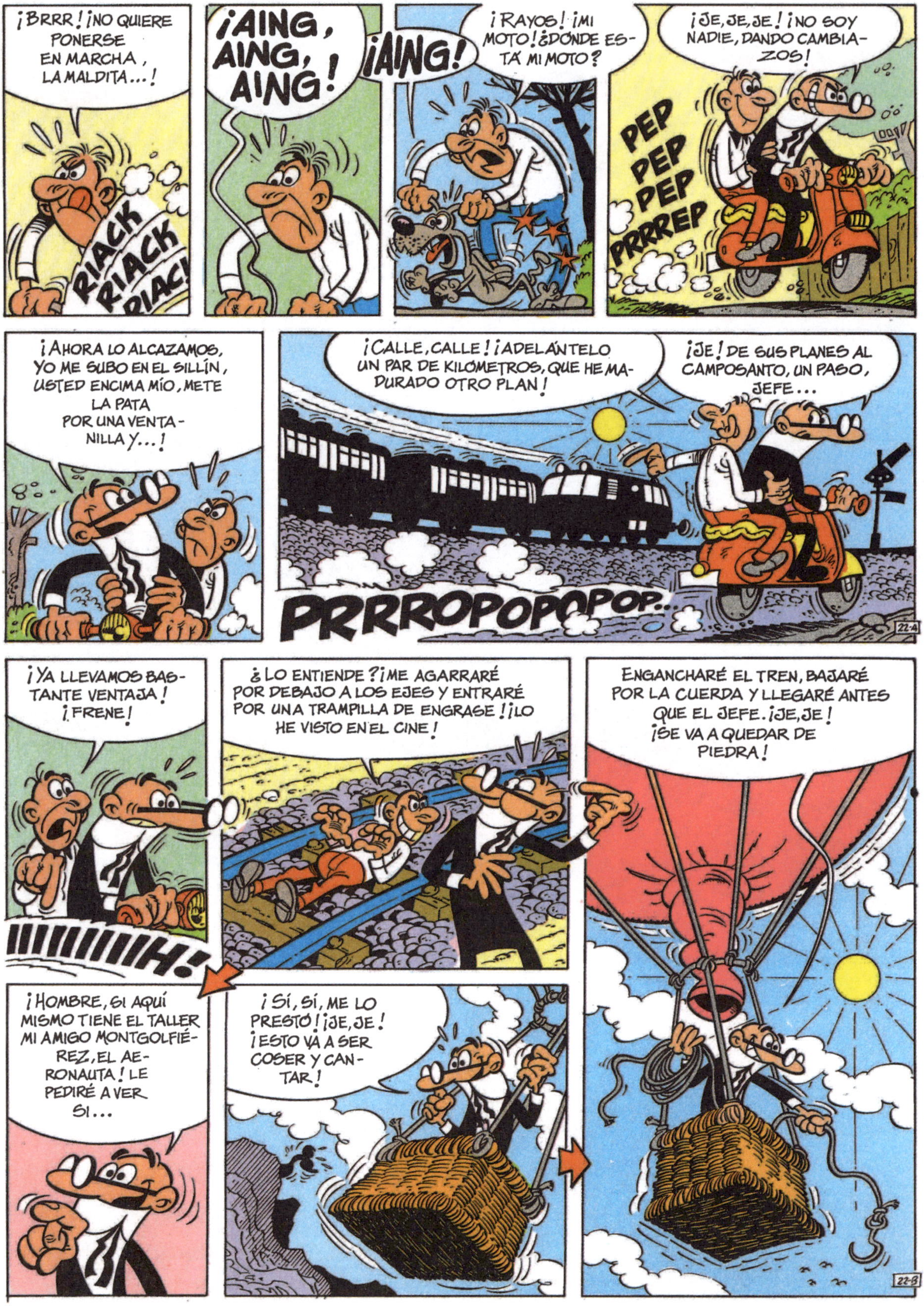
¡BRRR! ¡NO QUIERE PONERSE EN MARCHA, LA MALDITA...!
RIACK RIACK RIAC!
¡AING, AING, AING!
¡AING!
¡RAYOS! ¡MI MOTO! ¿DÓNDE ESTÁ MI MOTO?
¡JE, JE, JE! ¡NO SOY NADIE, DANDO CAMBIAZOS!
PEP PEP PEP PRRREP
¡AHORA LO ALCAZAMOS, YO ME SUBO EN EL SILLÍN, USTED ENCIMA MÍO, METE LA PATA POR UNA VENTANILLA Y...!
¡CALLE, CALLE! ¡ADELÁNTELO UN PAR DE KILÓMETROS, QUE HE MADURADO OTRO PLAN!
¡JE! DE SUS PLANES AL CAMPOSANTO, UN PASO, JEFE...
PRRROPOPOPOP...
¡YA LLEVAMOS BASTANTE VENTAJA! ¡FRENE!
¡IIIIIIIIIH!
¿LO ENTIENDE? ¡ME AGARRARÉ POR DEBAJO A LOS EJES Y ENTRARÉ POR UNA TRAMPILLA DE ENGRASE! ¡LO HE VISTO EN EL CINE!
ENGANCHARÉ EL TREN, BAJARÉ POR LA CUERDA Y LLEGARÉ ANTES QUE EL JEFE. ¡JE, JE! ¡SE VA A QUEDAR DE PIEDRA!
¡HOMBRE, SI AQUÍ MISMO TIENE EL TALLER MI AMIGO MONTGOLFIÉREZ, EL AERONAUTA! LE PEDIRÉ A VER SI...
¡SÍ, SÍ, ME LO PRESTÓ! ¡JE, JE! ¡ESTO VA A SER COSER Y CANTAR!

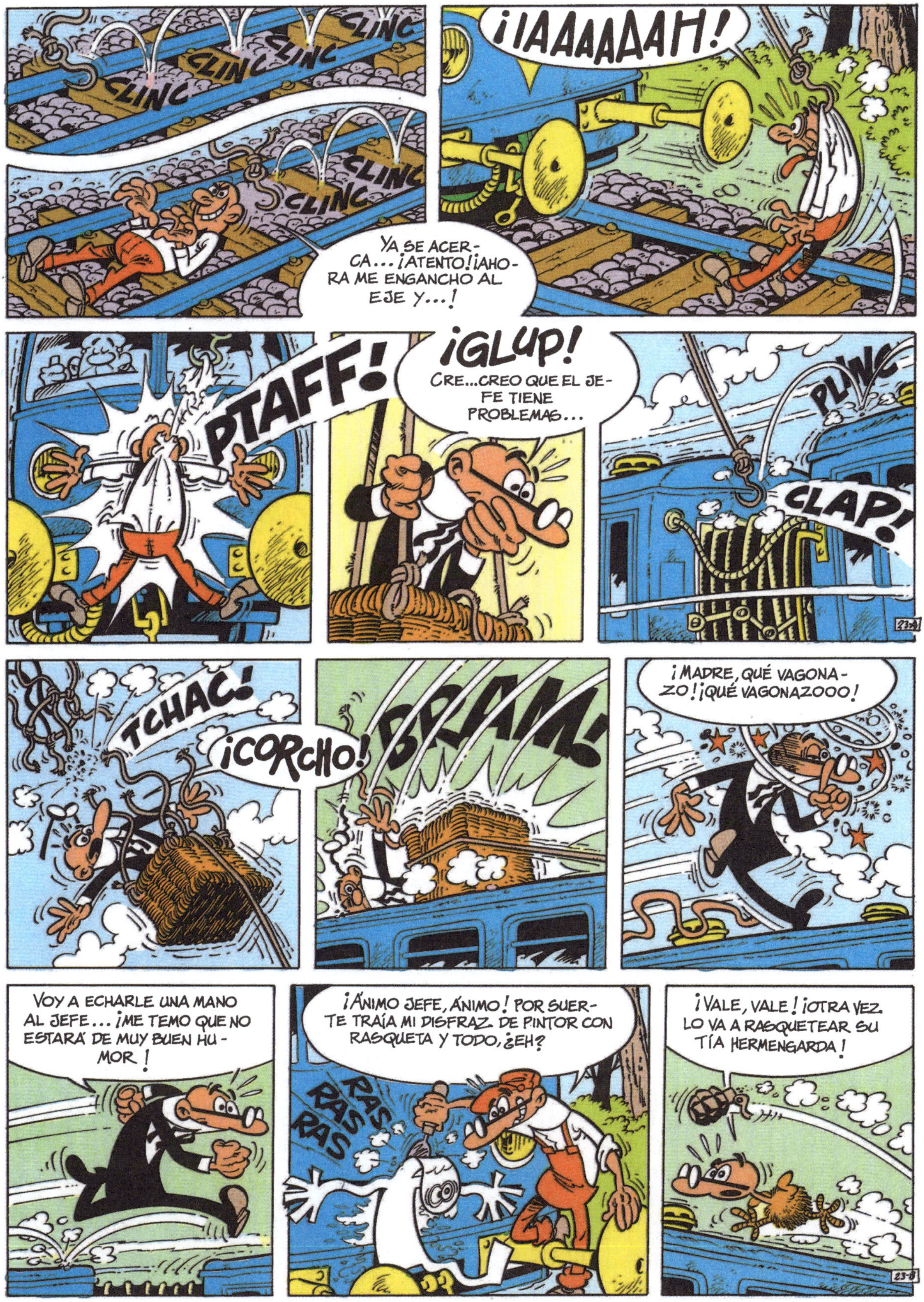
CLINC CLINC CLINC CLINC
CLINC CLINC
YA SE ACERCA... ¡ATENTO! ¡AHORA ME ENGANCHO AL EJE Y...!
¡IAAAAAAH!
PTAFF!
¡GLUP!
CRE...CREO QUE EL JEFE TIENE PROBLEMAS...
PLING
CLAP!
TCHAC!
¡CORCHO!
BRAM!
¡MADRE, QUÉ VAGONAZO! ¡QUÉ VAGONAZOOO!
VOY A ECHARLE UNA MANO AL JEFE... ¡ME TEMO QUE NO ESTARÁ DE MUY BUEN HUMOR!
¡ÁNIMO JEFE, ÁNIMO! POR SUERTE TRAÍA MI DISFRAZ DE PINTOR CON RASQUETA Y TODO, ¿EH?
RAS RAS RAS
¡VALE, VALE! ¡OTRA VEZ LO VA A RASQUETEAR SU TÍA HERMENGARDA!

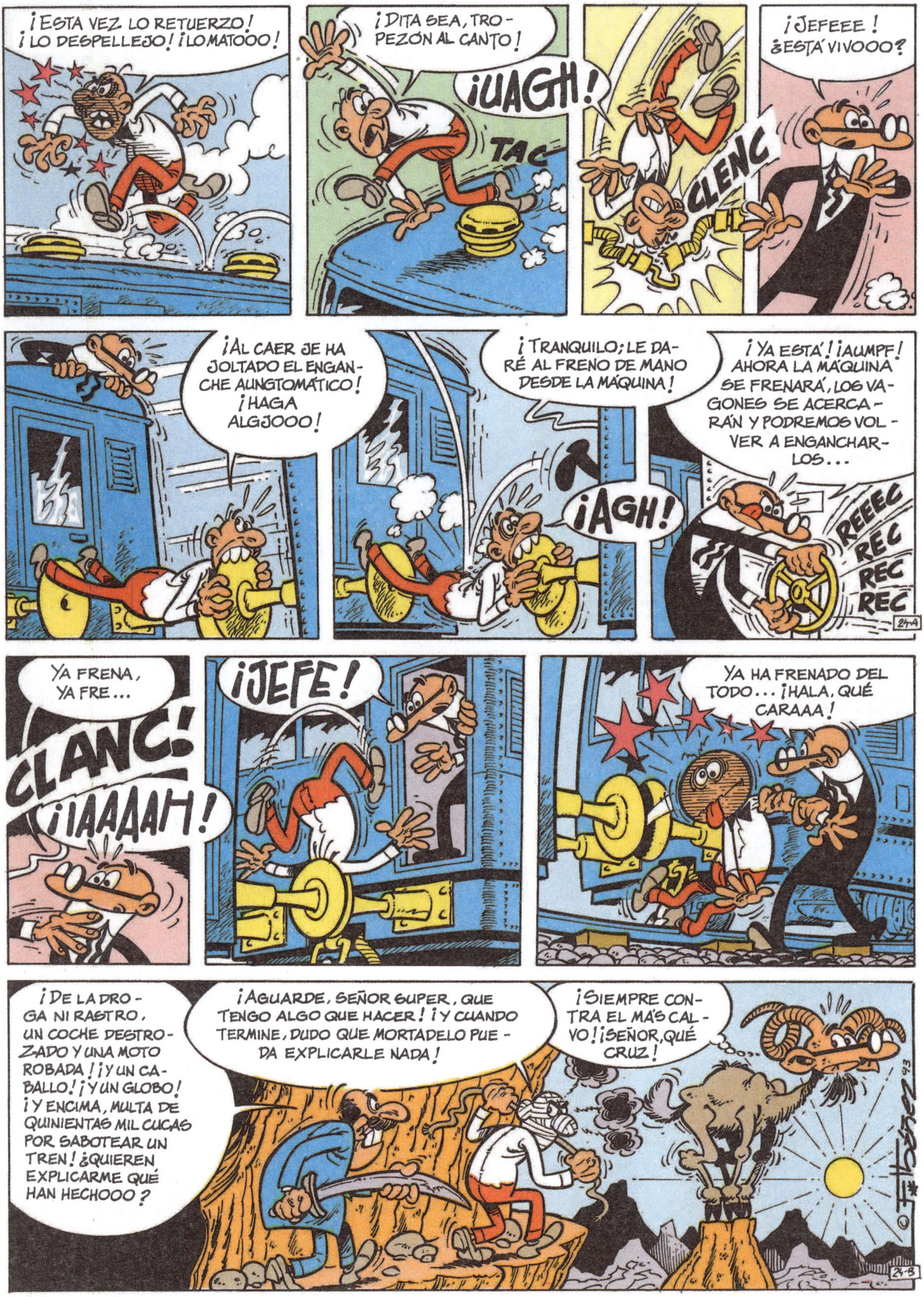
¡ESTA VEZ LO RETUERZO! ¡LO DESPELLEJO! ¡LO MATOOO!
¡DITA SEA, TROPEZÓN AL CANTO!
¡UAGH!
TAC
CLENC
¡JEFEEE! ¿ESTÁ VIVOOO?
¡AL CAER JE HA JOLTADO EL ENGANCHE AUNGTOMÁTICO! ¡HAGA ALGJOOO!
¡TRANQUILO; LE DARÉ AL FRENO DE MANO DESDE LA MÁQUINA!
¡AGH!
¡YA ESTÁ! ¡AUMPF! AHORA LA MÁQUINA SE FRENARÁ, LOS VAGONES SE ACERCARÁN Y PODREMOS VOLVER A ENGANCHARLOS...
REEEC REC REC REC
24-A
YA FRENA, YA FRE...
CLANC!
¡IAAAAH!
¡JEFE!
YA HA FRENADO DEL TODO... ¡HALA, QUÉ CARAAA!
¡DE LA DROGA NI RASTRO, UN COCHE DESTROZADO Y UNA MOTO ROBADA! ¡Y UN CABALLO! ¡Y UN GLOBO! ¡Y ENCIMA, MULTA DE QUINIENTAS MIL CUCAS POR SABOTEAR UN TREN! ¿QUIEREN EXPLICARME QUÉ HAN HECHOOO?
¡AGUARDE, SEÑOR SUPER, QUE TENGO ALGO QUE HACER! ¡Y CUANDO TERMINE, DUDO QUE MORTADELO PUEDA EXPLICARLE NADA!
¡SIEMPRE CONTRA EL MÁS CALVO! ¡SEÑOR, QUÉ CRUZ!
24-B

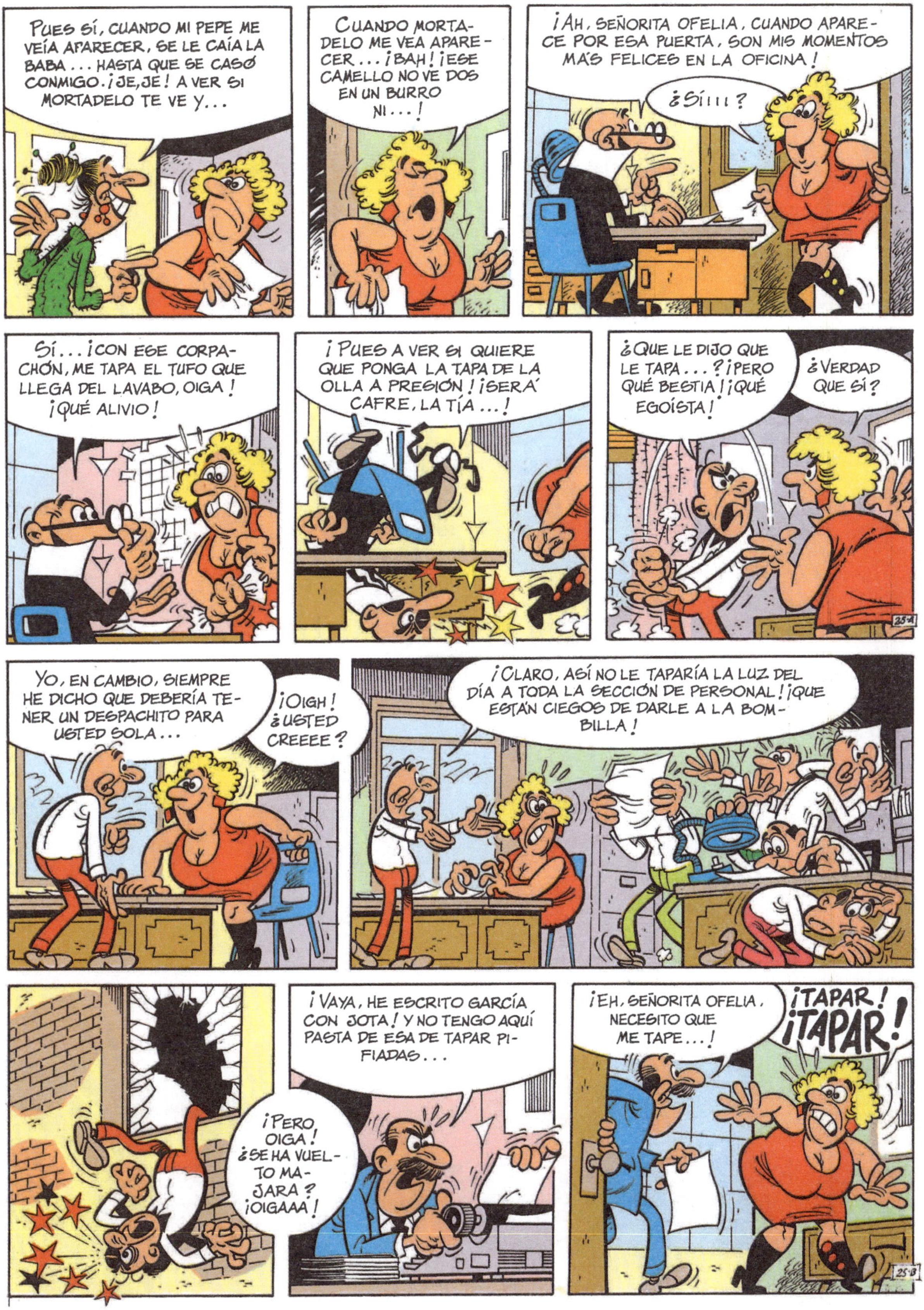
PUES SÍ, CUANDO MI PEPE ME VEÍA APARECER, SE LE CAÍA LA BABA... HASTA QUE SE CASÓ CONMIGO. ¡JE, JE! A VER SI MORTADELO TE VE Y...
CUANDO MORTADELO ME VEA APARECER... ¡BAH! ¡ESE CAMELLO NO VE DOS EN UN BURRO NI...!
¡AH, SEÑORITA OFELIA, CUANDO APARECE POR ESA PUERTA, SON MIS MOMENTOS MÁS FELICES EN LA OFICINA!
¿SÍIII?
SÍ... ¡CON ESE CORPACHÓN, ME TAPA EL TUFO QUE LLEGA DEL LAVABO, OIGA! ¡QUÉ ALIVIO!
¡PUES A VER SI QUIERE QUE PONGA LA TAPA DE LA OLLA A PRESIÓN! ¡SERÁ CAFRE, LA TÍA...!
¿QUE LE DIJO QUE LE TAPA...? ¡PERO QUÉ BESTIA! ¡QUÉ EGOÍSTA!
¿VERDAD QUE SÍ?
25-A
YO, EN CAMBIO, SIEMPRE HE DICHO QUE DEBERÍA TENER UN DESPACHITO PARA USTED SOLA...
¡OIGH! ¿USTED CREEEE?
¡CLARO, ASÍ NO LE TAPARÍA LA LUZ DEL DÍA A TODA LA SECCIÓN DE PERSONAL! ¡QUE ESTÁN CIEGOS DE DARLE A LA BOMBILLA!
¡VAYA, HE ESCRITO GARCÍA CON JOTA! Y NO TENGO AQUÍ PASTA DE ESA DE TAPAR PIFIADAS...
¡PERO, OIGA! ¿SE HA VUELTO MAJARA? ¡OIGAAA!
¡EH, SEÑORITA OFELIA, NECESITO QUE ME TAPE...!
¡TAPAR! ¡TAPAR!
25-B

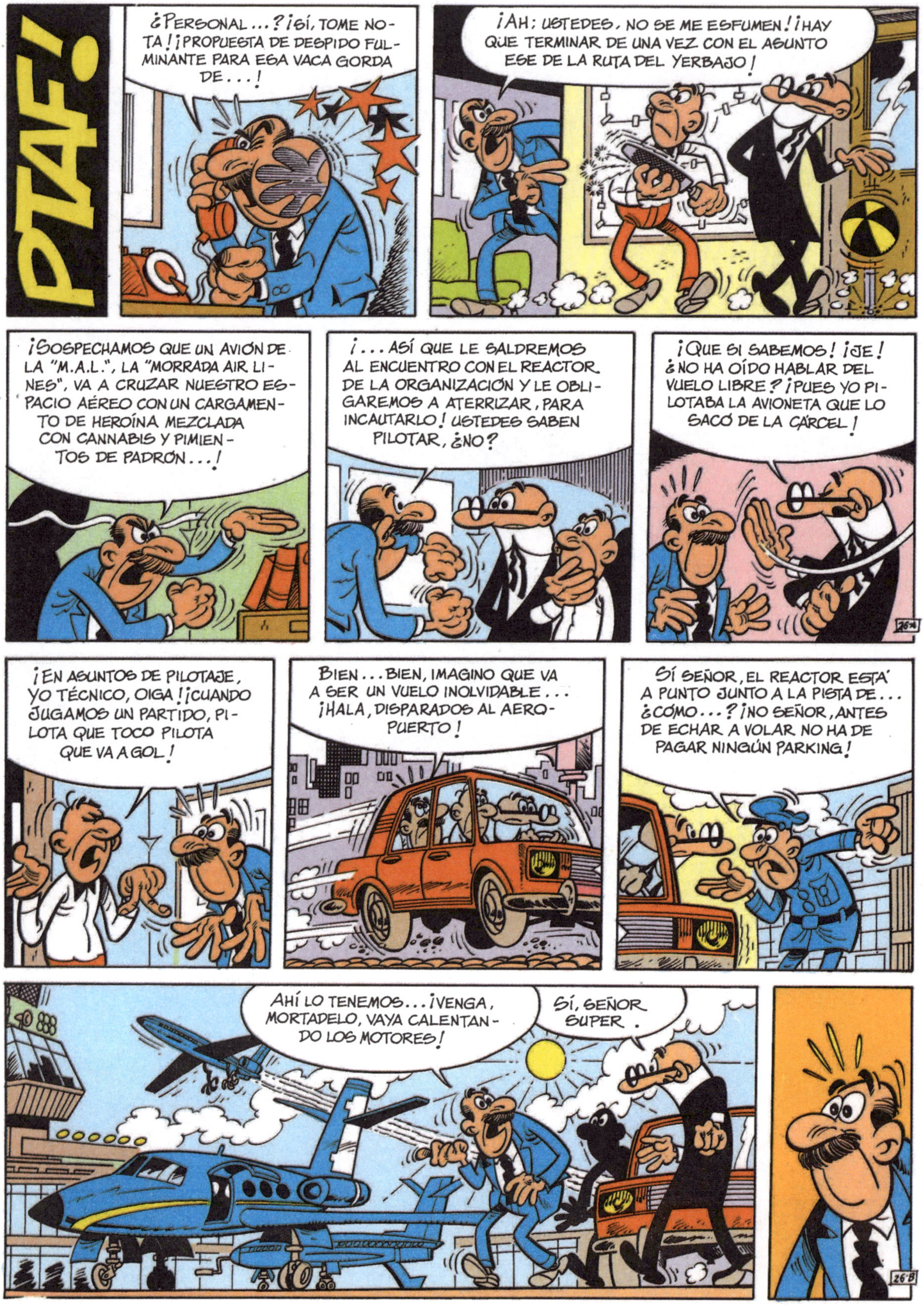
PTAF!
¿PERSONAL...? ¡SÍ, TOME NOTA! ¡PROPUESTA DE DESPIDO FULMINANTE PARA ESA VACA GORDA DE...!
¡AH; USTEDES, NO SE ME ESFUMEN! ¡HAY QUE TERMINAR DE UNA VEZ CON EL ASUNTO ESE DE LA RUTA DEL YERBAJO!
¡SOSPECHAMOS QUE UN AVIÓN DE LA "M.A.L.", LA "MORRADA AIR LINES", VA A CRUZAR NUESTRO ESPACIO AÉREO CON UN CARGAMENTO DE HEROÍNA MEZCLADA CON CANNABIS Y PIMIENTOS DE PADRÓN...!
¡...ASÍ QUE LE SALDREMOS AL ENCUENTRO CON EL REACTOR DE LA ORGANIZACIÓN Y LE OBLIGAREMOS A ATERRIZAR, PARA INCAUTARLO! USTEDES SABEN PILOTAR, ¿NO?
¡QUE SI SABEMOS! ¡JE! ¿NO HA OÍDO HABLAR DEL VUELO LIBRE? ¡PUES YO PILOTABA LA AVIONETA QUE LO SACÓ DE LA CÁRCEL!
¡EN ASUNTOS DE PILOTAJE, YO TÉCNICO, OIGA! ¡CUANDO JUGAMOS UN PARTIDO, PILOTA QUE TOCO PILOTA QUE VA A GOL!
BIEN... BIEN, IMAGINO QUE VA A SER UN VUELO INOLVIDABLE... ¡HALA, DISPARADOS AL AEROPUERTO!
SÍ SEÑOR, EL REACTOR ESTÁ A PUNTO JUNTO A LA PISTA DE... ¿CÓMO...? ¡NO SEÑOR, ANTES DE ECHAR A VOLAR NO HA DE PAGAR NINGÚN PARKING!
AHÍ LO TENEMOS... ¡VENGA, MORTADELO, VAYA CALENTANDO LOS MOTORES!
SÍ, SEÑOR SUPER.

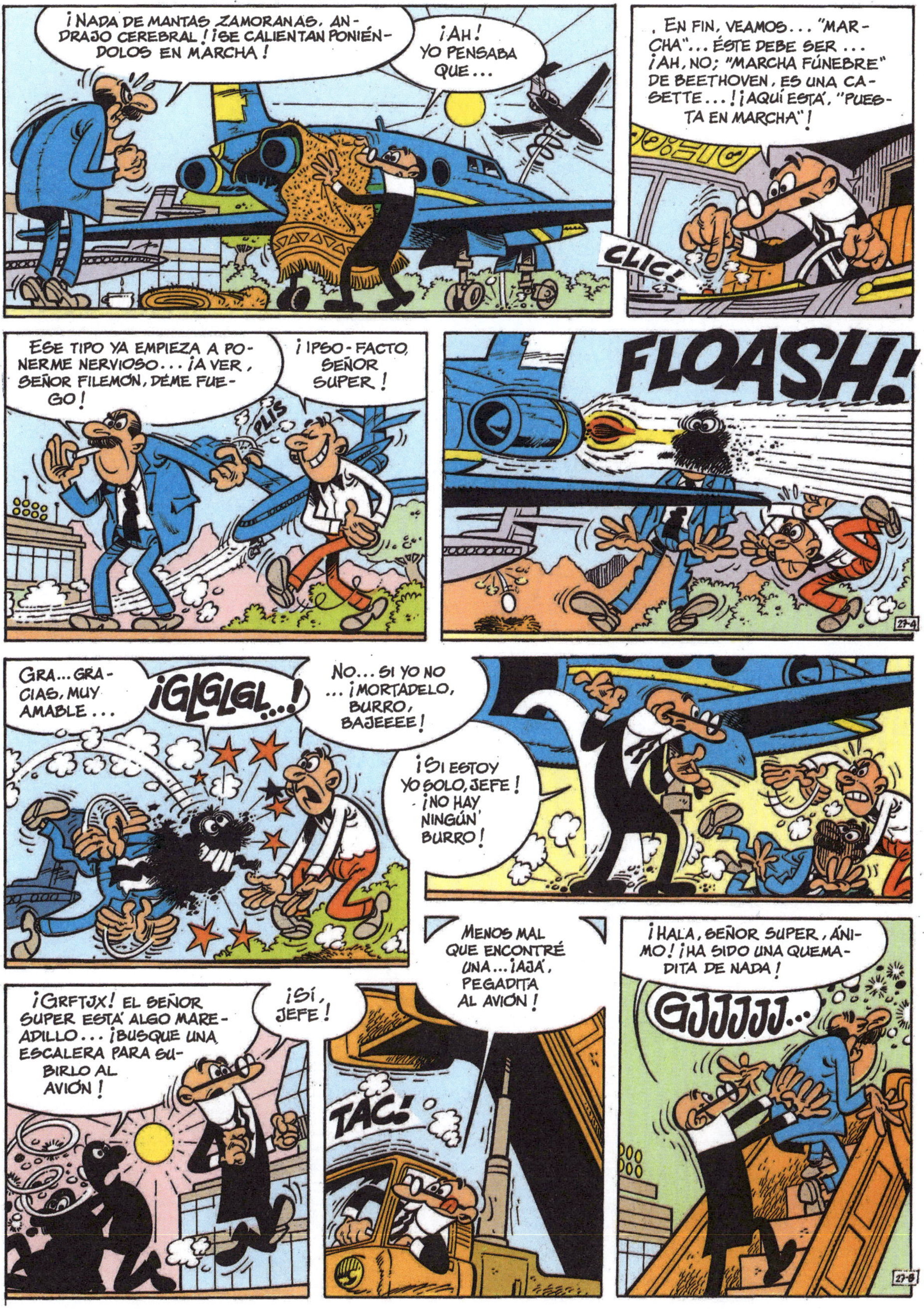
¡NADA DE MANTAS ZAMORANAS, ANDRAJO CEREBRAL! ¡SE CALIENTAN PONIÉNDOLOS EN MARCHA!
¡AH! YO PENSABA QUE...
. EN FIN, VEAMOS... "MARCHA"... ÉSTE DEBE SER... ¡AH, NO; "MARCHA FÚNEBRE" DE BEETHOVEN, ES UNA CASETTE...! ¡AQUÍ ESTÁ, "PUESTA EN MARCHA"!
CLIC!
ESE TIPO YA EMPIEZA A PONERME NERVIOSO... ¡A VER, SEÑOR FILEMÓN, DÉME FUEGO!
¡IPSO-FACTO, SEÑOR SUPER!
PLIS
FLOASH!
27-A
GRA... GRACIAS, MUY AMABLE...
¡GLGLGL...!
NO... SI YO NO ...¡MORTADELO, BURRO, BAJEEEE!
¡SI ESTOY YO SOLO, JEFE! ¡NO HAY NINGÚN BURRO!
¡GRFTJX! EL SEÑOR SUPER ESTÁ ALGO MAREADILLO... ¡BUSQUE UNA ESCALERA PARA SUBIRLO AL AVIÓN!
¡SÍ, JEFE!
MENOS MAL QUE ENCONTRÉ UNA... ¡AJÁ, PEGADITA AL AVIÓN!
TAC!
¡HALA, SEÑOR SUPER, ÁNIMO! ¡HA SIDO UNA QUEMADITA DE NADA!
GJJJJJ...
27-B

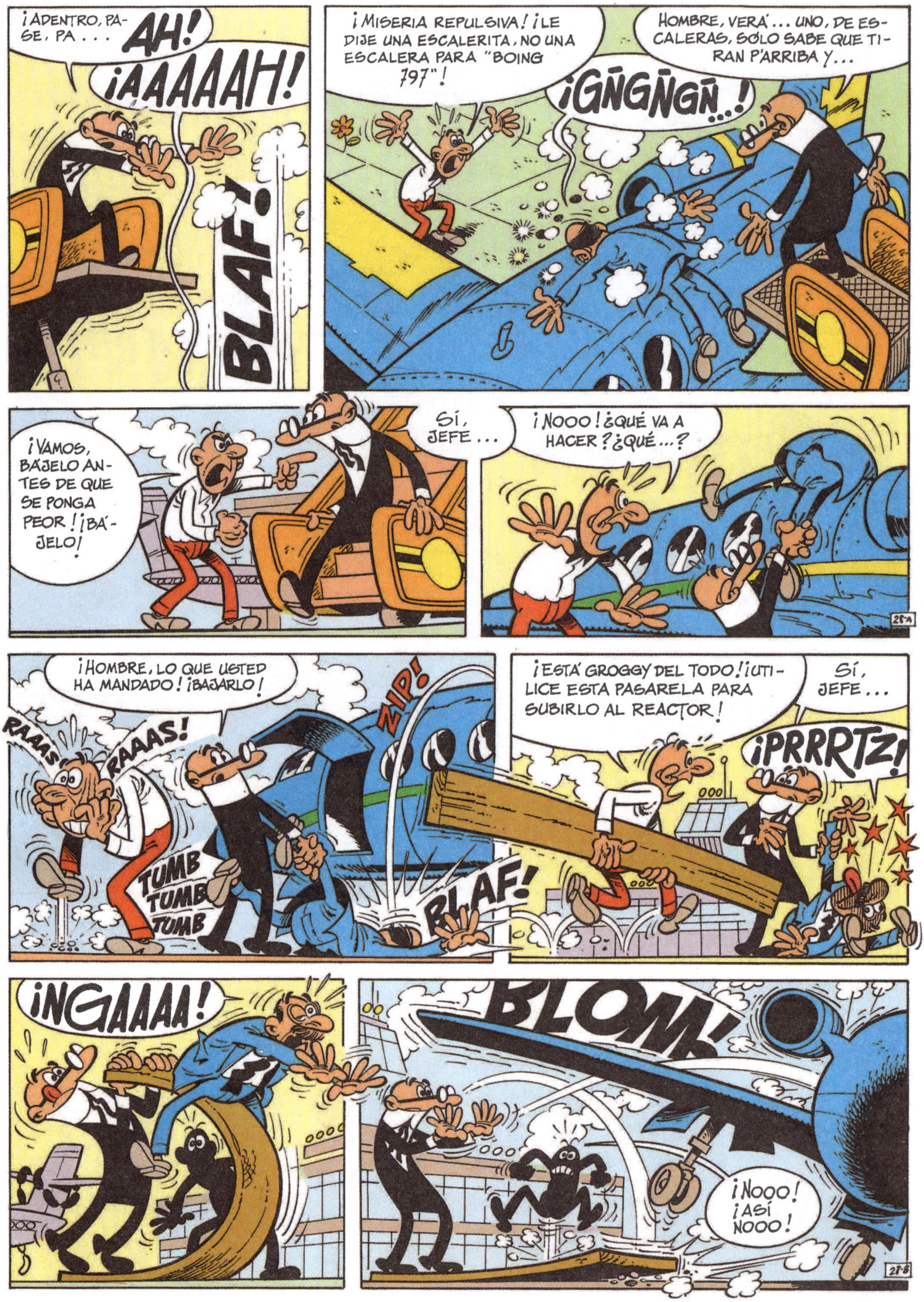
¡ADENTRO, PA-SE, PA...
AH! ¡AAAAAH!
BLAF!
¡MISERIA REPULSIVA! ¡LE DIJE UNA ESCALERITA, NO UNA ESCALERA PARA "BOING 797"!
HOMBRE, VERÁ... UNO, DE ESCALERAS, SÓLO SABE QUE TIRAN P'ARRIBA Y...
¡GÑGÑGÑ...!
¡VAMOS, BÁJELO ANTES DE QUE SE PONGA PEOR! ¡BÁJELO!
SÍ, JEFE...
¡NOOO! ¿QUÉ VA A HACER? ¿QUÉ...?
¡HOMBRE, LO QUE USTED HA MANDADO! ¡BAJARLO!
RAAAS
RAAAS!
ZIP!
TUMB TUMB TUMB
BLAF!
¡ESTÁ GROGGY DEL TODO! ¡UTILICE ESTA PASARELA PARA SUBIRLO AL REACTOR!
SÍ, JEFE...
¡PRRRTZ!
¡NGAAAA!
BLOM!
¡NOOO! ¡ASÍ NOOO!

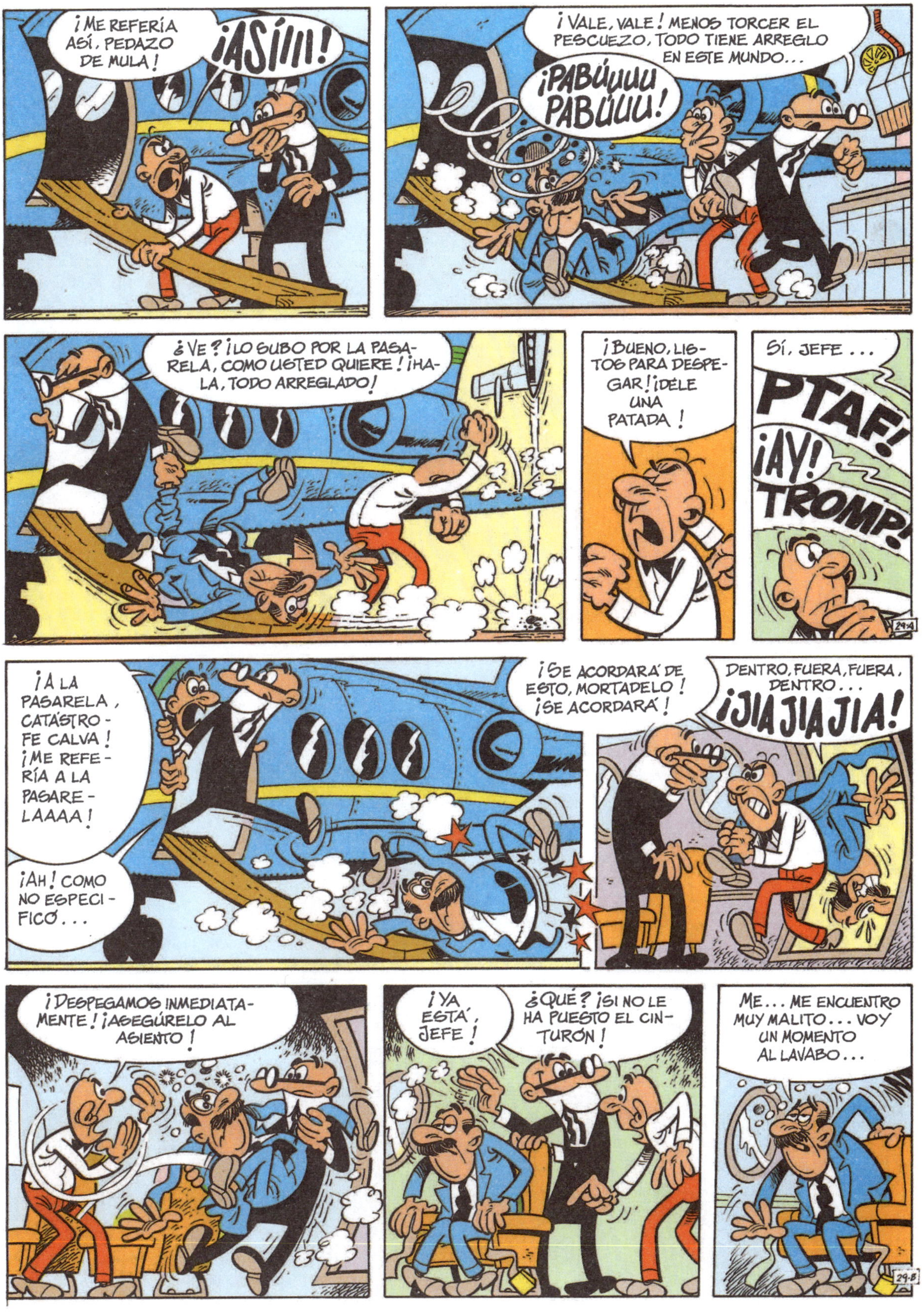
¡ME REFERÍA ASÍ, PEDAZO DE MULA!
¡ASÍIII!
¡VALE, VALE! MENOS TORCER EL PESCUEZO, TODO TIENE ARREGLO EN ESTE MUNDO...
¡PABÚuuu PABÚUU!
¿VE? ¡LO SUBO POR LA PASARELA, COMO USTED QUIERE! ¡HALA, TODO ARREGLADO!
¡BUENO, LISTOS PARA DESPEGAR! ¡DÉLE UNA PATADA!
SÍ, JEFE...
PTAF!
¡AY!
TROMP!
29-A
¡A LA PASARELA, CATÁSTROFE CALVA! ¡ME REFERÍA A LA PASARELAAAA!
¡AH! COMO NO ESPECIFICÓ...
¡SE ACORDARÁ DE ESTO, MORTADELO! ¡SE ACORDARÁ!
DENTRO, FUERA, FUERA, DENTRO...
¡JIA JIA JIA!
¡DESPEGAMOS INMEDIATAMENTE! ¡ASEGÚRELO AL ASIENTO!
¡YA ESTÁ, JEFE!
¿QUÉ? ¡SI NO LE HA PUESTO EL CINTURÓN!
ME... ME ENCUENTRO MUY MALITO... VOY UN MOMENTO AL LAVABO...
29-B

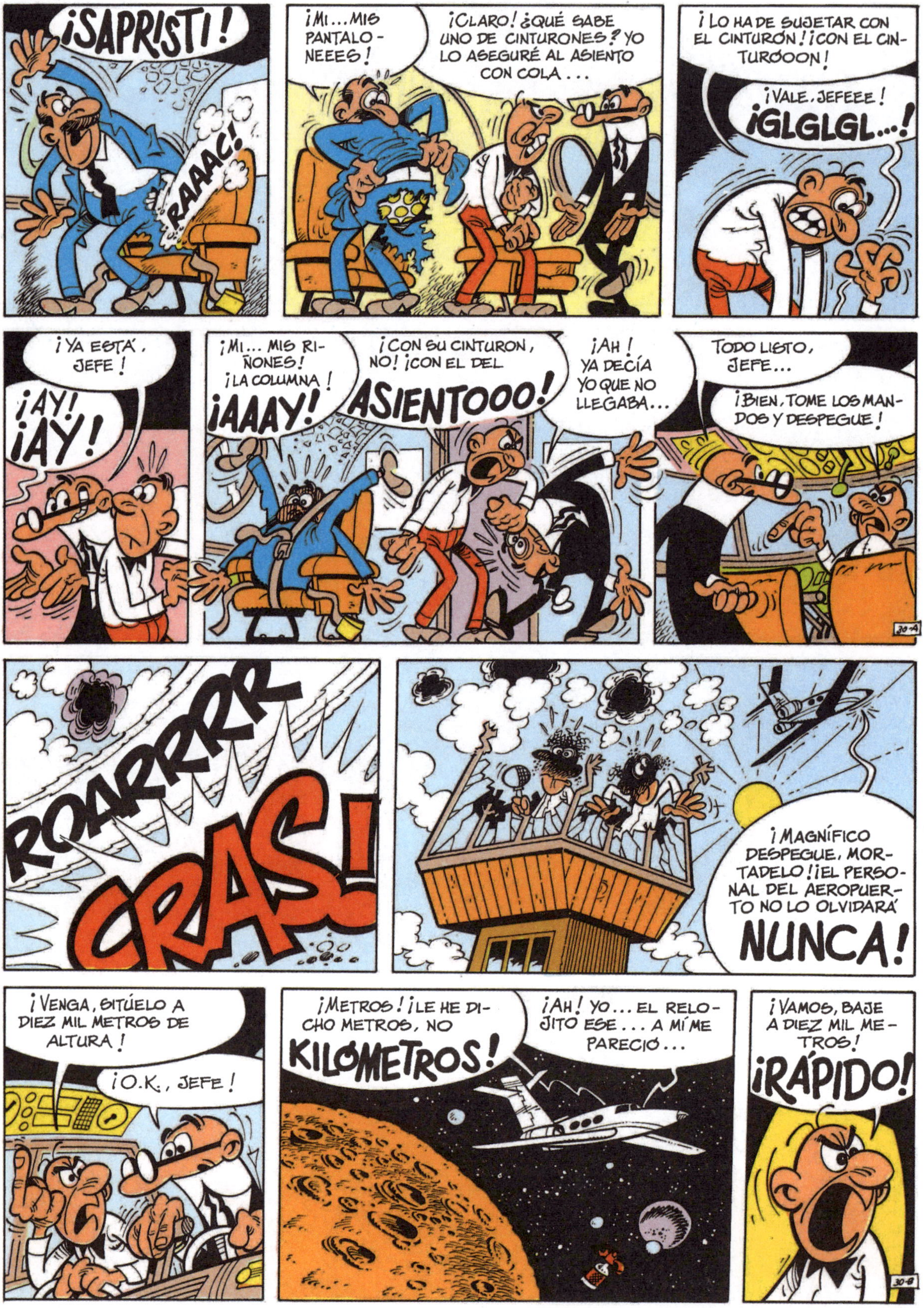
¡SAPRISTI!
RAAAC!
¡MI... MIS PANTALONEEES!
¡CLARO! ¿QUÉ SABE UNO DE CINTURONES? YO LO ASEGURÉ AL ASIENTO CON COLA...
¡LO HA DE SUJETAR CON EL CINTURÓN! ¡CON EL CINTUROOON!
¡VALE, JEFEEE! ¡GLGLGL...!
¡YA ESTÁ, JEFE!
¡AY! ¡AY!
¡MI... MIS RIÑONES! ¡LA COLUMNA! ¡AAAY!
¡CON SU CINTURON, NO! ¡CON EL DEL ASIENTOOO!
¡AH! YA DECÍA YO QUE NO LLEGABA...
TODO LISTO, JEFE...
¡BIEN, TOME LOS MANDOS Y DESPEGUE!
30-A
ROARRRRR
CRAS!
¡MAGNÍFICO DESPEGUE, MORTADELO! ¡EL PERSONAL DEL AEROPUERTO NO LO OLVIDARÁ NUNCA!
¡VENGA, SITÚELO A DIEZ MIL METROS DE ALTURA!
¡O.K., JEFE!
¡METROS! ¡LE HE DICHO METROS, NO KILÓMETROS!
¡AH! YO... EL RELOJITO ESE... A MÍ ME PARECIÓ...
¡VAMOS, BAJE A DIEZ MIL METROS! ¡RÁPIDO!
30-B

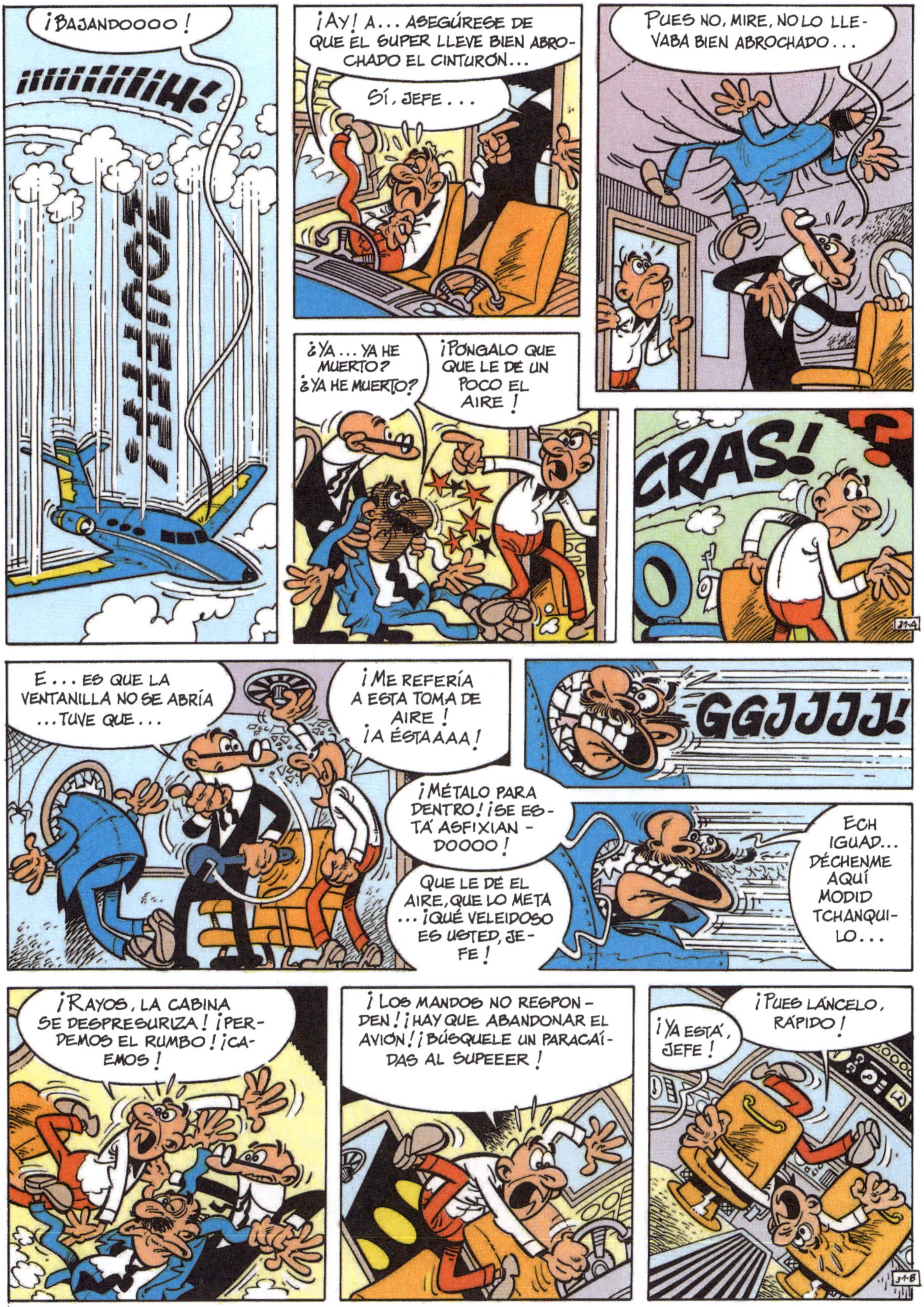
¡BAJANDOOOO!
¡¡¡¡¡¡¡¡¡¡¡¡H!
¡AY! A... ASEGÚRESE DE QUE EL SUPER LLEVE BIEN ABROCHADO EL CINTURÓN...
SÍ, JEFE...
PUES NO, MIRE, NO LO LLEVABA BIEN ABROCHADO...
¿YA... YA HE MUERTO? ¿YA HE MUERTO?
¡PÓNGALO QUE QUE LE DÉ UN POCO EL AIRE!
CRAS!
?
E... ES QUE LA VENTANILLA NO SE ABRÍA ...TUVE QUE...
¡ME REFERÍA A ESTA TOMA DE AIRE! ¡A ÉSTAAAA!
GGJJJJ!
¡MÉTALO PARA DENTRO! ¡SE ESTÁ ASFIXIANDOOOO!
QUE LE DÉ EL AIRE, QUE LO META ... ¡QUÉ VELEIDOSO ES USTED, JEFE!
ECH IGUAD... DÉCHENME AQUÍ MODID TCHANQUILO...
¡RAYOS, LA CABINA SE DESPRESURIZA! ¡PERDEMOS EL RUMBO! ¡CAEMOS!
¡LOS MANDOS NO RESPONDEN! ¡HAY QUE ABANDONAR EL AVIÓN! ¡BÚSQUELE UN PARACAÍDAS AL SUPEEER!
¡PUES LÁNCELO, RÁPIDO!
¡YA ESTÁ, JEFE!

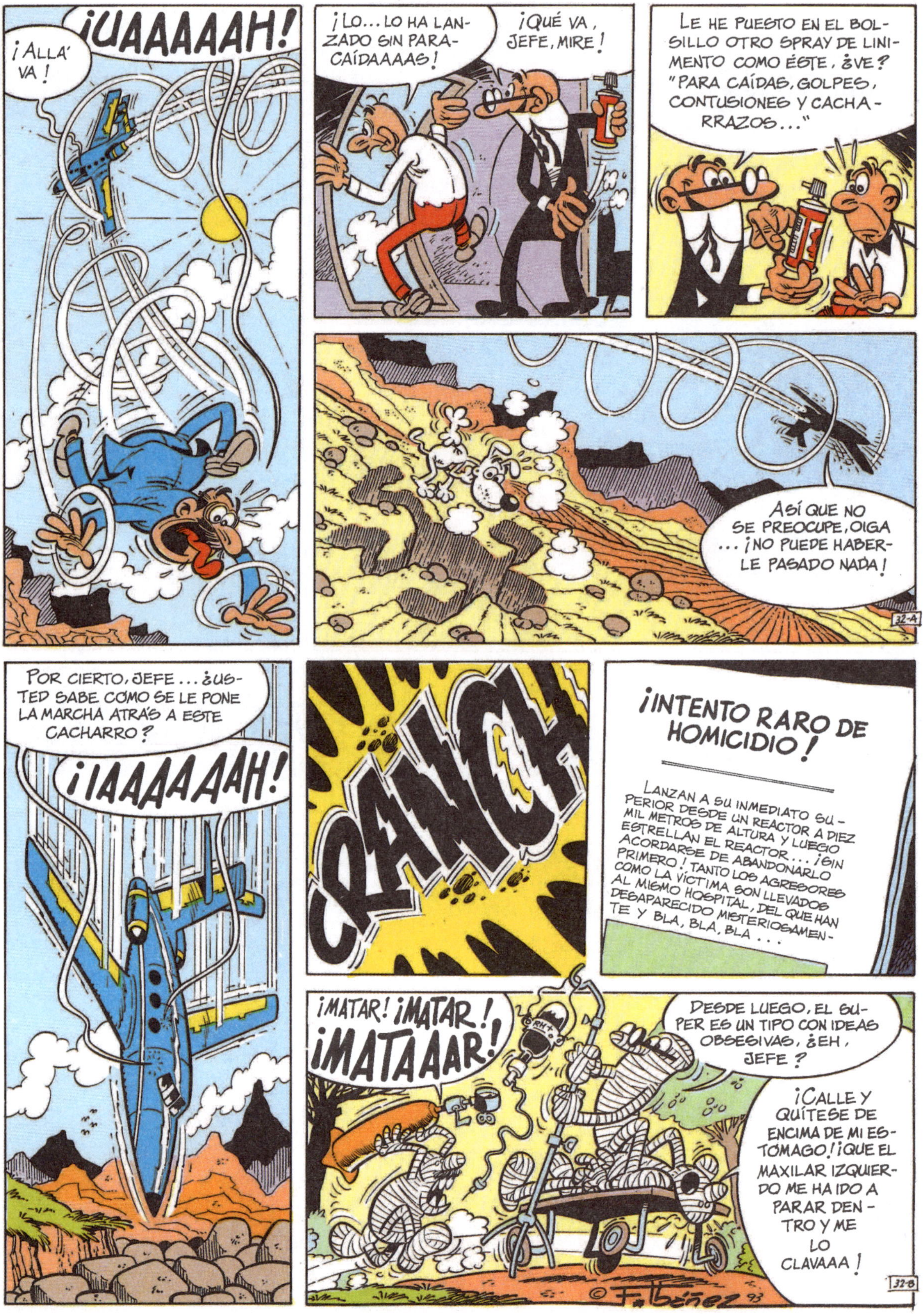
¡ALLÁ VA!
¡UAAAAAAH!
¡LO... LO HA LANZADO SIN PARACAÍDAAAAS!
¡QUÉ VA, JEFE, MIRE!
LE HE PUESTO EN EL BOLSILLO OTRO SPRAY DE LINIMENTO COMO ÉSTE, ¿VE? "PARA CAÍDAS, GOLPES, CONTUSIONES Y CACHARRAZOS..."
ASÍ QUE NO SE PREOCUPE, OIGA ... ¡NO PUEDE HABERLE PASADO NADA!
32-A
POR CIERTO, JEFE... ¿USTED SABE CÓMO SE LE PONE LA MARCHA ATRÁS A ESTE CACHARRO?
¡IAAAAAAH!
CRANCH
¡INTENTO RARO DE HOMICIDIO!
LANZAN A SU INMEDIATO SUPERIOR DESDE UN REACTOR A DIEZ MIL METROS DE ALTURA Y LUEGO ESTRELLAN EL REACTOR... ¡SIN ACORDARSE DE ABANDONARLO PRIMERO! TANTO LOS AGRESORES COMO LA VÍCTIMA SON LLEVADOS AL MISMO HOSPITAL, DEL QUE HAN DESAPARECIDO MISTERIOSAMENTE Y BLA, BLA, BLA...
¡MATAR! ¡MATAR! ¡MATAAAR!
DESDE LUEGO, EL SÚPER ES UN TIPO CON IDEAS OBSESIVAS, ¿EH, JEFE?
¡CALLE Y QUÍTESE DE ENCIMA DE MI ESTÓMAGO! ¡QUE EL MAXILAR IZQUIERDO ME HA IDO A PARAR DENTRO Y ME LO CLAVAAA!
32-B
© F. Ibáñez 93

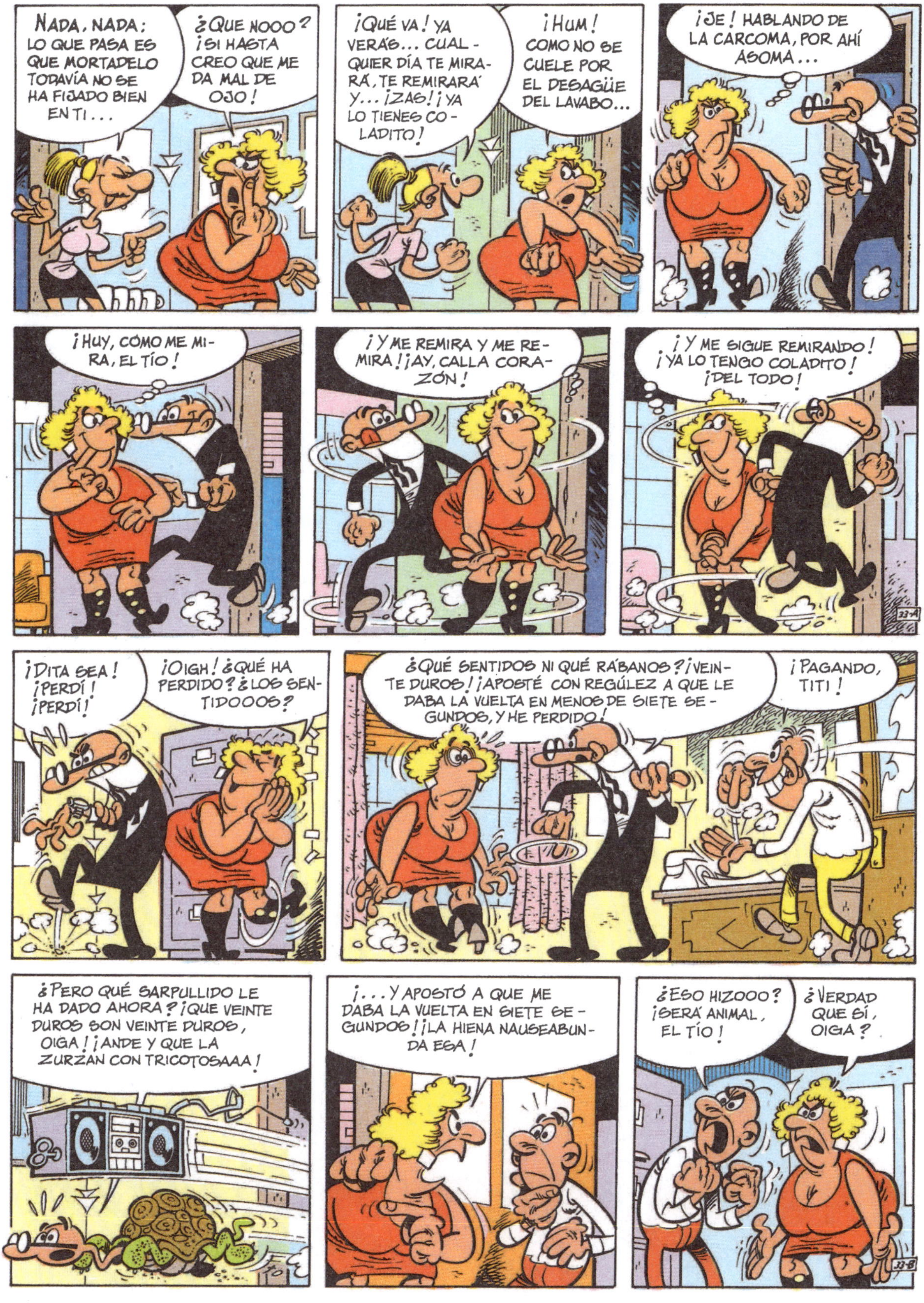

NADA, NADA: LO QUE PASA ES QUE MORTADELO TODAVÍA NO SE HA FIJADO BIEN EN TI...
¿QUE NOOO? ¡SI HASTA CREO QUE ME DA MAL DE OJO!
¡QUÉ VA! YA VERÁS... CUALQUIER DÍA TE MIRARÁ, TE REMIRARÁ Y... ¡ZAS! ¡YA LO TIENES COLADITO!
¡HUM! COMO NO SE CUELE POR EL DESAGÜE DEL LAVABO...
¡JE! HABLANDO DE LA CARCOMA, POR AHÍ ASOMA...
¡HUY, COMO ME MIRA, EL TÍO!
¡Y ME REMIRA Y ME REMIRA! ¡AY, CALLA CORAZÓN!
¡Y ME SIGUE REMIRANDO! ¡YA LO TENGO COLADITO! ¡DEL TODO!
¡DITA SEA! ¡PERDÍ! ¡PERDÍ!
¡OIGH! ¿QUÉ HA PERDIDO? ¿LOS SENTIDOOOS?
¿QUÉ SENTIDOS NI QUÉ RÁBANOS? ¡VEINTE DUROS! ¡APOSTÉ CON REGÚLEZ A QUE LE DABA LA VUELTA EN MENOS DE SIETE SEGUNDOS, Y HE PERDIDO!
¡PAGANDO, TITI!
¿PERO QUÉ SARPULLIDO LE HA DADO AHORA? ¡QUE VEINTE DUROS SON VEINTE DUROS, OIGA! ¡ANDE Y QUE LA ZURZAN CON TRICOTOSAAA!
¡...Y APOSTÓ A QUE ME DABA LA VUELTA EN SIETE SEGUNDOS! ¡LA HIENA NAUSEABUNDA ESA!
¿ESO HIZOOO? ¡SERÁ ANIMAL, EL TÍO!
¿VERDAD QUE SÍ, OIGA?

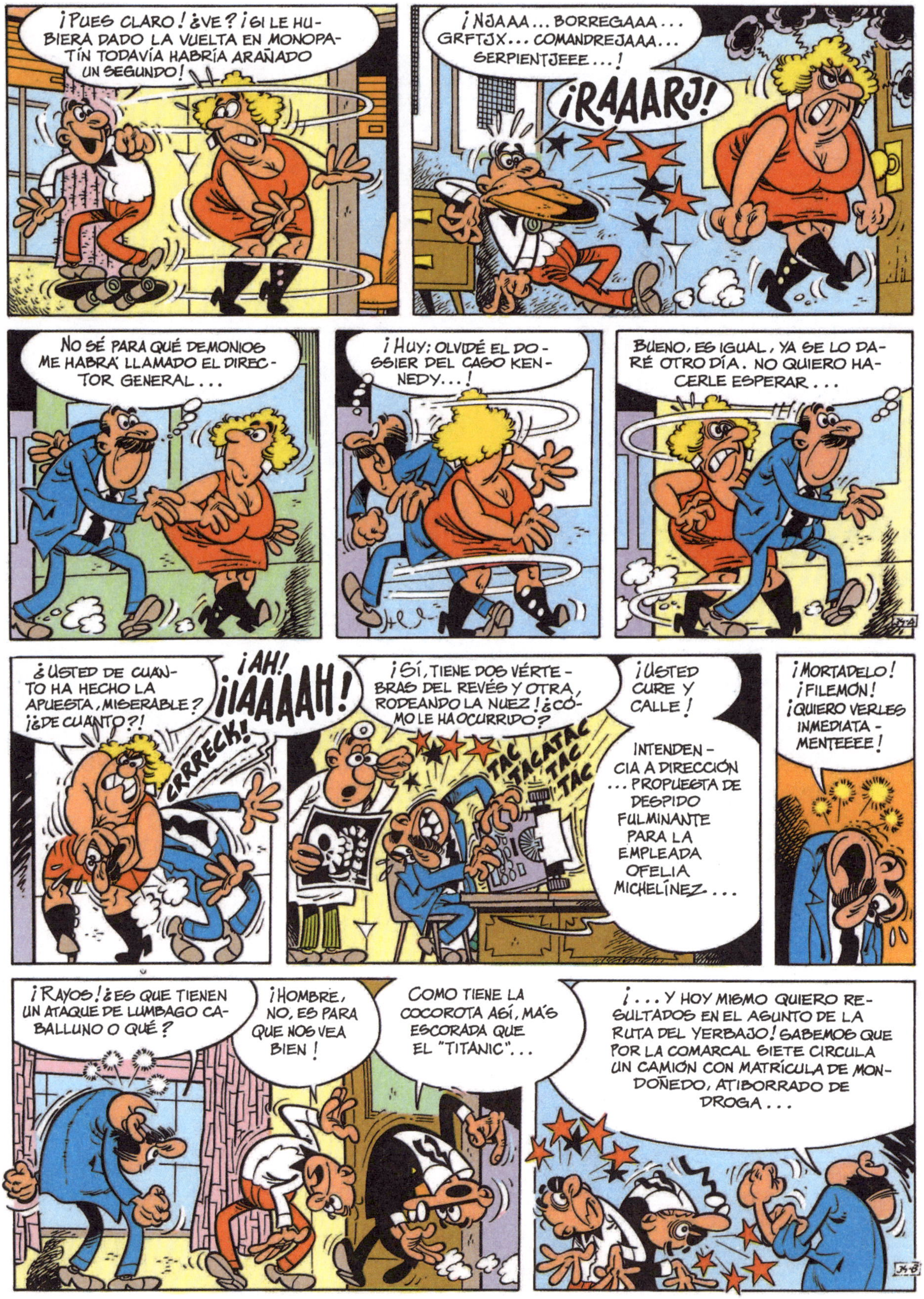

¡PUES CLARO! ¿VE? ¡SI LE HUBIERA DADO LA VUELTA EN MONOPATÍN TODAVÍA HABRÍA ARAÑADO UN SEGUNDO!
¡NJAAA... BORREGAAA... GRFTJX... COMANDREJAAA... SERPIENTJEEE...!
¡RAAARJ!
NO SÉ PARA QUÉ DEMONIOS ME HABRÁ LLAMADO EL DIRECTOR GENERAL...
¡HUY: OLVIDÉ EL DOSSIER DEL CASO KENNEDY...!
BUENO, ES IGUAL, YA SE LO DARÉ OTRO DÍA. NO QUIERO HACERLE ESPERAR...
¿USTED DE CUÁNTO HA HECHO LA APUESTA, MISERABLE? ¡¿DE CUÁNTO?!
¡AH! ¡¡AAAAH!
CRRRECK!
¡SÍ, TIENE DOS VÉRTEBRAS DEL REVÉS Y OTRA, RODEANDO LA NUEZ! ¿CÓMO LE HA OCURRIDO?
¡USTED CURE Y CALLE!
TAC TACATAC TAC TAC
INTENDENCIA A DIRECCIÓN ... PROPUESTA DE DESPIDO FULMINANTE PARA LA EMPLEADA OFELIA MICHELÍNEZ...
¡MORTADELO! ¡FILEMÓN! ¡QUIERO VERLES INMEDIATAMENTEEEE!
¡RAYOS! ¿ES QUE TIENEN UN ATAQUE DE LUMBAGO CABALLUNO O QUÉ?
¡HOMBRE, NO, ES PARA QUE NOS VEA BIEN!
COMO TIENE LA COCOROTA ASÍ, MÁS ESCORADA QUE EL "TITANIC"...
¡... Y HOY MISMO QUIERO RESULTADOS EN EL ASUNTO DE LA RUTA DEL YERBAJO! SABEMOS QUE POR LA COMARCAL SIETE CIRCULA UN CAMIÓN CON MATRÍCULA DE MONDOÑEDO, ATIBORRADO DE DROGA...

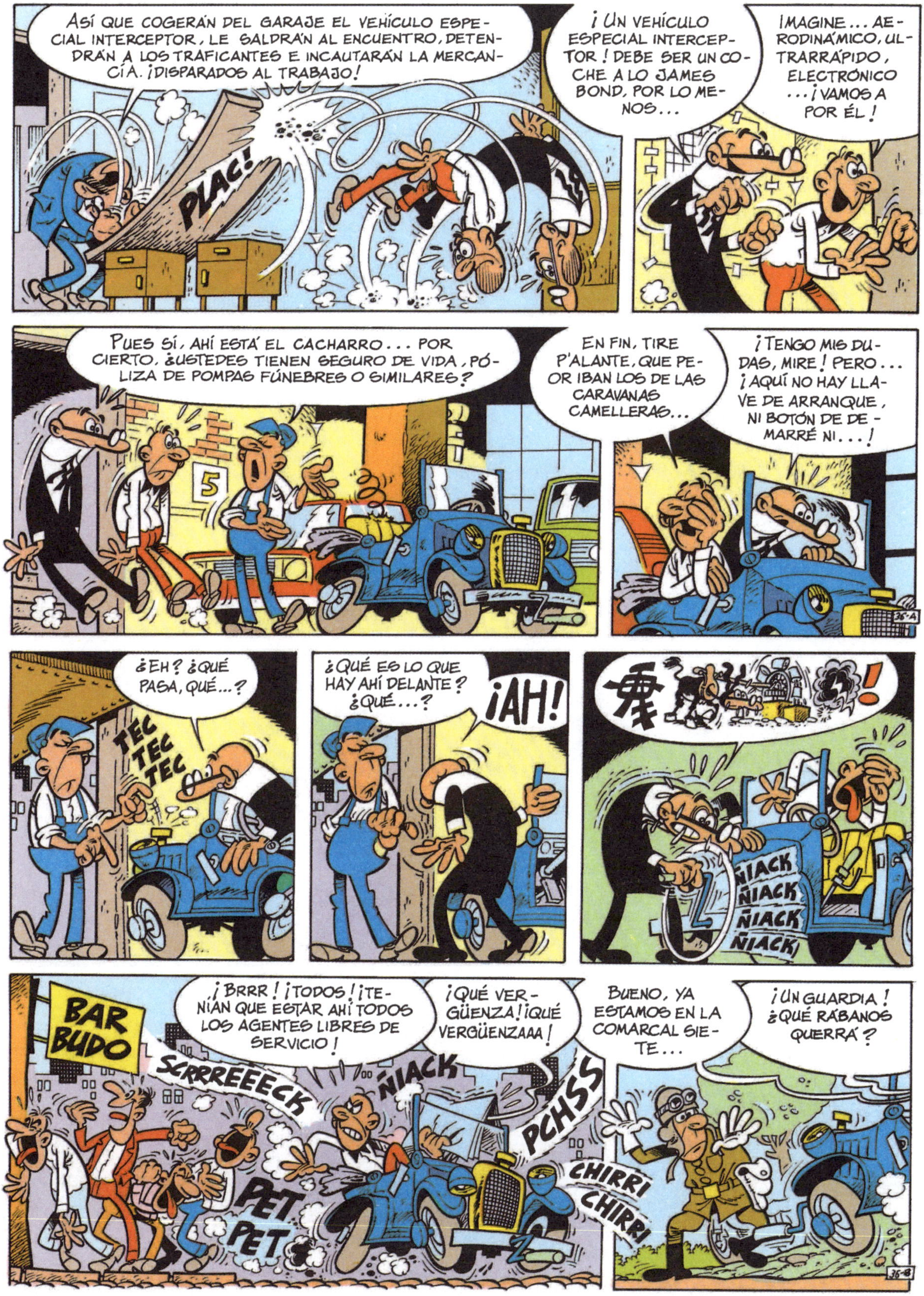
ASÍ QUE COGERÁN DEL GARAJE EL VEHÍCULO ESPECIAL INTERCEPTOR, LE SALDRÁN AL ENCUENTRO, DETENDRÁN A LOS TRAFICANTES E INCAUTARÁN LA MERCANCÍA. ¡DISPARADOS AL TRABAJO!
PLAC!
¡UN VEHÍCULO ESPECIAL INTERCEPTOR! DEBE SER UN COCHE A LO JAMES BOND, POR LO MENOS...
¡IMAGINE... AERODINÁMICO, ULTRARRÁPIDO, ELECTRÓNICO ...¡VAMOS A POR ÉL!
PUES SÍ, AHÍ ESTÁ EL CACHARRO... POR CIERTO, ¿USTEDES TIENEN SEGURO DE VIDA, PÓLIZA DE POMPAS FÚNEBRES O SIMILARES?
5
EN FIN, TIRE P'ALANTE, QUE PEOR IBAN LOS DE LAS CARAVANAS CAMELLERAS...
¡TENGO MIS DUDAS, MIRE! PERO... ¡AQUÍ NO HAY LLAVE DE ARRANQUE, NI BOTÓN DE DEMARRÉ NI...!
¿EH? ¿QUÉ PASA, QUÉ...?
TEC TEC TEC
¿QUÉ ES LO QUE HAY AHÍ DELANTE? ¿QUÉ...?
¡AH!
!
ÑIACK ÑIACK ÑIACK ÑIACK
BAR BUDO
¡BRRR! ¡TODOS! ¡TENÍAN QUE ESTAR AHÍ TODOS LOS AGENTES LIBRES DE SERVICIO!
¡QUÉ VERGÜENZA! ¡QUÉ VERGÜENZAAA!
SCRRREEECK
ÑIACK
PCHSS
PET PET
CHIRRI CHIRRI
BUENO, YA ESTAMOS EN LA COMARCAL SIETE...
¡UN GUARDIA! ¿QUÉ RÁBANOS QUERRÁ?

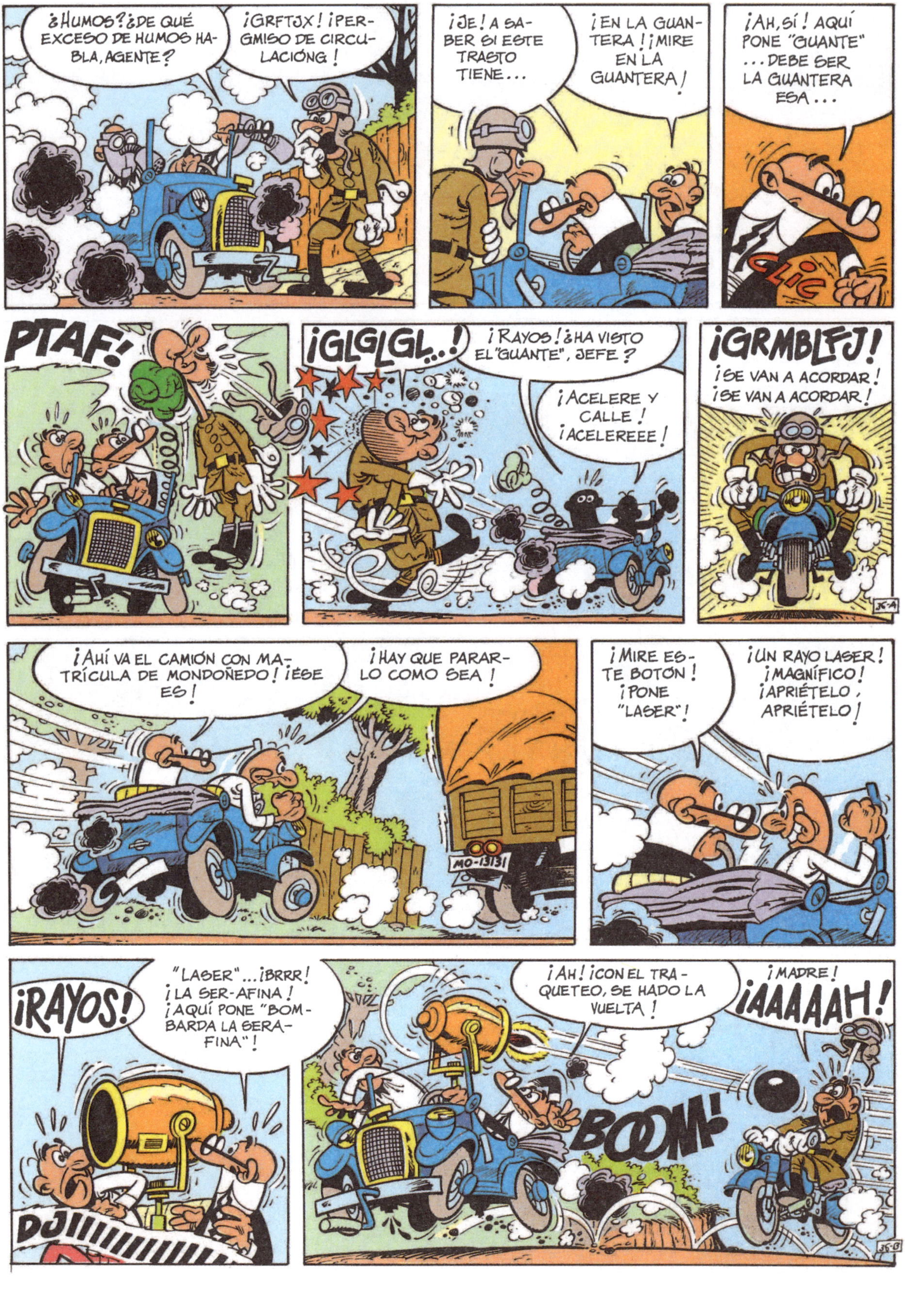
¿HUMOS? ¿DE QUÉ EXCESO DE HUMOS HABLA, AGENTE?
¡GRFTJX! ¡PERGMISO DE CIRCULACIÓNG!
¡JE! A SABER SI ESTE TRASTO TIENE...
¡EN LA GUANTERA! ¡MIRE EN LA GUANTERA!
¡AH, SÍ! AQUÍ PONE "GUANTE" ...DEBE SER LA GUANTERA ESA...
CLIC
PTAF!
¡GLGLGL...!
¡RAYOS! ¿HA VISTO EL "GUANTE", JEFE?
¡ACELERE Y CALLE! ¡ACELEREEE!
¡GRMBLFJ!
¡SE VAN A ACORDAR! ¡SE VAN A ACORDAR!
¡AHÍ VA EL CAMIÓN CON MATRÍCULA DE MONDOÑEDO! ¡ESE ES!
¡HAY QUE PARARLO COMO SEA!
MO-13131
¡MIRE ESTE BOTON! ¡PONE "LASER"!
¡UN RAYO LASER! ¡MAGNÍFICO! ¡APRIÉTELO, APRIÉTELO!
¡RAYOS!
"LASER"... ¡BRRR! ¡LA SER-AFINA! ¡AQUÍ PONE "BOMBARDA LA SERAFINA"!
DJIIIIIII
¡AH! ¡CON EL TRAQUETEO, SE HADO LA VUELTA!
¡MADRE! ¡AAAAAH!
BOOM!

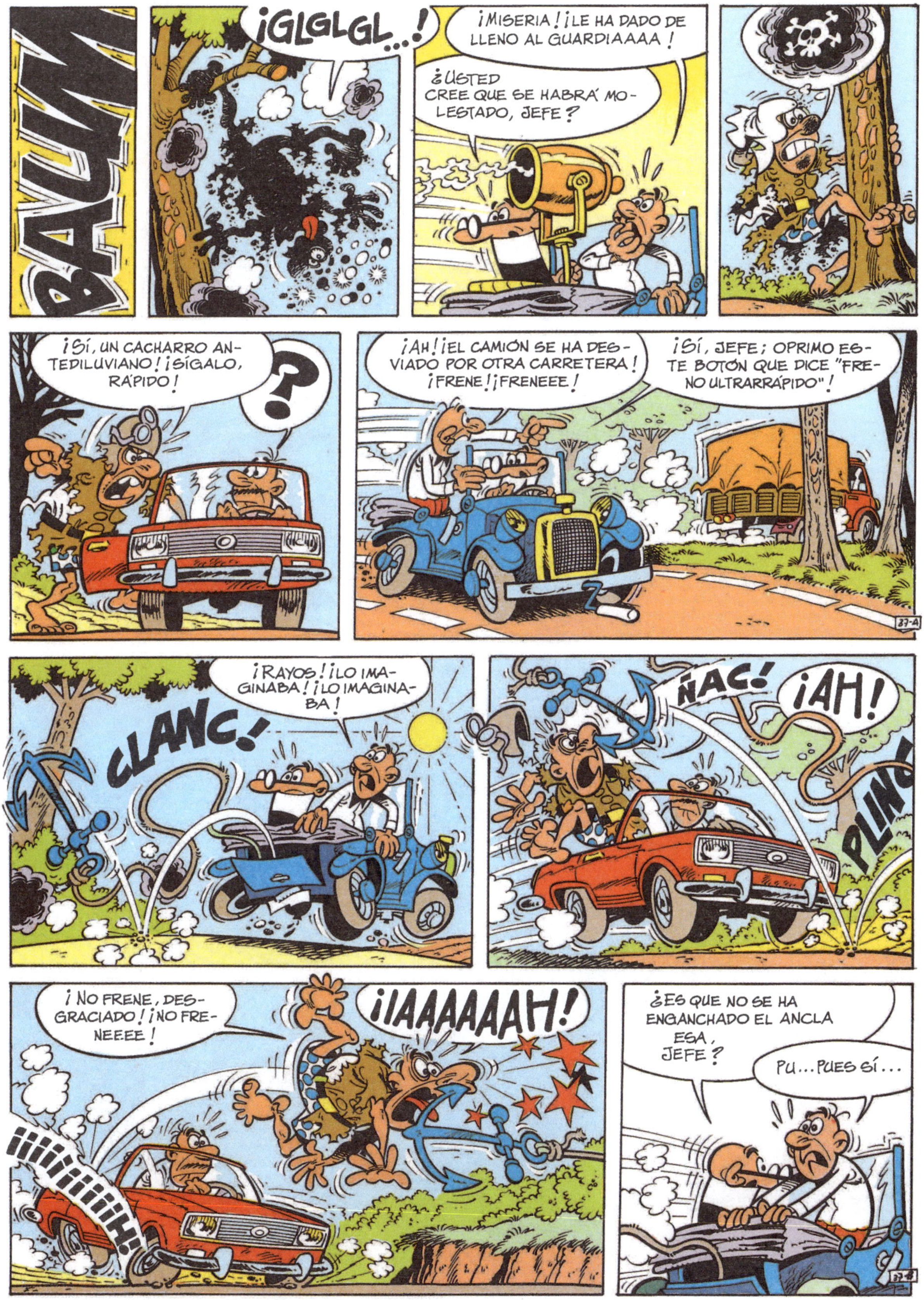
BAUM
¡GLGLGL...!
¡MISERIA! ¡LE HA DADO DE LLENO AL GUARDIAAAA!
¿USTED CREE QUE SE HABRÁ MOLESTADO, JEFE?
¡SÍ, UN CACHARRO ANTEDILUVIANO! ¡SÍGALO, RÁPIDO!
?
¡AH! ¡EL CAMIÓN SE HA DESVIADO POR OTRA CARRETERA! ¡FRENE! ¡FRENEEE!
¡SÍ, JEFE; OPRIMO ESTE BOTÓN QUE DICE "FRENO ULTRARRÁPIDO"!
¡RAYOS! ¡LO IMAGINABA! ¡LO IMAGINABA!
CLANC!
ÑAC!
¡AH!
¡NO FRENE, DESGRACIADO! ¡NO FRENEEEE!
¡IAAAAAAH!
¡¡¡¡¡¡¡¡¡¡¡IIIIIIH!
¿ES QUE NO SE HA ENGANCHADO EL ANCLA ESA, JEFE?
PU... PUES SÍ...

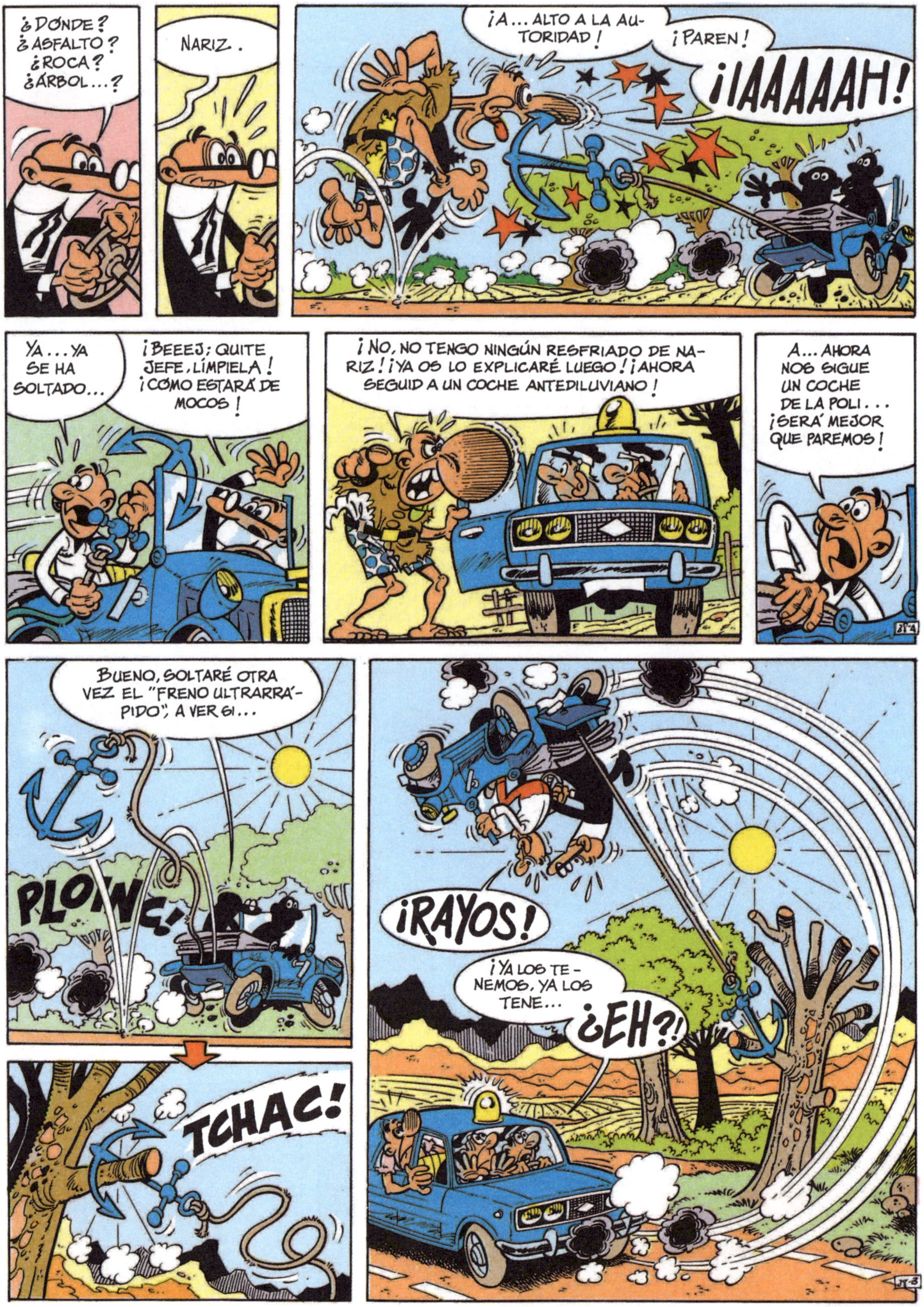
¿DÓNDE?
¿ASFALTO?
¿ROCA?
¿ÁRBOL...?
NARIZ.
¡A... ALTO A LA AUTORIDAD!
¡PAREN!
¡IAAAAAH!
YA... YA SE HA SOLTADO...
¡BEEEJ; QUITE JEFE, LÍMPIELA! ¡CÓMO ESTARÁ DE MOCOS!
¡NO, NO TENGO NINGÚN RESFRIADO DE NARIZ! ¡YA OS LO EXPLICARÉ LUEGO! ¡AHORA SEGUID A UN COCHE ANTEDILUVIANO!
A... AHORA NOS SIGUE UN COCHE DE LA POLI... ¡SERÁ MEJOR QUE PAREMOS!
BUENO, SOLTARÉ OTRA VEZ EL "FRENO ULTRARRÁPIDO", A VER SI...
PLOING!
TCHAC!
¡RAYOS!
¡YA LOS TENEMOS, YA LOS TENE...
¿EH?!

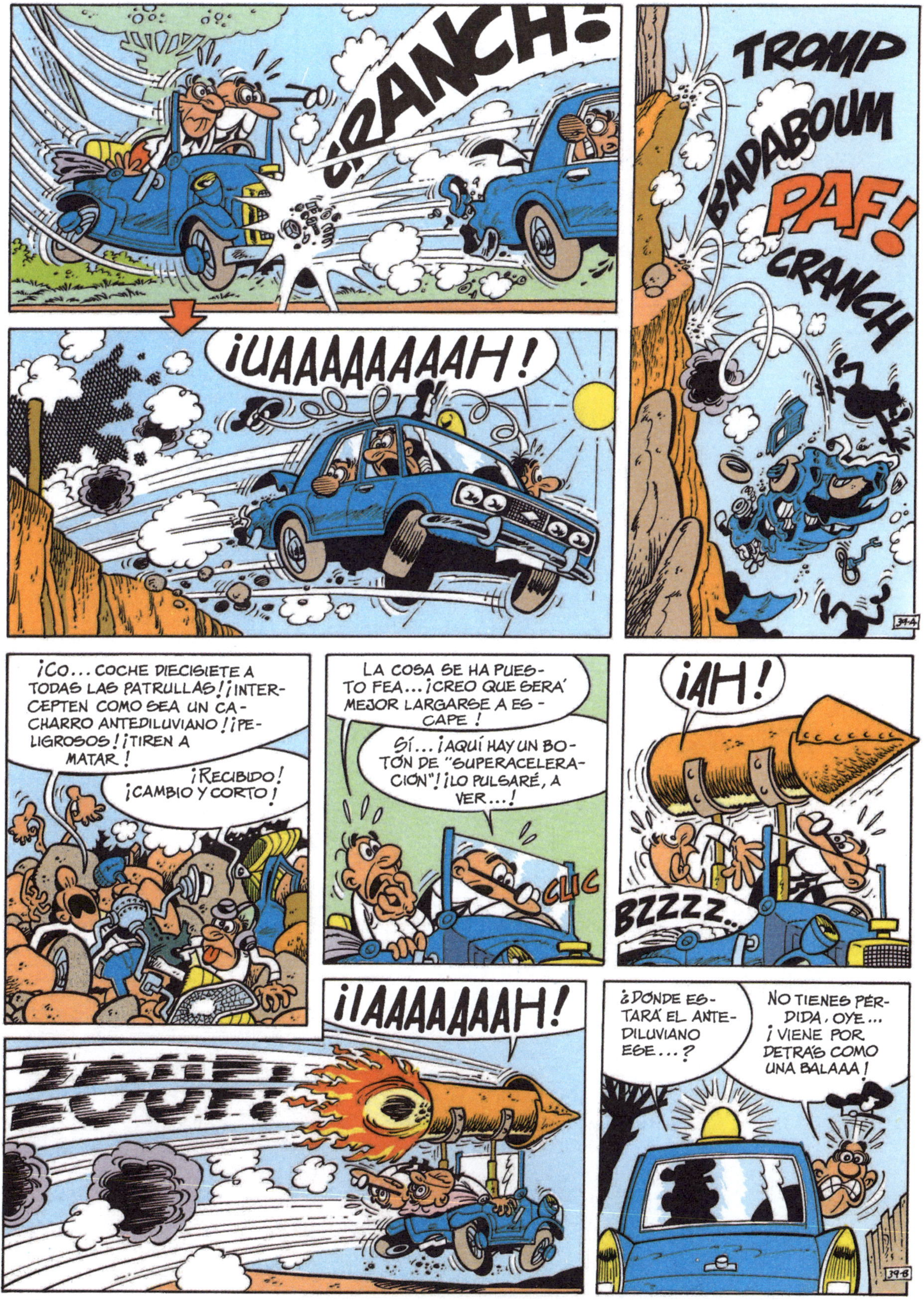
CRANCH!
TROMP
BADABOUM
PAF!
CRANCH
¡UAAAAAAAAAH!
¡CO... COCHE DIECISIETE A TODAS LAS PATRULLAS! ¡INTERCEPTEN COMO SEA UN CACHARRO ANTEDILUVIANO! ¡PELIGROSOS! ¡TIREN A MATAR!
¡RECIBIDO! ¡CAMBIO Y CORTO!
LA COSA SE HA PUESTO FEA... ¡CREO QUE SERÁ MEJOR LARGARSE A ESCAPE!
SÍ... ¡AQUÍ HAY UN BOTÓN DE "SUPERACELERACIÓN"! ¡LO PULSARÉ, A VER...!
CLIC
¡AH!
BZZZZ...
¡IAAAAAAAH!
ZOUF!
¿DÓNDE ESTARÁ EL ANTEDILUVIANO ESE...?
NO TIENES PÉRDIDA, OYE... ¡VIENE POR DETRÁS COMO UNA BALAAA!

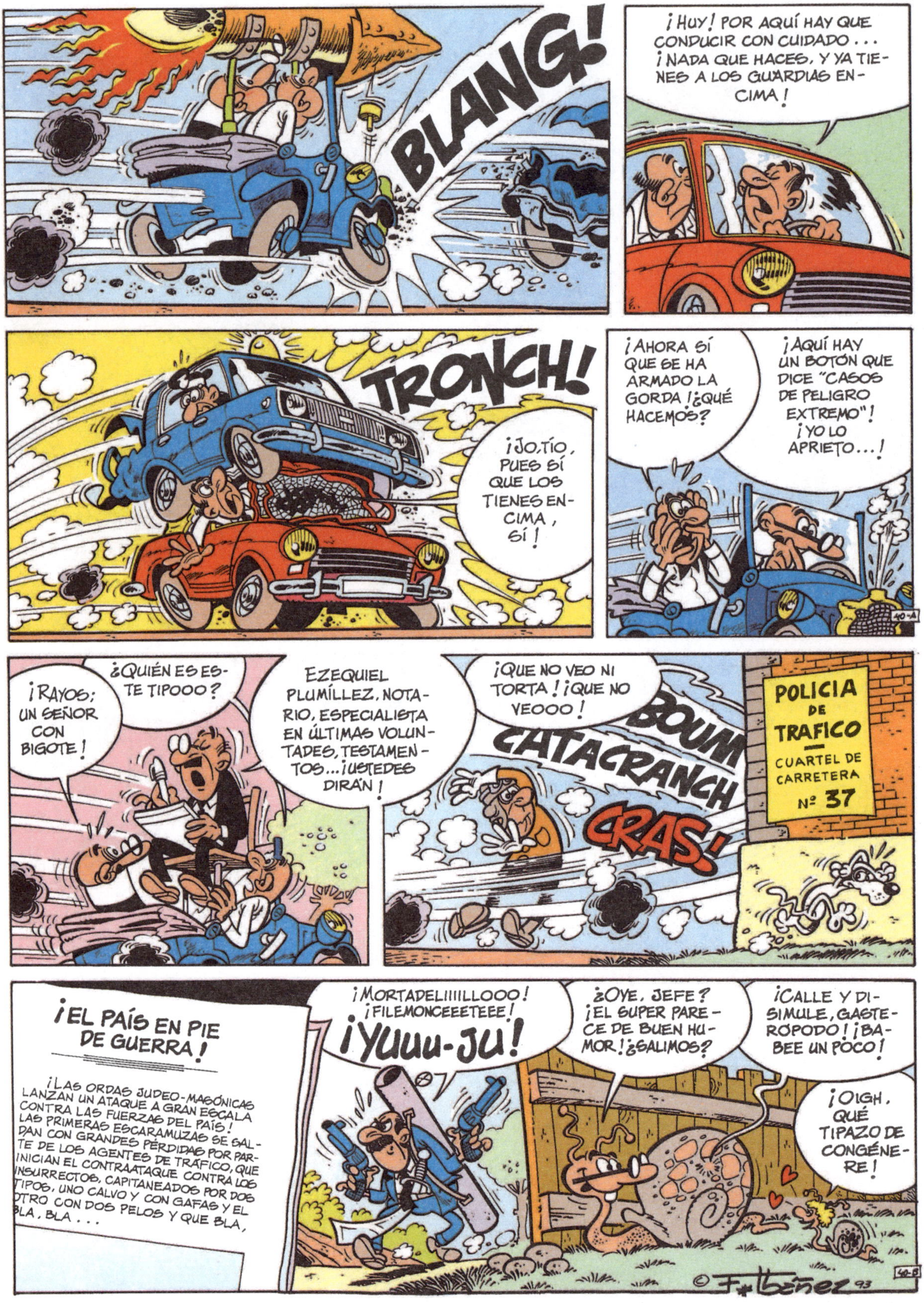
BLANG!
¡HUY! POR AQUÍ HAY QUE CONDUCIR CON CUIDADO... ¡NADA QUE HACES, Y YA TIENES A LOS GUARDIAS ENCIMA!
TRONCH!
¡JO, TÍO, PUES SÍ QUE LOS TIENES ENCIMA, SÍ!
¡AHORA SÍ QUE SE HA ARMADO LA GORDA! ¿QUÉ HACEMOS?
¡AQUÍ HAY UN BOTÓN QUE DICE "CASOS DE PELIGRO EXTREMO"! ¡YO LO APRIETO...!
40-A
¡RAYOS; UN SEÑOR CON BIGOTE!
¿QUIÉN ES ESTE TIPOOO?
EZEQUIEL PLUMÍLLEZ, NOTARIO, ESPECIALISTA EN ÚLTIMAS VOLUNTADES, TESTAMENTOS... ¡USTEDES DIRÁN!
¡QUE NO VEO NI TORTA! ¡QUE NO VEOOO!
BOUM
CATACRANCH
CRAS!
POLICIA DE TRAFICO
CUARTEL DE CARRETERA
Nº 37
¡EL PAÍS EN PIE DE GUERRA!
¡LAS ORDAS JUDEO-MASÓNICAS LANZAN UN ATAQUE A GRAN ESCALA CONTRA LAS FUERZAS DEL PAÍS! LAS PRIMERAS ESCARAMUZAS SE SALDAN CON GRANDES PÉRDIDAS POR PARTE DE LOS AGENTES DE TRÁFICO, QUE INICIAN EL CONTRAATAQUE CONTRA LOS INSURRECTOS, CAPITANEADOS POR DOS TIPOS, UNO CALVO Y CON GAFAS Y EL OTRO CON DOS PELOS Y QUE BLA, BLA, BLA...
¡MORTADELIIIIILLOOO! ¡FILEMONCEEETEEE!
¡YUUU-JU!
¿OYE, JEFE? ¿EL SUPER PARECE DE BUEN HUMOR? ¿SALIMOS?
¡CALLE Y DISIMULE, GASTERÓPODO! ¡BABEE UN POCO!
¡OIGH, QUÉ TIPAZO DE CONGÉNERE!
© F. Ibáñez 93
40-B

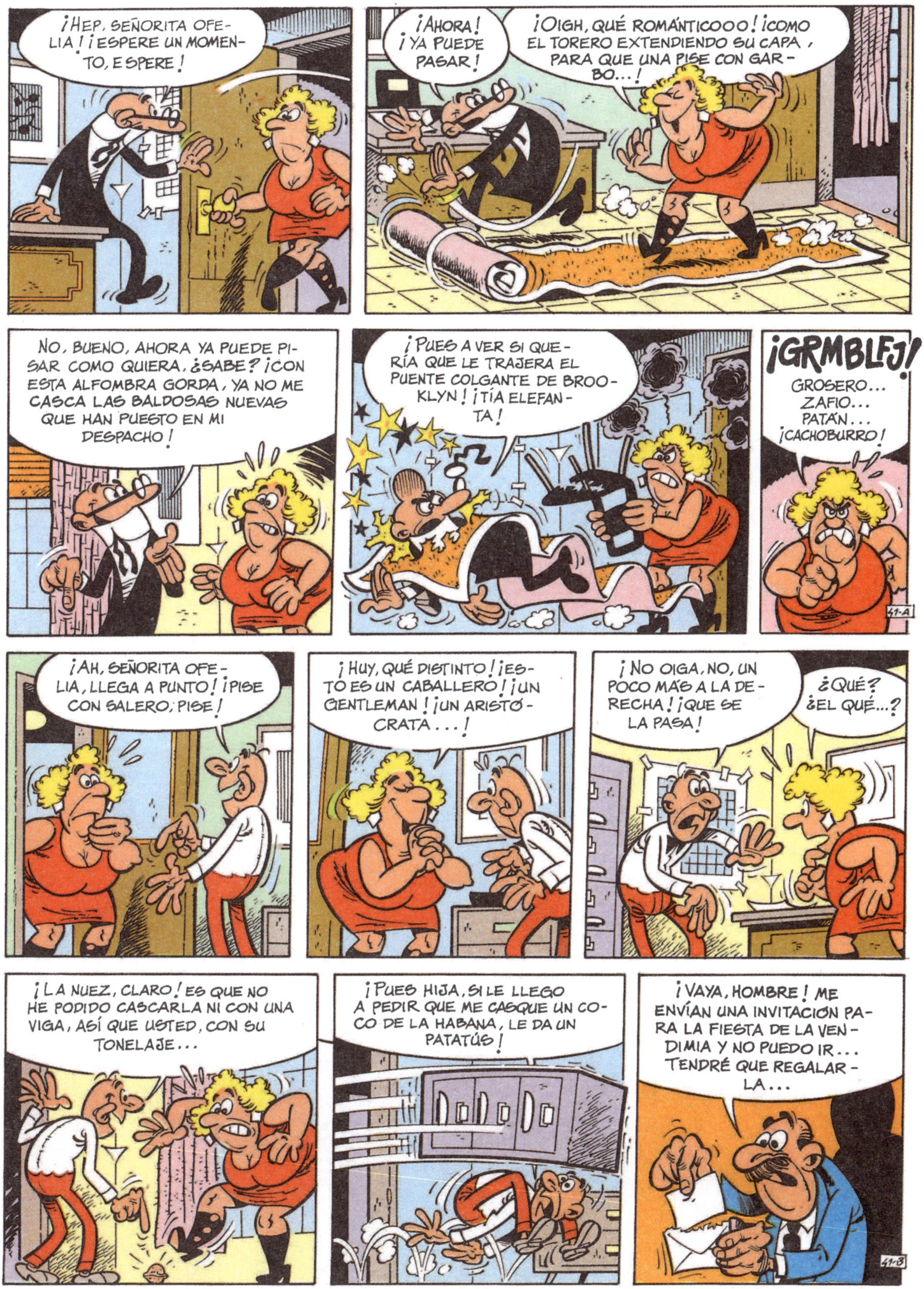
¡HEP, SEÑORITA OFELIA! ¡ESPERE UN MOMENTO, ESPERE!
¡AHORA! ¡YA PUEDE PASAR!
¡OIGH, QUÉ ROMÁNTICOOO! ¡COMO EL TORERO EXTENDIENDO SU CAPA, PARA QUE UNA PISE CON GARBO...!
NO, BUENO, AHORA YA PUEDE PISAR COMO QUIERA, ¿SABE? ¡CON ESTA ALFOMBRA GORDA, YA NO ME CASCA LAS BALDOSAS NUEVAS QUE HAN PUESTO EN MI DESPACHO!
¡PUES A VER SI QUERÍA QUE LE TRAJERA EL PUENTE COLGANTE DE BROOKLYN! ¡TÍA ELEFANTA!
¡GRMBLFJ!
GROSERO... ZAFIO... PATÁN... ¡CACHOBURRO!
41-A
¡AH, SEÑORITA OFELIA, LLEGA A PUNTO! ¡PISE CON SALERO, PISE!
¡HUY, QUÉ DISTINTO! ¡ESTO ES UN CABALLERO! ¡UN GENTLEMAN! ¡UN ARISTÓCRATA...!
¡NO OIGA, NO, UN POCO MÁS A LA DERECHA! ¡QUE SE LA PASA!
¿QUÉ? ¿EL QUÉ...?
¡LA NUEZ, CLARO! ES QUE NO HE PODIDO CASCARLA NI CON UNA VIGA, ASÍ QUE USTED, CON SU TONELAJE...
¡PUES HIJA, SI LE LLEGO A PEDIR QUE ME CASQUE UN COCO DE LA HABANA, LE DA UN PATATÚS!
¡VAYA, HOMBRE! ME ENVÍAN UNA INVITACIÓN PARA LA FIESTA DE LA VENDIMIA Y NO PUEDO IR... TENDRÉ QUE REGALARLA...
41-B

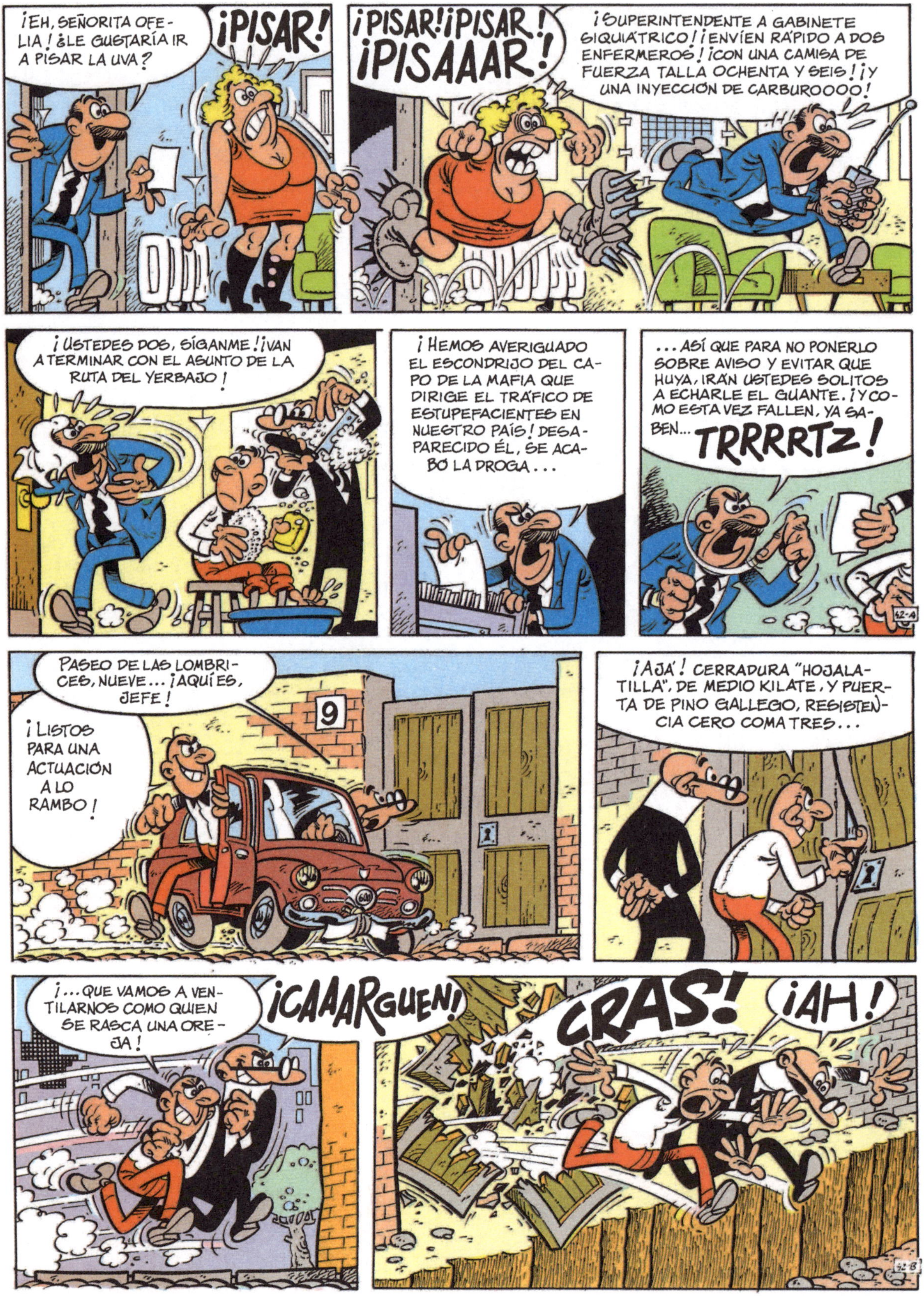
¡EH, SEÑORITA OFELIA! ¿LE GUSTARÍA IR A PISAR LA UVA?
¡PISAR!
¡PISAR! ¡PISAR! ¡PISAAAR!
¡SUPERINTENDENTE A GABINETE SIQUIÁTRICO! ¡ENVÍEN RÁPIDO A DOS ENFERMEROS! ¡CON UNA CAMISA DE FUERZA TALLA OCHENTA Y SEIS! ¡Y UNA INYECCIÓN DE CARBUROOOO!
¡USTEDES DOS, SÍGANME! ¡VAN A TERMINAR CON EL ASUNTO DE LA RUTA DEL YERBAJO!
¡HEMOS AVERIGUADO EL ESCONDRIJO DEL CAPO DE LA MAFIA QUE DIRIGE EL TRÁFICO DE ESTUPEFACIENTES EN NUESTRO PAÍS! DESAPARECIDO ÉL, SE ACABÓ LA DROGA...
...ASÍ QUE PARA NO PONERLO SOBRE AVISO Y EVITAR QUE HUYA, IRÁN USTEDES SOLITOS A ECHARLE EL GUANTE. ¡Y COMO ESTA VEZ FALLEN, YA SABEN... TRRRRTZ!
PASEO DE LAS LOMBRICES, NUEVE... ¡AQUÍ ES, JEFE!
¡LISTOS PARA UNA ACTUACIÓN A LO RAMBO!
9
¡AJÁ! CERRADURA "HOJALATILLA", DE MEDIO KILATE, Y PUERTA DE PINO GALLEGO, RESISTENCIA CERO COMA TRES...
¡...QUE VAMOS A VENTILARNOS COMO QUIEN SE RASCA UNA OREJA!
¡CAAARGUEN!
CRAS!
¡AH!

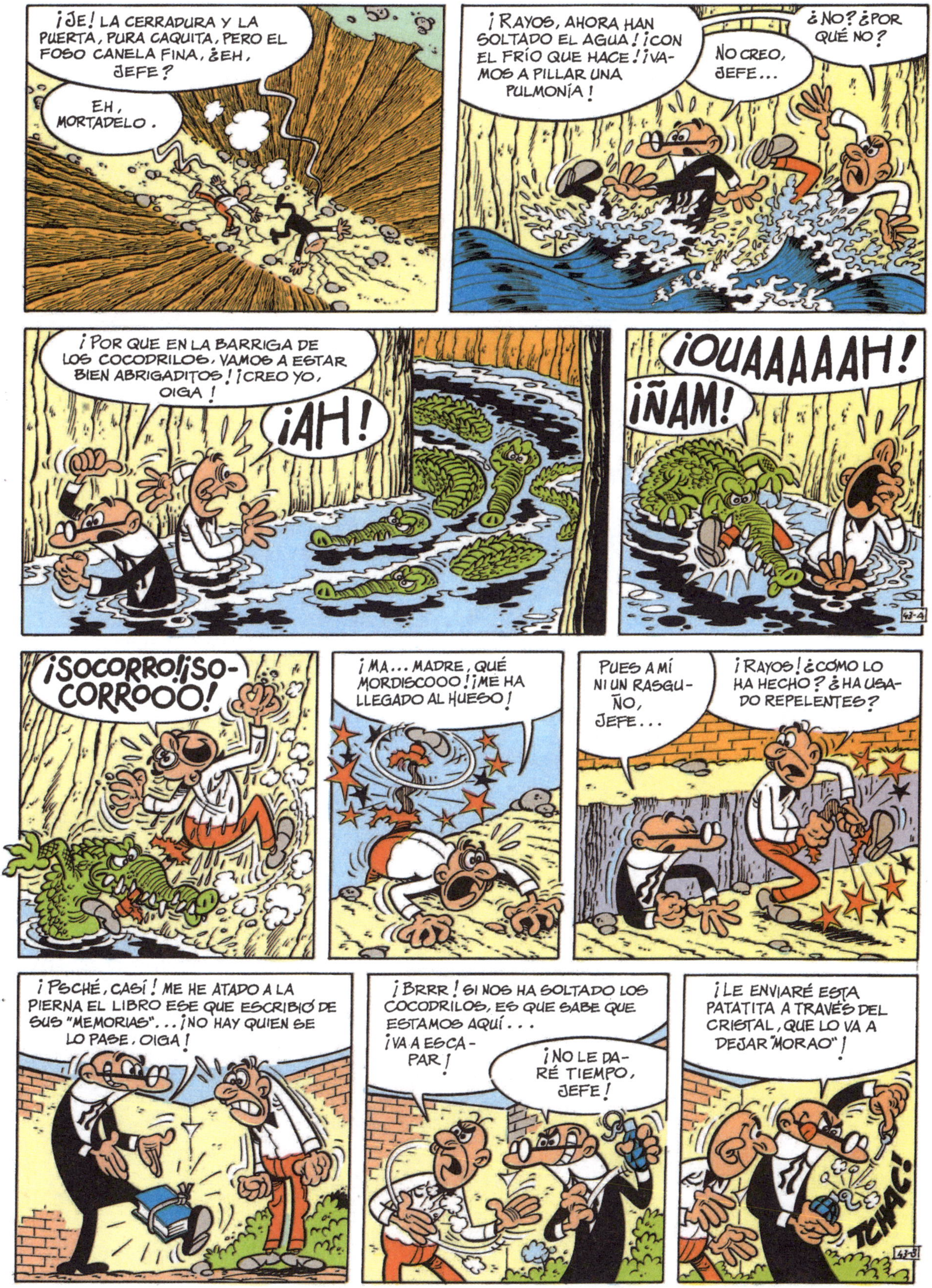
¡JE! LA CERRADURA Y LA PUERTA, PURA CAQUITA, PERO EL FOSO CANELA FINA, ¿EH, JEFE?
EH, MORTADELO.
¡RAYOS, AHORA HAN SOLTADO EL AGUA! ¡CON EL FRÍO QUE HACE! ¡VAMOS A PILLAR UNA PULMONÍA!
NO CREO, JEFE...
¿NO? ¿POR QUÉ NO?
¡POR QUE EN LA BARRIGA DE LOS COCODRILOS, VAMOS A ESTAR BIEN ABRIGADITOS! ¡CREO YO, OIGA!
¡AH!
¡OUAAAAAAH!
¡ÑAM!
43-4
¡SOCORRO! ¡SOCORROOO!
¡MA... MADRE, QUÉ MORDISCOOO! ¡ME HA LLEGADO AL HUESO!
PUES A MÍ NI UN RASGUÑO, JEFE...
¡RAYOS! ¿CÓMO LO HA HECHO? ¿HA USADO REPELENTES?
¡PSCHÉ, CASÍ! ME HE ATADO A LA PIERNA EL LIBRO ESE QUE ESCRIBIÓ DE SUS "MEMORIAS"... ¡NO HAY QUIEN SE LO PASE, OIGA!
¡BRRR! SI NOS HA SOLTADO LOS COCODRILOS, ES QUE SABE QUE ESTAMOS AQUÍ... ¡VA A ESCAPAR!
¡NO LE DARÉ TIEMPO, JEFE!
¡LE ENVIARÉ ESTA PATATITA A TRAVÉS DEL CRISTAL, QUE LO VA A DEJAR "MORAO"!
TCHAC!
43-B

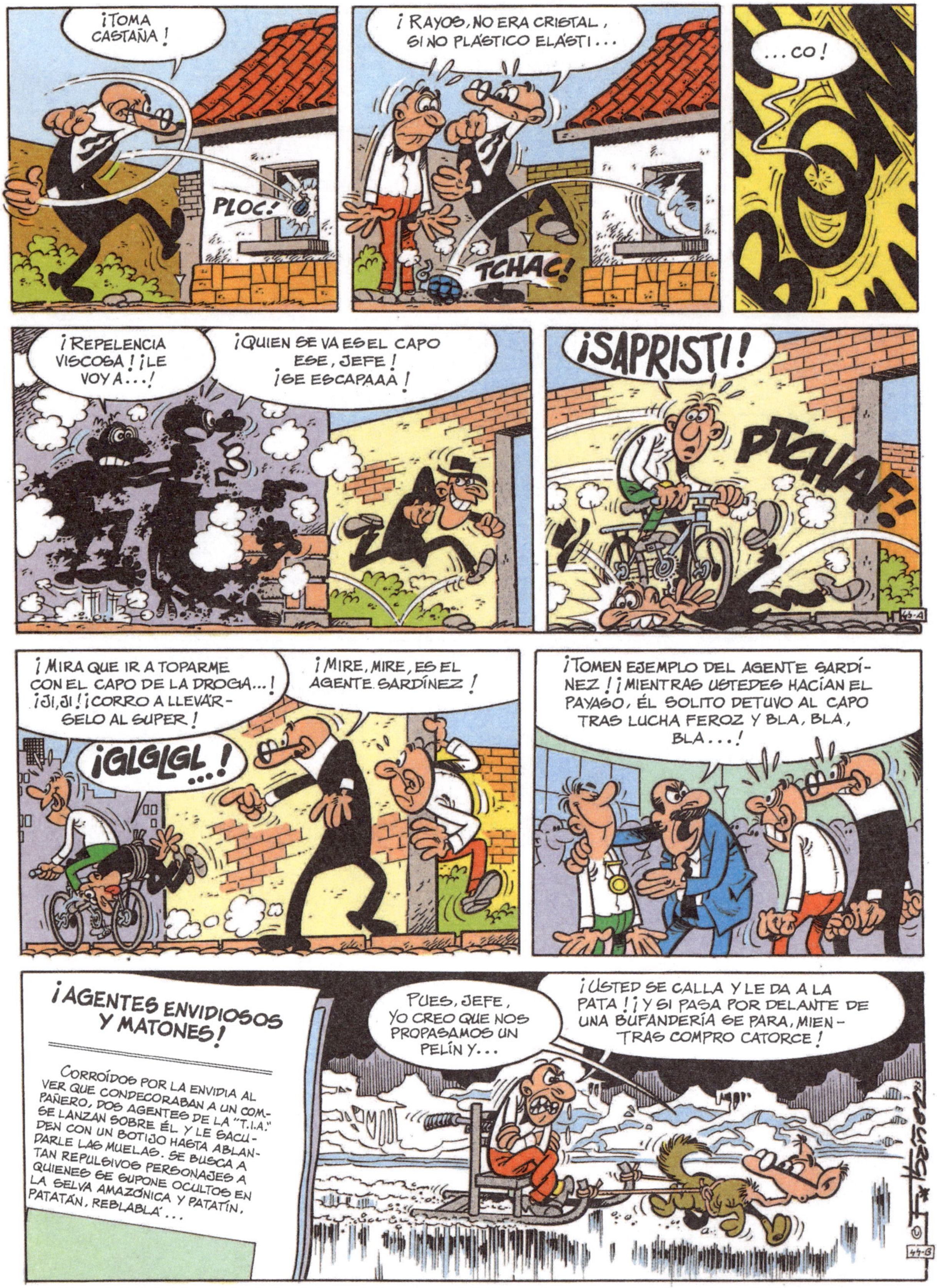
¡TOMA CASTAÑA!
PLOC!
¡RAYOS, NO ERA CRISTAL, SINO PLÁSTICO ELÁSTI...
TCHAC!
...CO!
¡REPELENCIA VISCOSA! ¡LE VOY A...!
¡QUIEN SE VA ES EL CAPO ESE, JEFE! ¡SE ESCAPAAA!
¡SAPRISTI!
PTCHAF!
43-A
¡MIRA QUE IR A TOPARME CON EL CAPO DE LA DROGA...! ¡JI, JI! ¡CORRO A LLEVÁRSELO AL SUPER!
¡GLGLGL...!
¡MIRE, MIRE, ES EL AGENTE SARDÍNEZ!
¡TOMEN EJEMPLO DEL AGENTE SARDÍNEZ! ¡MIENTRAS USTEDES HACÍAN EL PAYASO, ÉL SOLITO DETUVO AL CAPO TRAS LUCHA FEROZ Y BLA, BLA, BLA...!
¡AGENTES ENVIDIOSOS Y MATONES!
CORROÍDOS POR LA ENVIDIA AL VER QUE CONDECORABAN A UN COMPAÑERO, DOS AGENTES DE LA "T.I.A." SE LANZAN SOBRE ÉL Y LE SACUDEN CON UN BOTIJO HASTA ABLANDARLE LAS MUELAS. SE BUSCA A TAN REPULSIVOS PERSONAJES A QUIENES SE SUPONE OCULTOS EN LA SELVA AMAZÓNICA Y PATATÍN, PATATÁN, REBLABLÁ...
PUES, JEFE, YO CREO QUE NOS PROPASAMOS UN PELÍN Y...
¡USTED SE CALLA Y LE DA A LA PATA! ¡Y SI PASA POR DELANTE DE UNA BUFANDERÍA SE PARA, MIENTRAS COMPRO CATORCE!
44-B

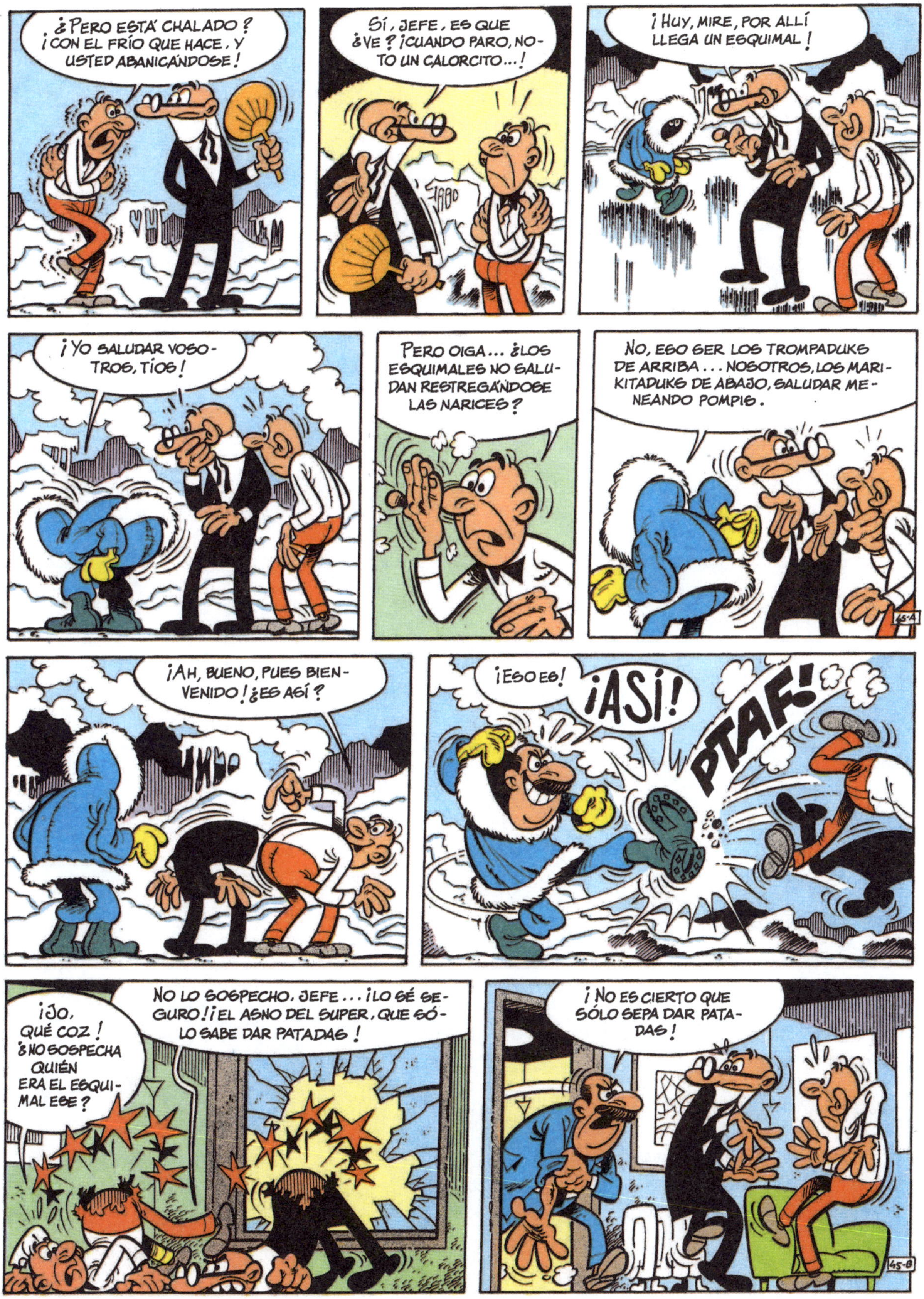
¿PERO ESTÁ CHALADO? ¡CON EL FRÍO QUE HACE, Y USTED ABANICÁNDOSE!
SÍ, JEFE, ES QUE ¿VE? ¡CUANDO PARO, NOTO UN CALORCITO...!
¡HUY, MIRE, POR ALLÍ LLEGA UN ESQUIMAL!
¡YO SALUDAR VOSOTROS, TÍOS!
PERO OIGA... ¿LOS ESQUIMALES NO SALUDAN RESTREGÁNDOSE LAS NARICES?
NO, ESO SER LOS TROMPADUKS DE ARRIBA... NOSOTROS, LOS MARIKITADUKS DE ABAJO, SALUDAR MENEANDO POMPIS.
¡AH, BUENO, PUES BIENVENIDO! ¿ES ASÍ?
¡ESO ES!
¡ASÍ!
PTAF!
¡JO, QUÉ COZ! ¿NO SOSPECHA QUIÉN ERA EL ESQUIMAL ESE?
NO LO SOSPECHO, JEFE... ¡LO SÉ SEGURO! ¡EL ASNO DEL SUPER, QUE SÓLO SABE DAR PATADAS!
¡NO ES CIERTO QUE SÓLO SEPA DAR PATADAS!

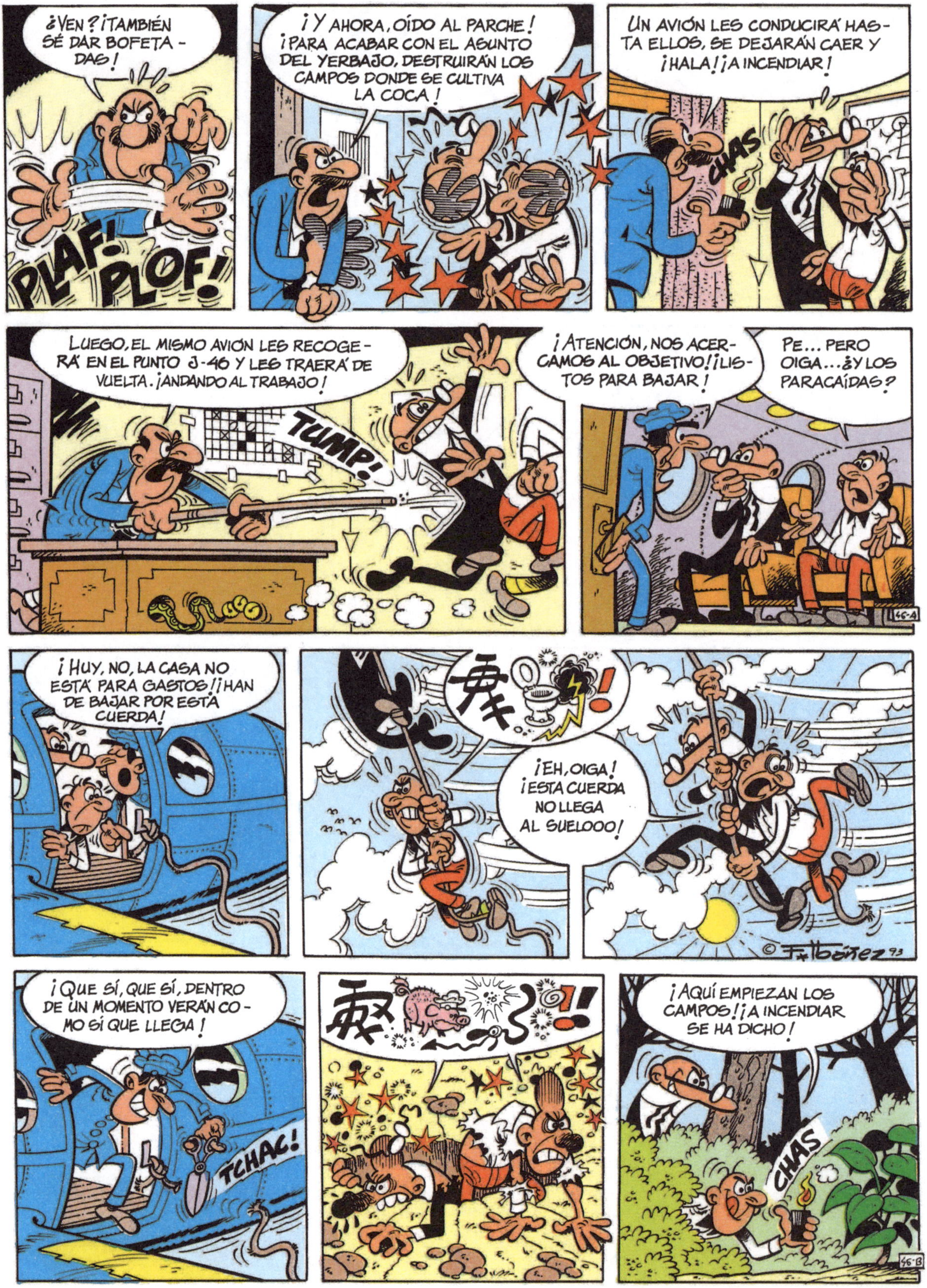
¿VEN? ¡TAMBIÉN SÉ DAR BOFETADAS!
PLAF! PLOF!
¡Y AHORA, OÍDO AL PARCHE! ¡PARA ACABAR CON EL ASUNTO DEL YERBAJO, DESTRUIRÁN LOS CAMPOS DONDE SE CULTIVA LA COCA!
UN AVIÓN LES CONDUCIRÁ HASTA ELLOS, SE DEJARÁN CAER Y ¡HALA! ¡A INCENDIAR!
CHAS
LUEGO, EL MISMO AVIÓN LES RECOGERÁ EN EL PUNTO J-46 Y LES TRAERÁ DE VUELTA. ¡ANDANDO AL TRABAJO!
TUMP!
¡ATENCIÓN, NOS ACERCAMOS AL OBJETIVO! ¡LISTOS PARA BAJAR!
PE... PERO OIGA... ¿Y LOS PARACAÍDAS?
¡HUY, NO, LA CASA NO ESTÁ PARA GASTOS! ¡HAN DE BAJAR POR ESTA CUERDA!
¡EH, OIGA! ¡ESTA CUERDA NO LLEGA AL SUELOOO!
© F. Ibáñez 93
¡QUE SÍ, QUE SÍ, DENTRO DE UN MOMENTO VERÁN COMO SÍ QUE LLEGA!
TCHAC!
¡AQUÍ EMPIEZAN LOS CAMPOS! ¡A INCENDIAR SE HA DICHO!
CHAS

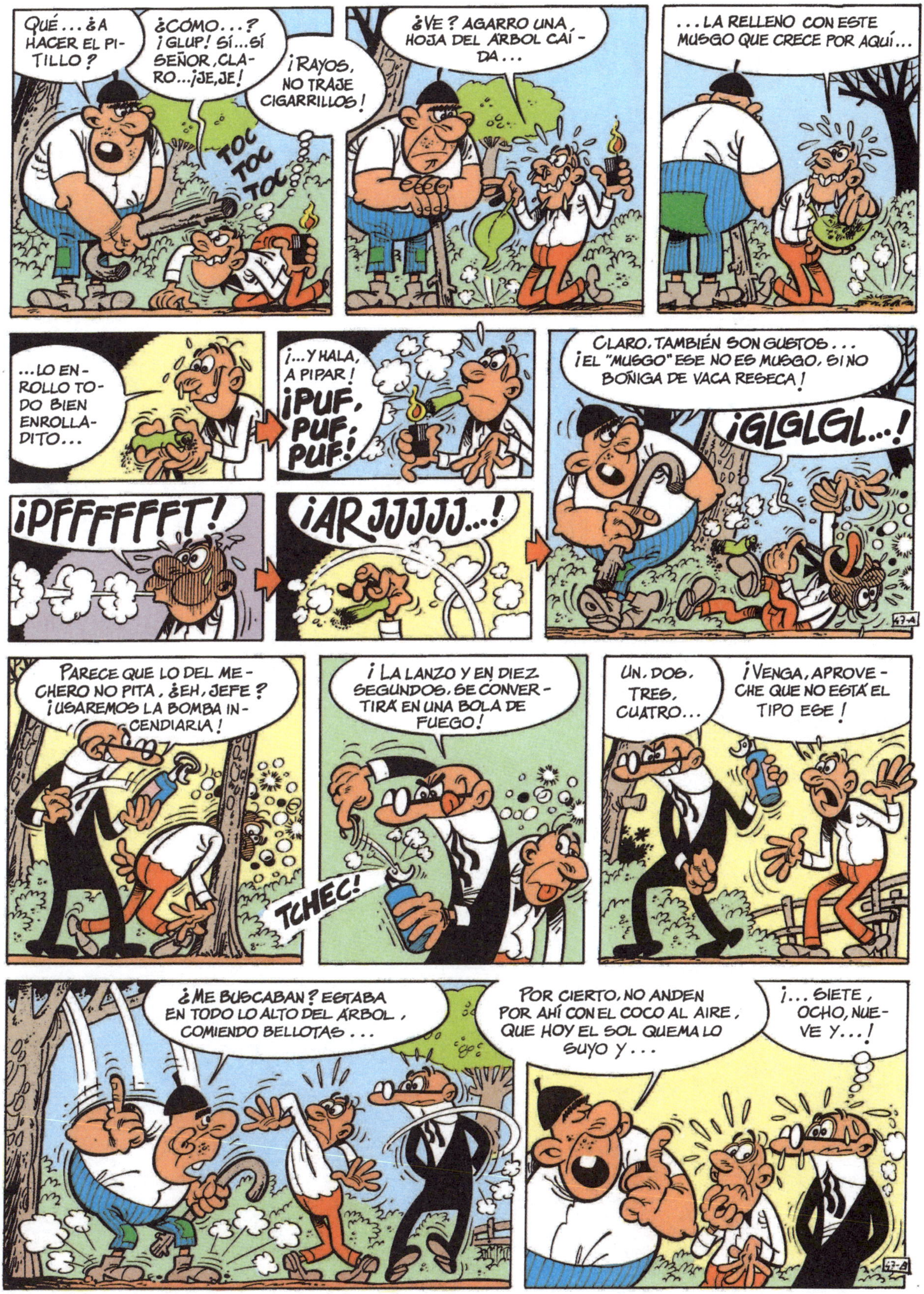

QUÉ... ¿A HACER EL PITILLO?
¿CÓMO...? ¡GLUP! SÍ... SÍ SEÑOR, CLARO... ¡JE, JE!
¡RAYOS, NO TRAJE CIGARRILLOS!
TOC TOC TOC
¿VE? AGARRO UNA HOJA DEL ÁRBOL CAÍDA...
...LA RELLENO CON ESTE MUSGO QUE CRECE POR AQUÍ...
...LO ENROLLO TODO BIEN ENROLLADITO...
¡...Y HALA, A PIPAR!
¡PUF, PUF, PUF!
CLARO, TAMBIÉN SON GUSTOS... ¡EL "MUSGO" ESE NO ES MUSGO, SINO BOÑIGA DE VACA RESECA!
¡GLGLGL...!
¡PFFFFFFT!
¡ARJJJJJ...!
47-A
PARECE QUE LO DEL MECHERO NO PITA, ¿EH, JEFE? ¡USAREMOS LA BOMBA INCENDIARIA!
¡LA LANZO Y EN DIEZ SEGUNDOS, SE CONVERTIRÁ EN UNA BOLA DE FUEGO!
TCHEC!
UN, DOS, TRES, CUATRO...
¡VENGA, APROVECHE QUE NO ESTÁ EL TIPO ESE!
¿ME BUSCABAN? ESTABA EN TODO LO ALTO DEL ÁRBOL, COMIENDO BELLOTAS...
POR CIERTO, NO ANDEN POR AHÍ CON EL COCO AL AIRE, QUE HOY EL SOL QUEMA LO SUYO Y...
¡... SIETE, OCHO, NUEVE Y...!
47-B

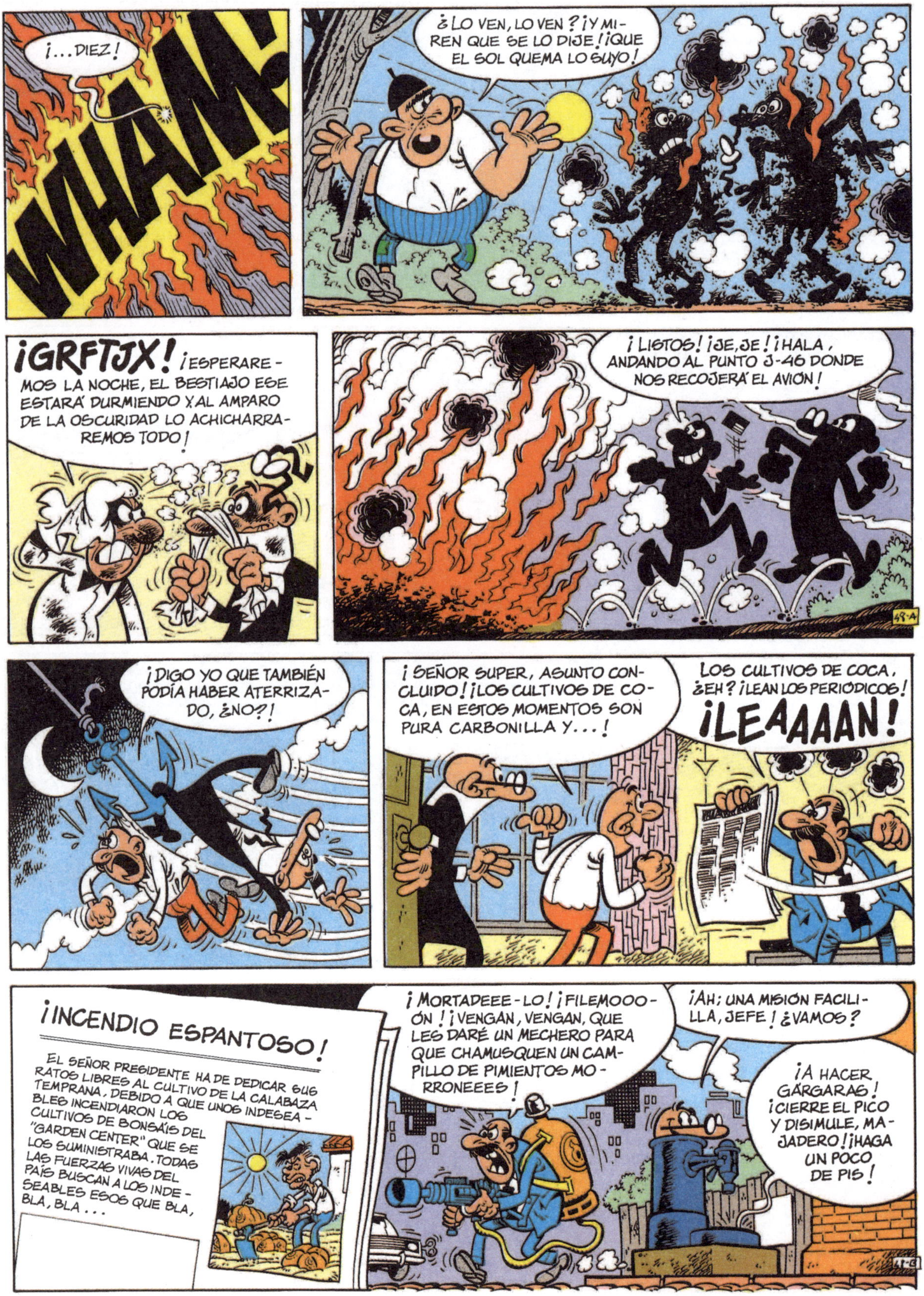
¡...DIEZ!
WHAM!
¿LO VEN, LO VEN? ¡Y MIREN QUE SE LO DIJE! ¡QUE EL SOL QUEMA LO SUYO!
¡GRFTJX! ¡ESPERAREMOS LA NOCHE, EL BESTIAJO ESE ESTARÁ DURMIENDO Y AL AMPARO DE LA OSCURIDAD LO ACHICHARRAREMOS TODO!
¡LISTOS! ¡JE, JE! ¡HALA, ANDANDO AL PUNTO J-46 DONDE NOS RECOJERÁ EL AVIÓN!
¡DIGO YO QUE TAMBIÉN PODÍA HABER ATERRIZADO, ¿NO?!
¡SEÑOR SUPER, ASUNTO CONCLUIDO! ¡LOS CULTIVOS DE COCA, EN ESTOS MOMENTOS SON PURA CARBONILLA Y...!
LOS CULTIVOS DE COCA, ¿EH? ¡LEAN LOS PERIÓDICOS!
¡LEAAAAN!
¡INCENDIO ESPANTOSO!
EL SEÑOR PRESIDENTE HA DE DEDICAR SUS RATOS LIBRES AL CULTIVO DE LA CALABAZA TEMPRANA, DEBIDO A QUE UNOS INDESEABLES INCENDIARON LOS CULTIVOS DE BONSÁIS DEL "GARDEN CENTER" QUE SE LOS SUMINISTRABA. TODAS LAS FUERZAS VIVAS DEL PAÍS BUSCAN A LOS INDESEABLES ESOS QUE BLA, BLA, BLA...
¡MORTADEEE-LO! ¡FILEMOOOÓN! ¡VENGAN, VENGAN, QUE LES DARÉ UN MECHERO PARA QUE CHAMUSQUEN UN CAMPILLO DE PIMIENTOS MORRONEEES!
¡AH; UNA MISIÓN FACILILLA, JEFE! ¿VAMOS?
¡A HACER GÁRGARAS! ¡CIERRE EL PICO Y DISIMULE, MAJADERO! ¡HAGA UN POCO DE PIS!

SI HAS LEÍDO LA AVENTURA ANTERIOR "LA RUTA DEL YERBAJO" CON SUMA ATENCIÓN, PODRÁS RESPONDER CORRECTAMENTE EL SIGUIENTE CUESTIONARIO. HAZ TRABAJAR LA NEURONA Y SEÑALA LA RESPUESTA CORRECTA.

A. Al inicio de la aventura, está claro que Ofelia está ansiosa por...

1. ☐ Merendar
2. ☐ Casarse
3. ☐ Ir al lavabo

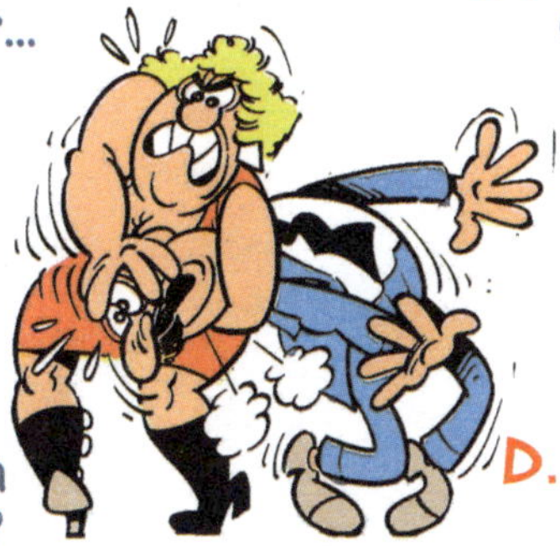

B. ¿Cómo se llama el sospechoso a quien Filemón quiere fotografiar?

1. ☐ Nemesio "perforatráqueas"
2. ☐ Pablito "el coletas"
3. ☐ Joe "desnucabúfalos"

C. ¿Cómo se llama el barco en el que M y F buscan droga?

1. ☐ Queen Tametuvida
2. ☐ Queen Cangreja
3. ☐ Queen Octopussy

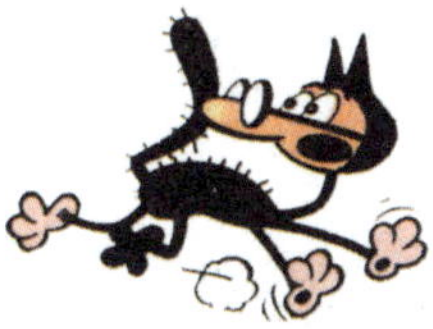

D. Ofelia acudió a un fotógrafo y se hizo una foto para presentarse...

1. ☐ A Miss Universo
2. ☐ Al *casting* de "Juego de tronos"
3. ☐ Candidata del partido Comemos

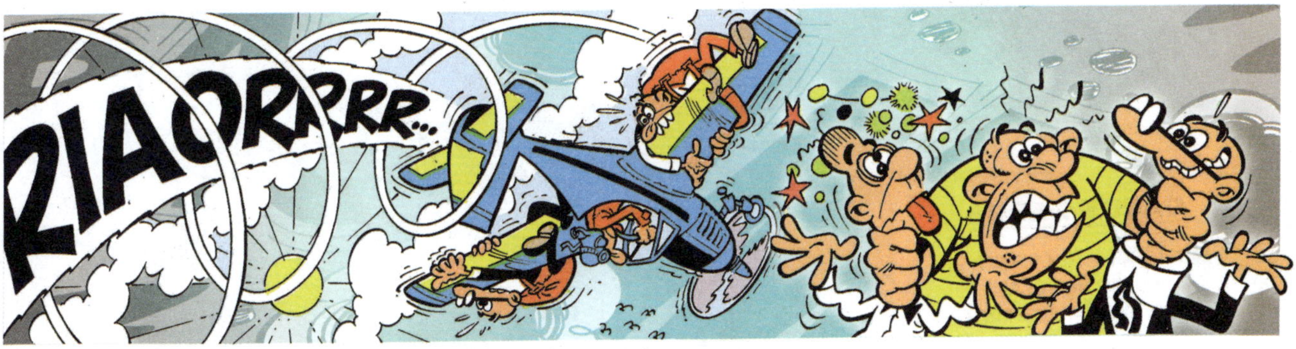
RIAORRRR...

E. M y F saltan al vagón de un tren que está lleno de...

1. ☐ Cerdos
2. ☐ Vacas
3. ☐ Residuos nucleares

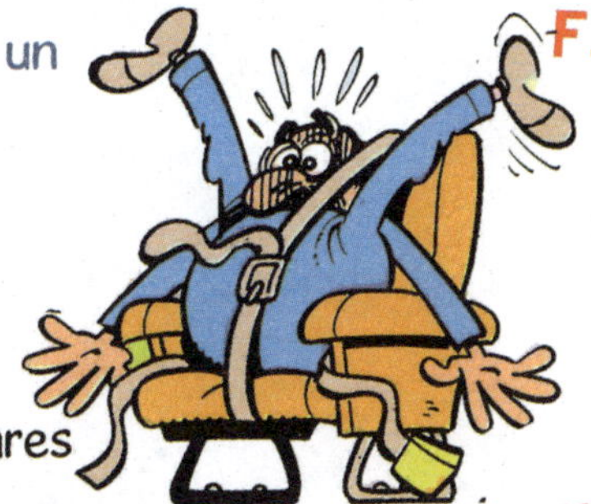

F. En el aeropuerto, M y F conocen el significado de las siglas M.A.L.

1. ☐ Morrada Air Lines
2. ☐ Mentecato's Air Levitation
3. ☐ Muerte Aérea Lusitana

G. ¿En qué consiste el "freno ultra-rápido" del coche que les ofrece Vicente?

1. ☐ Discos de carbono con ABS
2. ☐ Un muelle gigante
3. ☐ Es un ancla

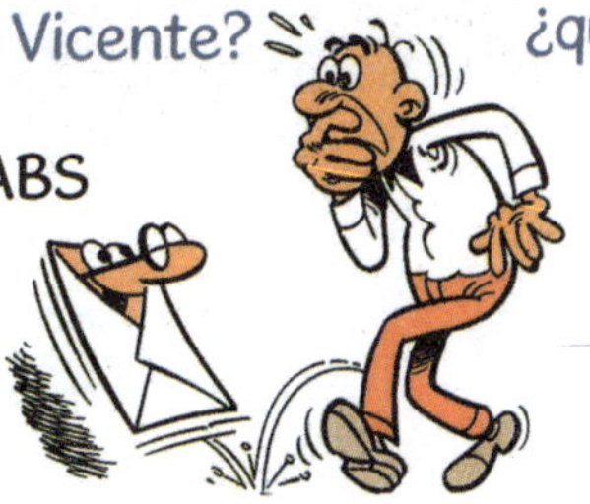

H. En la guarida del jefe de la mafia, ¿qué animales atacan a M y F?

1. ☐ Canguros salvajes
2. ☐ Cocodrilos
3. ☐ Suegras caníbales

SOLUCIONES: A2, B3, C2, D1, E2, F1, G3, H2.

FILEMÓN RECONOCE LA UTILIDAD DE LOS LIBROS

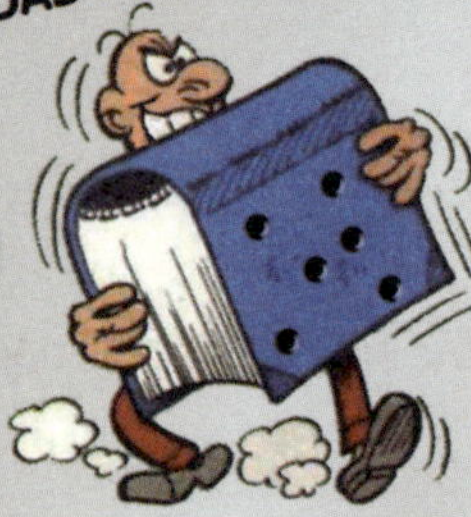

Leer no es que me guste, pero un buen tocho de páginas puede salvarte la vida....

EL CHISTE DE LA SEMANA

En clase, el profesor comprueba que ningún alumno ha traído los deberes hechos.
-Pero bueno, ¡sois unos vagos! ¿Es que aquí el único que trabaja soy yo?
-Sí, pero tenga en cuenta que usted es el único que cobra.

IBÁÑEZ DIXIT

"¿Que cuándo me voy a jubilar? Es el público, el lector quien te jubila, y conmigo no lo han hecho todavía. Así que vamos a seguir."

"Esto de la historieta tiene dos fases: una es la gráfica, que es la sencilla. Pero luego está la difícil, en la que tienes que pensar '¿qué pongo? ¿qué nuevos *gags* hago esta semana?' Lo mismo puede llevarte 10 minutos que te tiras 6 horas."

"Mi mujer me dice que en las historias tengo mucha gracia, pero que en la vida real no hay quien me aguante."

¡TAMBIÉN MORTADELO SE HA AFICIONADO A LOS LIBROS!

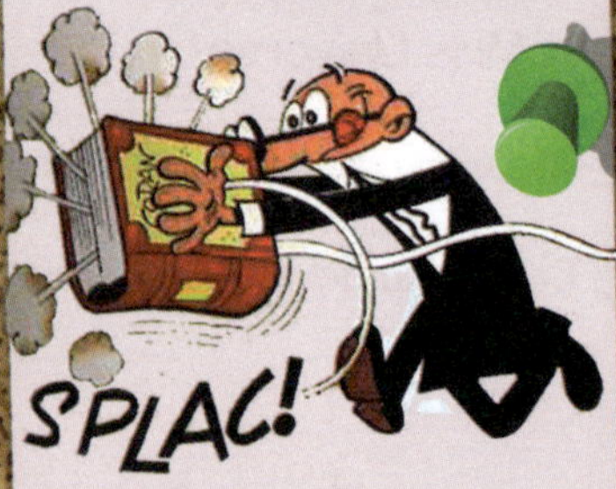
SPLAC!

¡Es muy útil para matar moscas y no deja ese olor tan desagradable de los insecticidas!

EXTRAÑO EXPERIMENTO

Bacterio quiso aumentar el coeficiente intelectual de M y F haciéndoles una transfusión en la que recibieron sangre de alguien más inteligente que ellos.
El experimento no resultó, ya que los agentes se quedaron igual y en cambio el burro se volvió loco y le explotó el colodrillo.

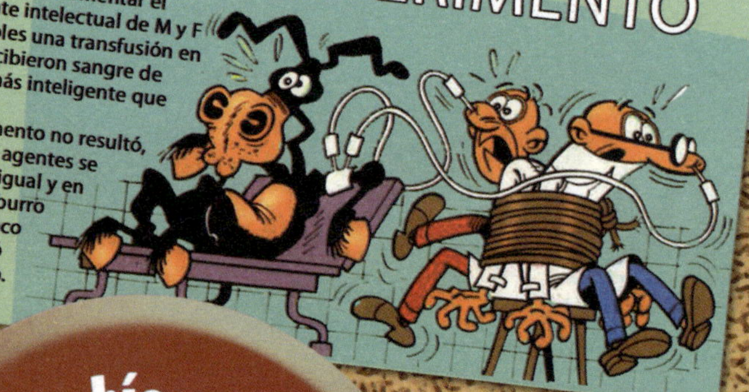

CASOS RAROS

Mortadelo se compra un coche al ver un lugar donde aparcarlo.

EL CALVOROTA DE MORTADELO SEGURO QUE DESEA QUE ALGUIEN LE TOME EL PELO PARA PROBAR NUEVAS SENSACIUONES.

¿Sabías que...?

EL RECIENTE ÁLBUM "¡ELECCIONES!" HA TENIDO UNA TIRADA RÉCORD PARA LAS AVENTURAS DE MORTADELO Y FILEMÓN, CON 100.000 EJEMPLARES

CRIMEN MUSICAL

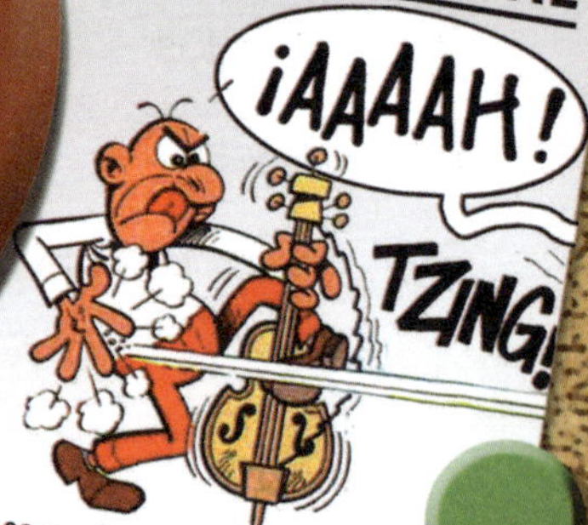
¡AAAAH!
TZING!

No es que Filemón tocase horriblemente el violín, que es verdad, sino que el muy patoso le clavó sin querer el palito ese con el que se toca a la suegra del Director General de la T.I.A.

CERTIFICADO MÉDICO DE FUTBOLITIS

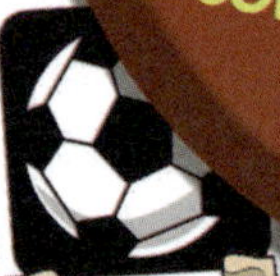

Morro Forever

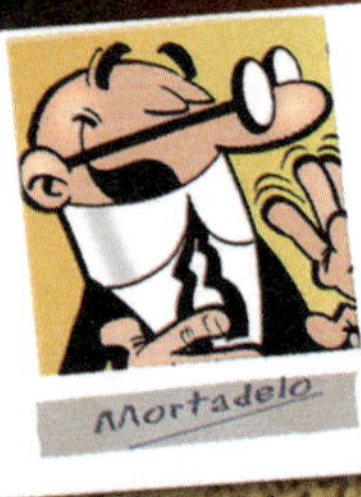
Mortadelo

ATENCIÓN
Esta persona padece una rara enfermedad que sólo se cura con un balón.

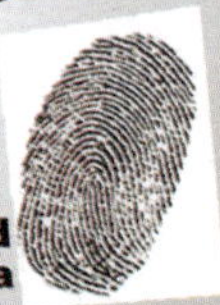

Este carné lo suele llevar siempre encima Mortadelo para poder justificar ante el Súper su adicción futbolera.

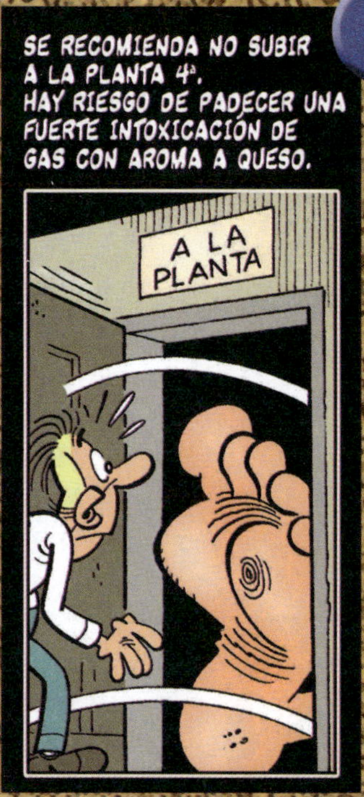
SE RECOMIENDA NO SUBIR A LA PLANTA 4ª. HAY RIESGO DE PADECER UNA FUERTE INTOXICACIÓN DE GAS CON AROMA A QUESO.
A LA PLANTA

LEMA DEL DÍA

"Más vale prevenir que currar."

Mortadelo

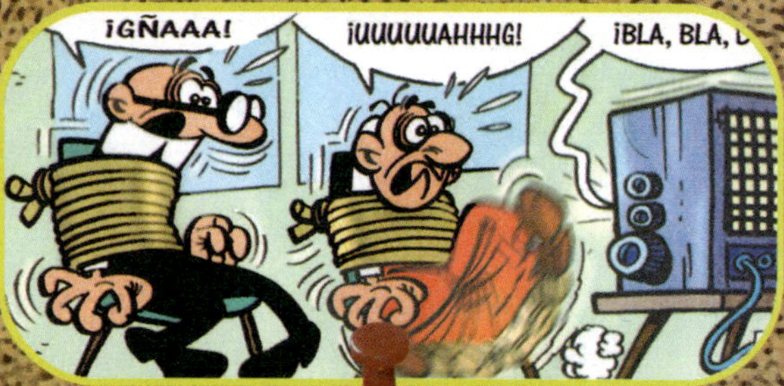
¡GÑAAA!
¡UUUUUAHHHG!

Por pifiarla en su última misión, M y F han sido castigados con la tortura de aguantar enterito un discurso de Rajoy.

Ofelia desea conocer a la crema y nata de la sociedad... para tomarse un buen postre.

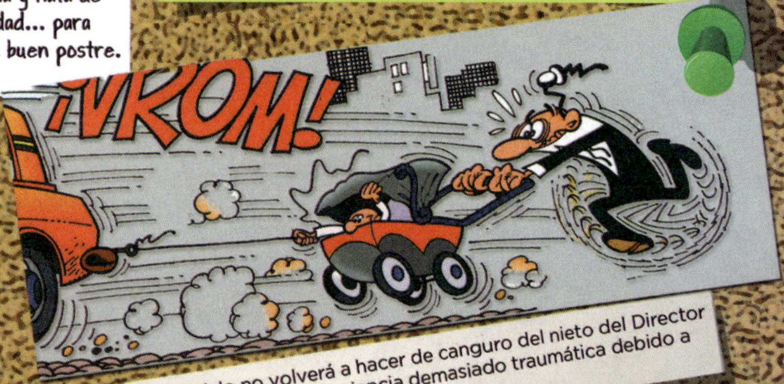
¡VROOM!

Mortadelo no volverá a hacer de canguro del nieto del Director general. Fue una experiencia demasiado traumática debido a lo gamberro que es el crío.

EXPERIMENTO DE BACTERIO

Segun mis últimas investigaciones, he comprobado que las lentejas caducadas, en lugar de hierro contienen chatarra.

Mortadelo, ¿quiere salir conmigo?

Ofelia

¿Sabías que...?

Ha habido dirigentes políticos como Felipe González que reconocía que una de sus lecturas preferidas eran los cómics de Mortadelo y de Filemón.

MEJOR SALGA USTED PRIMERO.

MORTADELO

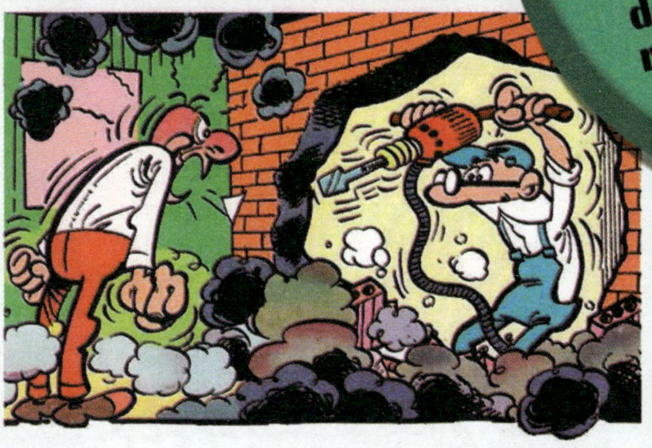

Se ruega a Mortadelo que la próxima vez que quiera colgar un cuadro, utilice otro sistema para hacer el agujerito en la pared para clavar la alcayata.

¿Qué le dice una impresora a otra? ¿Esta copia es tuya o es impresión mía?

EL JEROGLÍFICO

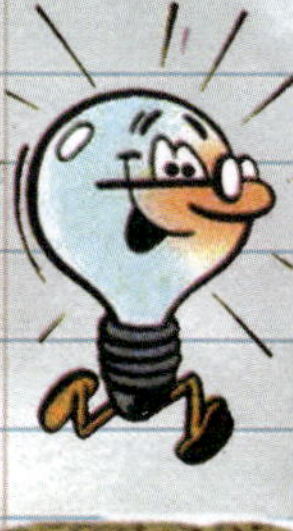

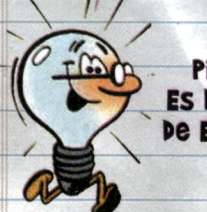

Pista: Es del sur de España.

LA CINEMATECA DE LA T.I.A.

Relaciona cada fotograma con el título de la película a la que pertenece.

A- BUSCANDO A NEMO
B- CADENA PERPETUA
C- TOMA EL DINERO Y CORRE
D- TRAS EL CRISTAL
E- LA LEYENDA DEL MARTILLO: THOR
F- ESTA CASA ES UNA RUINA
G- ENEMIGOS IRRECONCILIABLES
H- EL EXPERIMENTO
I- CAZADORES DE BRUJAS
J- LA MALA EDUCACIÓN
K- GOATS (CABRAS)
L- BEE MOVIE
M- CAÍDA LIBRE
N- EL ARTISTA
O- LOS PÁJAROS
P- SPEED RACER
Q- CALOR MORTAL
R- AIRBAG
S- EVEREST
T- LOS PICAPIEDRA

1
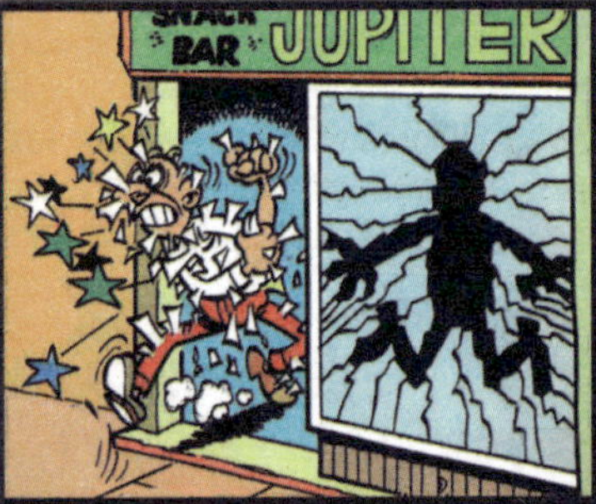
BAR
JUPITER

2
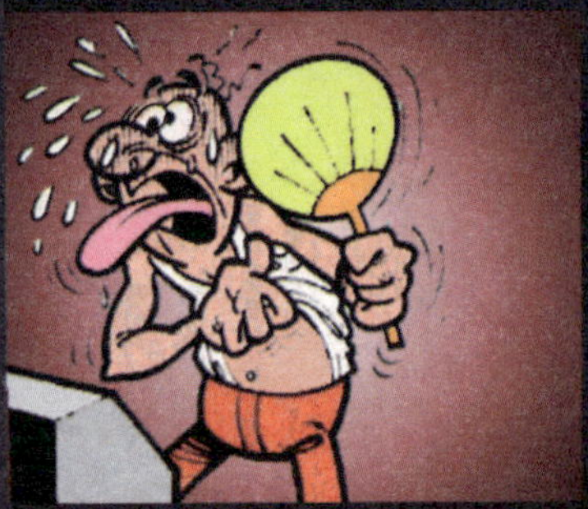

3
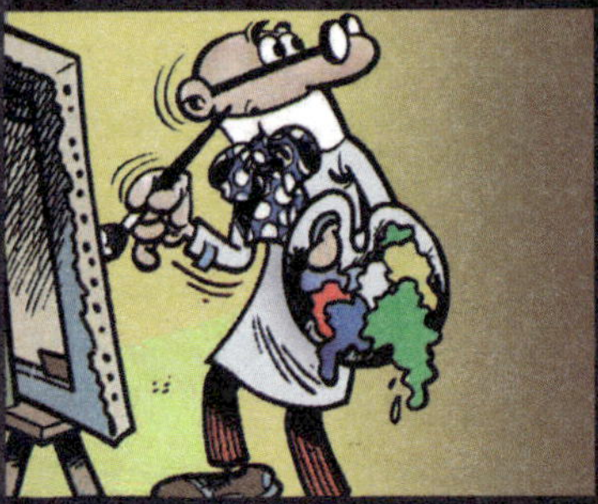

4
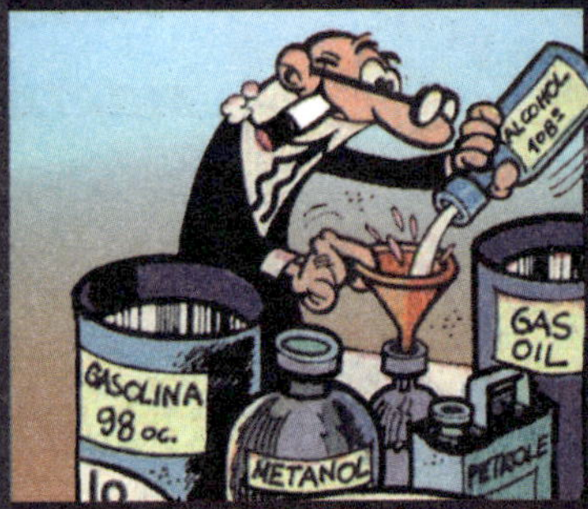
ALCOHOL
GAS OIL
GASOLINA 98 oc.
METANOL
PETROLE

5
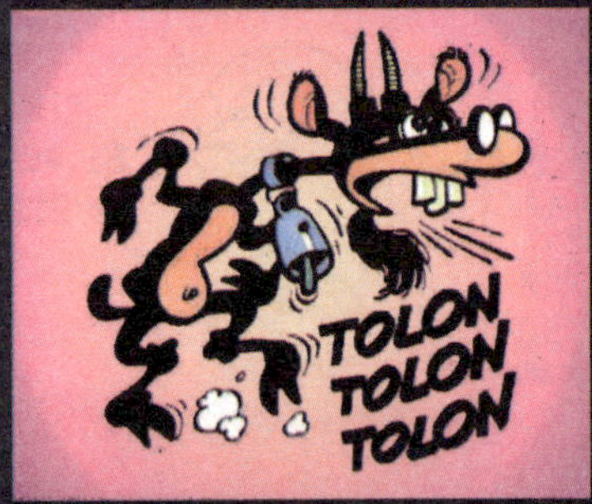
TOLON
TOLON
TOLON

6
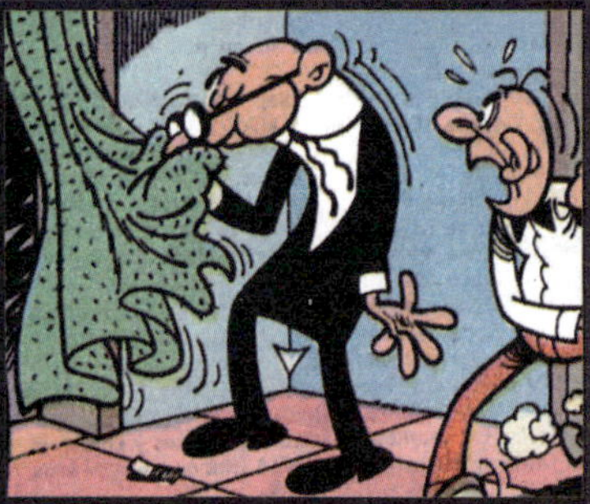

7
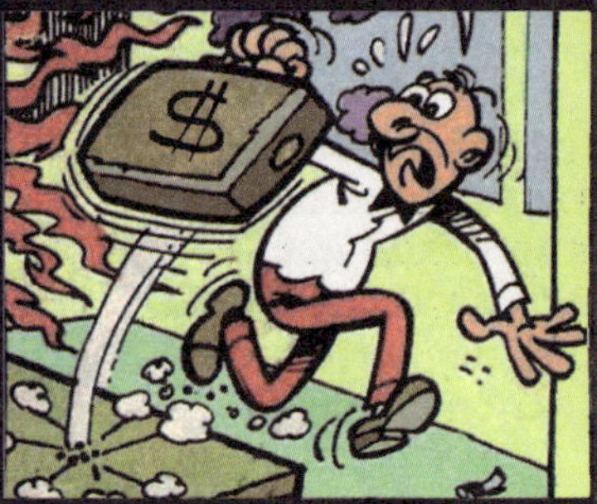

8
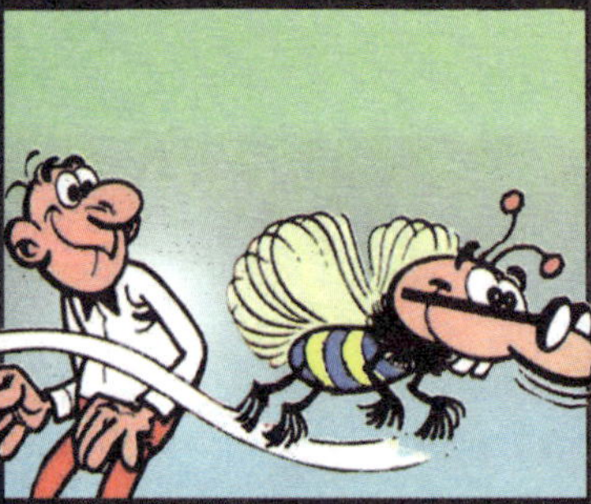

9
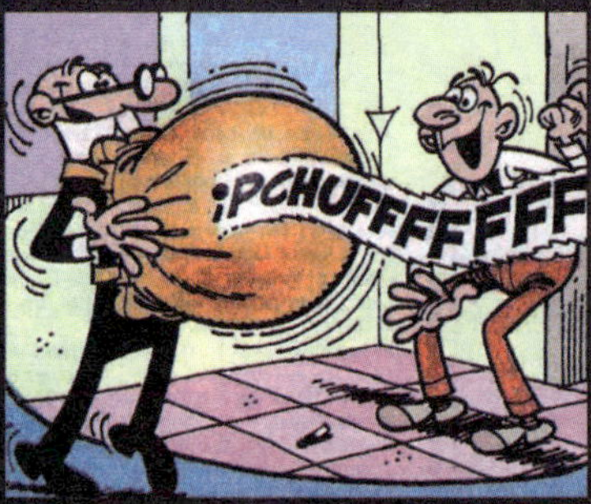
¡PCHUFFFFFFF

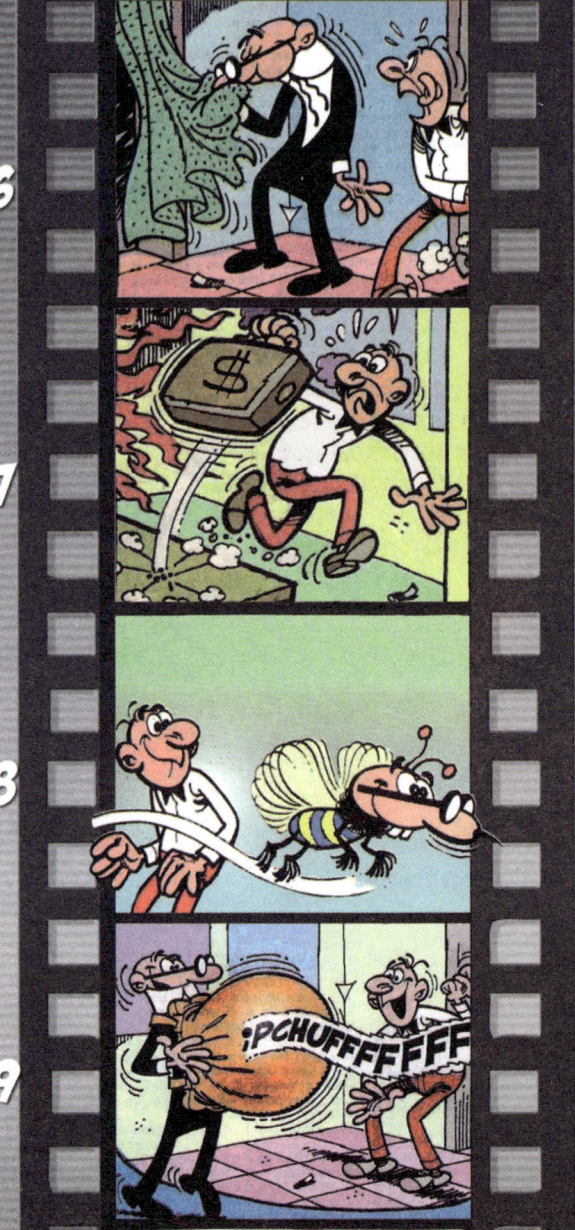

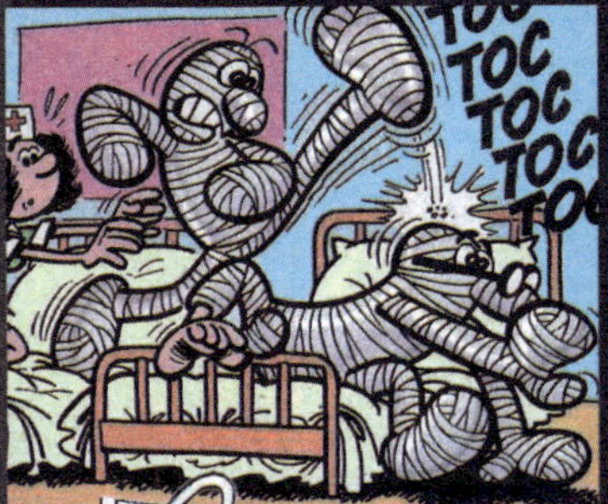
TOC
TOC
TOC
TOC
TOC

10

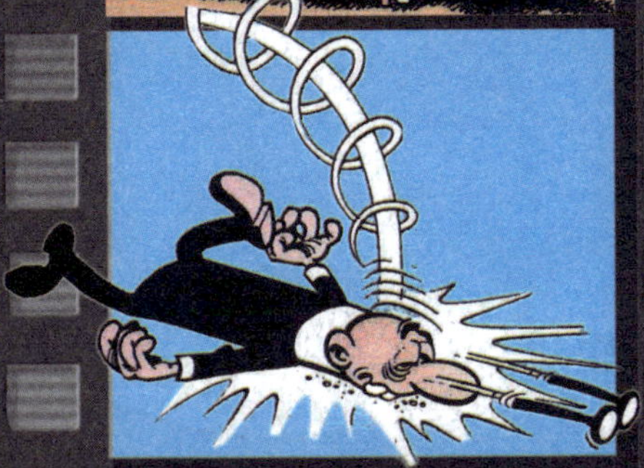

11

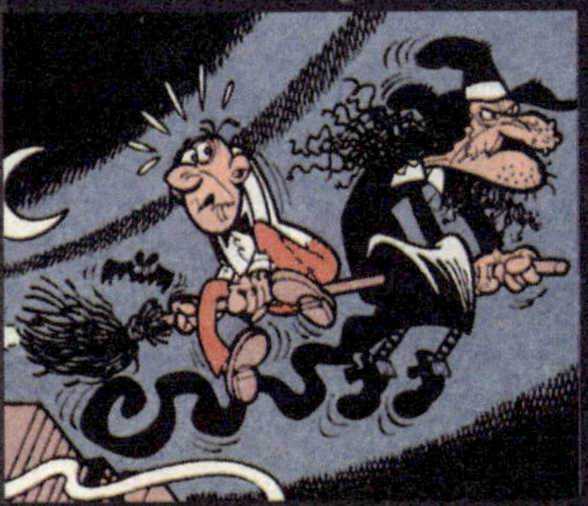

12

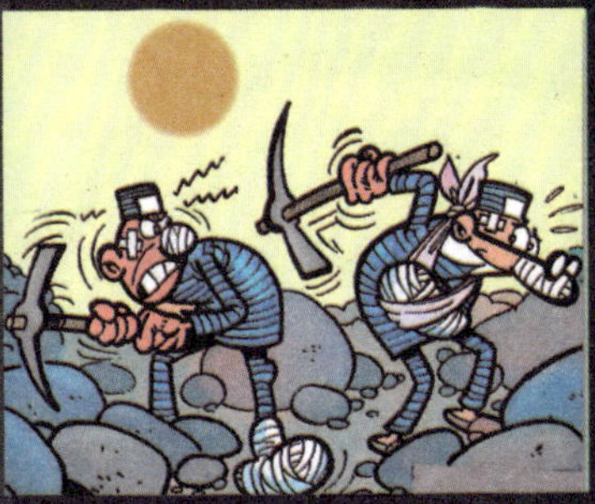

13

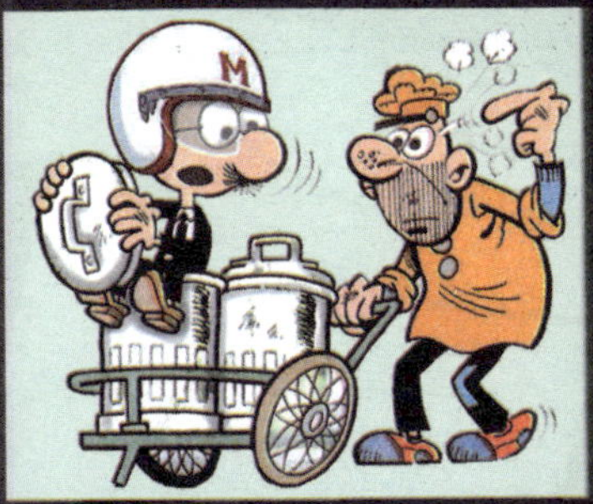

14

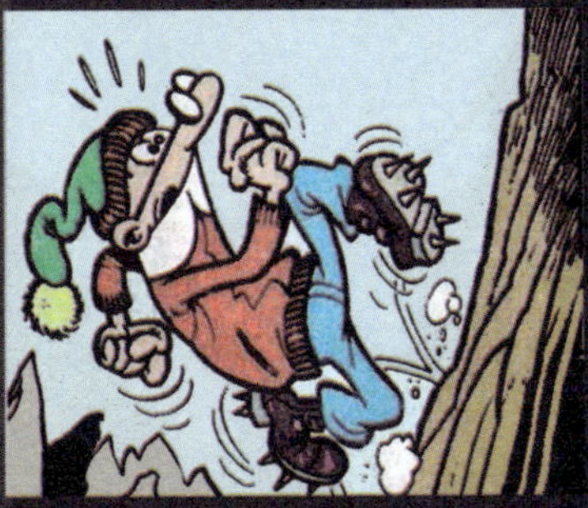

15

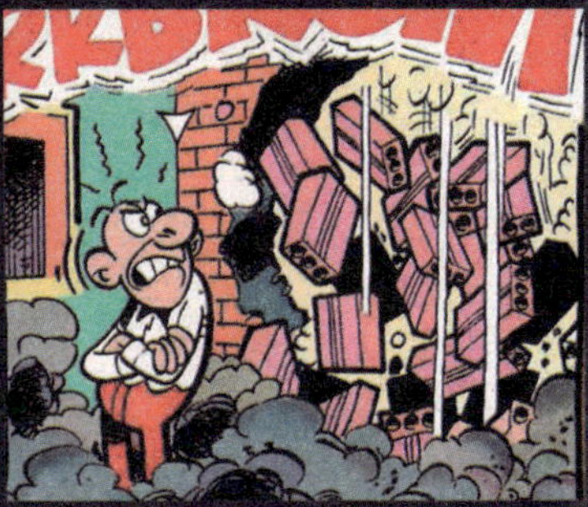

16

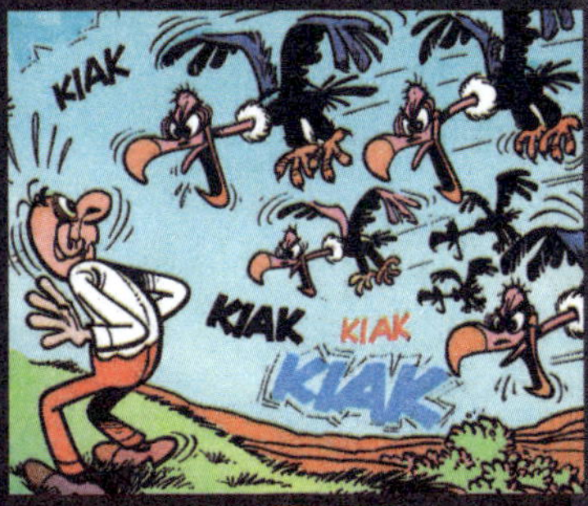
KIAK
KIAK
KIAK
KIAK

17

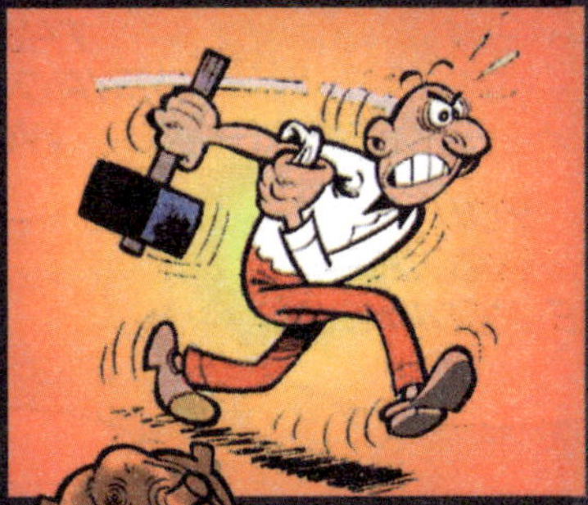

18

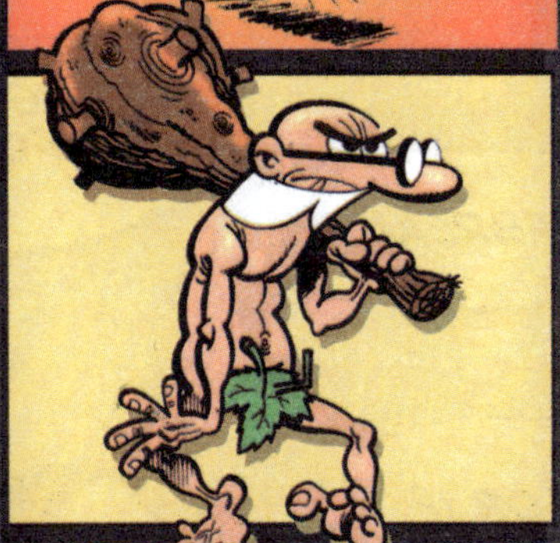

19

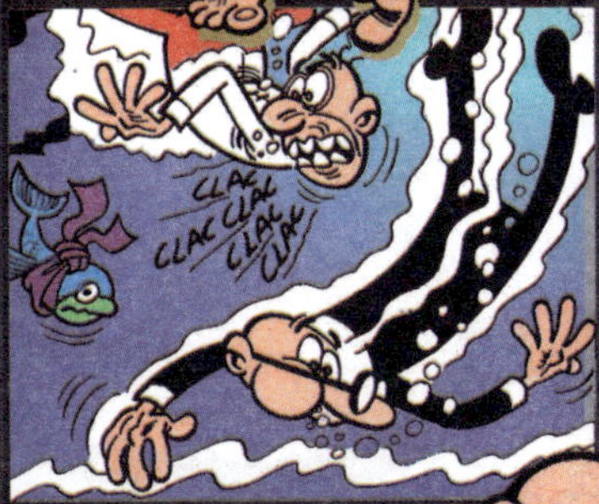
CLAC
CLAC CLAC
CLAC
CLAC

20

SOLUCIONES

A-20	H-4	N-3	
B-13	I-12	O-17	
C-7	J-6	P-14	
D-1	K-5	Q-2	
E-18	L-8	R-9	
F-16	M-11	S-15	
G-10		T-19	

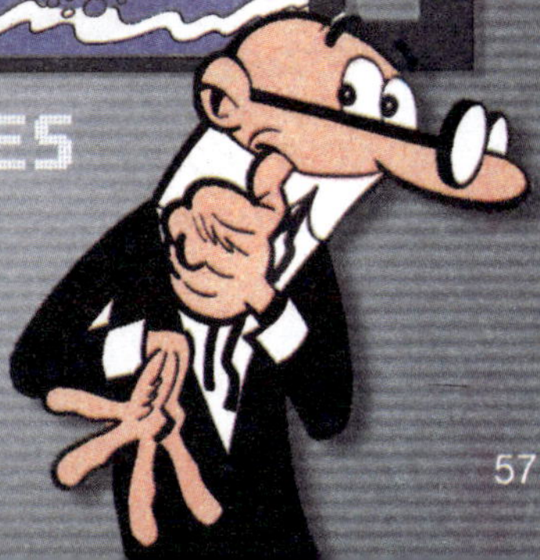

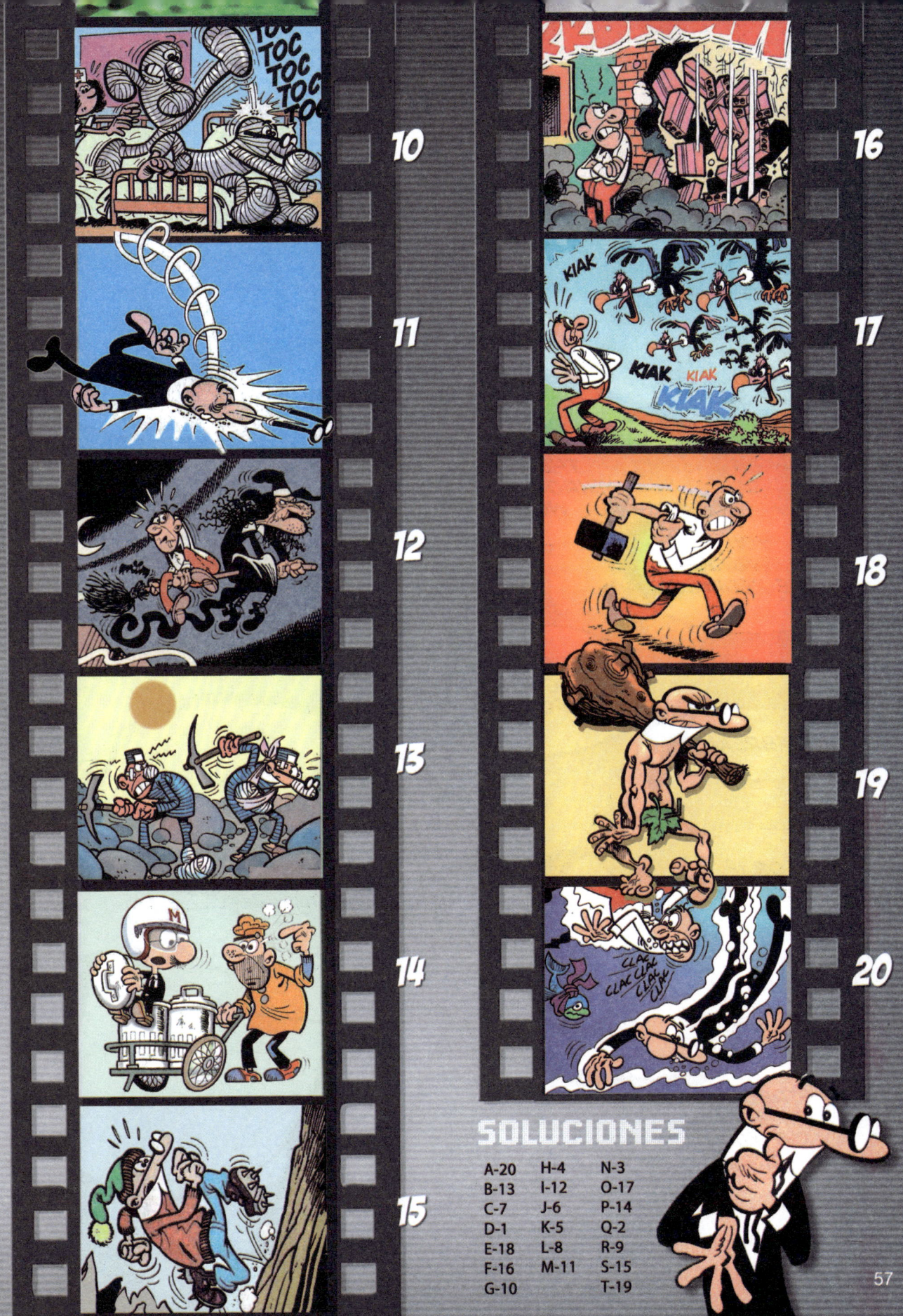

ESPÍC ÍNGLISH GÜIZ

SHOT TO MOUTHPITCHER.

DISPARAR A BOCAJARRO.

WATER-PARTIES!

¡AGUAFIESTAS!

TO THE DONE, CHEST!

¡A LO HECHO, PECHO!

THIS IS GET OUT FROM MOTHER!

¡ESTO SE ESTÁ SALIENDO DE MADRE!

WE ARE FEW AND THE GRANDMOTHER GIVE BIRTH!

¡ÉRAMOS POCOS Y PARIÓ LA ABUELA!

BY THE SIDEBURN!

¡POR LA PATILLA!

BE TO PARROT!

¡ESTATE AL LORO!

BIG DONKEY OF UP IS IN THE FIFHT PINE!

¡BORRICÓN DE ARRIBA ESTÁ EN EL QUINTO PINO!

THE GOAT THROW TO THE WOODS.

LA CABRA TIRA AL MONTE.

YOU GO THROUGH THREE PEOPLES!

¡TE HAS "PASAO" TRES PUEBLOS!

SLEEP TO LOOSE LEG.

DORMIR A PIERNA SUELTA.

I AM TO TWO CANDLES.

ESTOY A DOS VELAS.

I GO TO SING HIM THE FORTYS!

¡VOY A CANTARLE LAS CUARENTA!

ROOFBREAKER!

¡ROMPETECHOS!

FOR IF THE FLIES.

POR SI LAS MOSCAS.

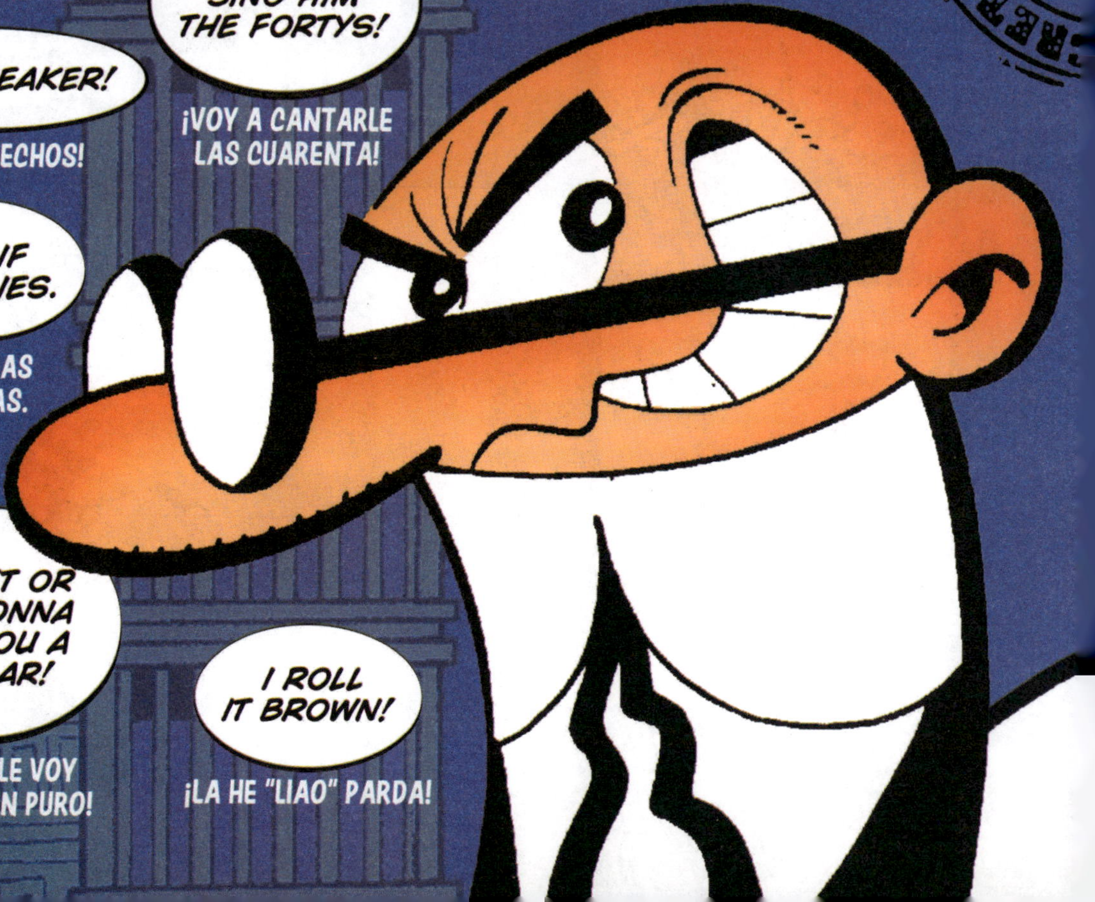

STREET OR I'M GONNA PUT YOU A CIGAR!

¡CALLE O LE VOY A METER UN PURO!

I ROLL IT BROWN!

¡LA HE "LIAO" PARDA!

MORTADELO y FILEMÓN

I'M A BIG FAN OF HENRY CHURCHES!

¡SOY UN GRAN FAN DE ENRIQUE IGLESIAS!

AN ACTRESS? BETHLEHEM WHEEL.

¿UNA ACTRIZ? BELÉN RUEDA.

AND LIGHT LAKE!

¡Y CLARA LAGO!

THERE IS NO YOUR AUNT.

¡NO HAY TU TÍA!

YOUR CLOTHES PEG HAS GONE.

SE TE HA IDO LA PINZA.

BRAKE! YOU GO TO ALL MILK!

¡FRENE! ¡VA A TODA LECHE!

TO THE TARZAN'S MONKEY SHUT UP.

A LA CHITA CALLANDO.

ORDER PEARS TO THE ELM.

PEDIR PERAS AL OLMO.

DON'T THROW THE DEAD TO ME!

¡NO ME ECHE A MÍ EL MUERTO!

MORE WORTH ARAGONESE WOMAN THAN FORCE.

MÁS VALE MAÑA QUE FUERZA.

THE DEAD TO THE HOLE AND THE ALIVE TO THE BISCUIT.

EL MUERTO AL HOYO Y EL VIVO AL BOLLO.

I'M OPEN MYSELF, STEM.

YO ME ABRO, TRONCO.

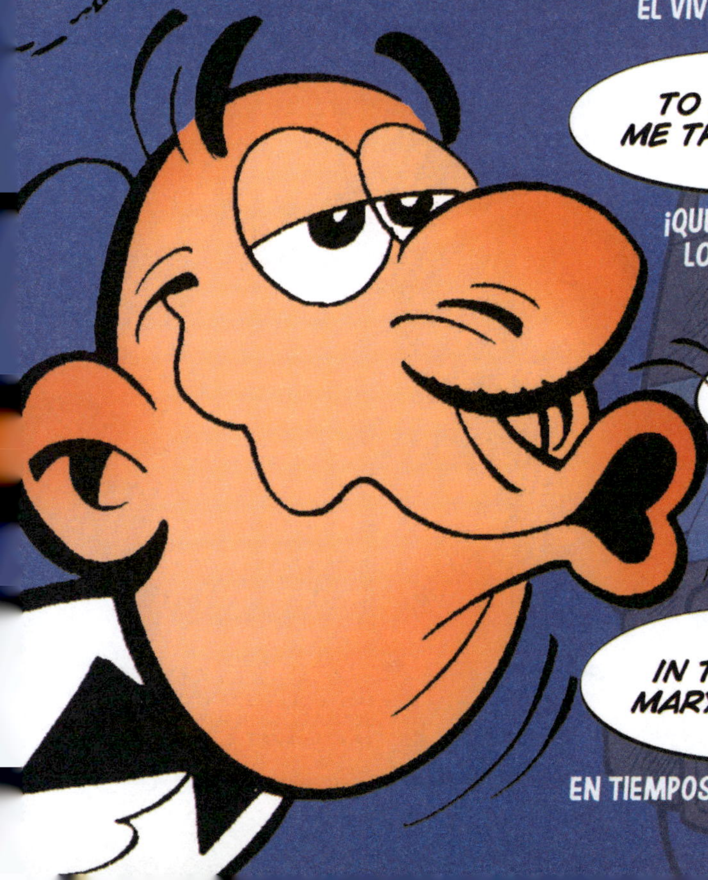

TO REMOVE ME THE DANCED!

¡QUE ME QUITEN LO "BAILAO"!

THROW A LITTLE HOARY TO THE AIR.

ECHAR UNA CANITA AL AIRE.

HE RIDE A CHICKEN...!

¡HA MONTADO UN POLLO...!

I AM LIKE JOHN PIGEON: I COOK AND I EAT FOR MYSELF.

SOY COMO JUAN PALOMO: YO ME LO GUISO Y YO ME LO COMO.

IN TIMES OF MARYCHESTNUT

EN TIEMPOS DE MARICASTAÑA.

LOS ARCHIVOS SECRETOS DE LA T.I.A.

El nietecito del Súper estaba muy nervioso tras ver una peli de miedo, y su abuelo le dijo: "Tranquilo, Torcuato Manuel, que ahora vendrá Mortadelo con uno de sus simpáticos disfraces y te calmará los nervios".

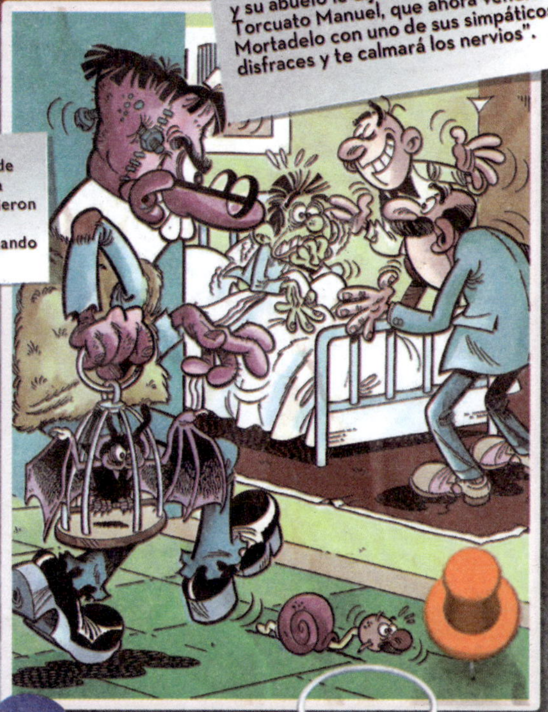

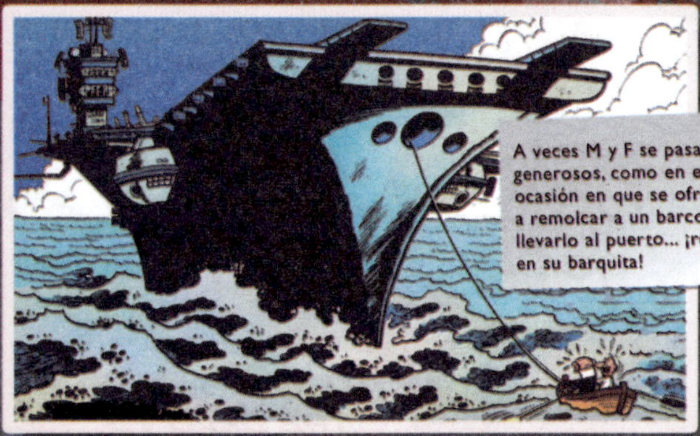

A veces M y F se pasan de generosos, como en esta ocasión en que se ofrecieron a remolcar a un barco y llevarlo al puerto... ¡remando en su barquita!

El Súper quería una persona recta, a la que no le temblase el pulso. Mortadelo fue el elegido... para pintar la línea de la carretera Lugo-Cádiz. ¡Casi "na"!

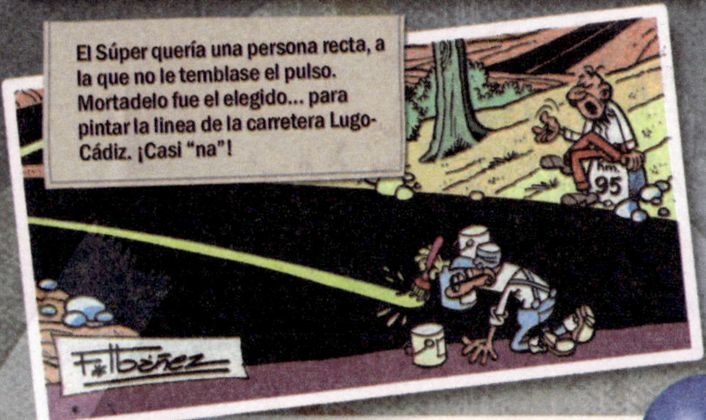

QUE IBÁÑEZ ES UNA MÁQUINA TRABAJANDO YA LO SABÍAMOS, PERO POCOS CONOCEN EL INVENTO QUE LE PIDIÓ AL PROFESOR BACTERIO PARA DIBUJAR AÚN MÁS DEPRISA.
LO MALO ES QUE CUANDO SE RASCA SE HA DE ACERCAR AL HOSPITAL.

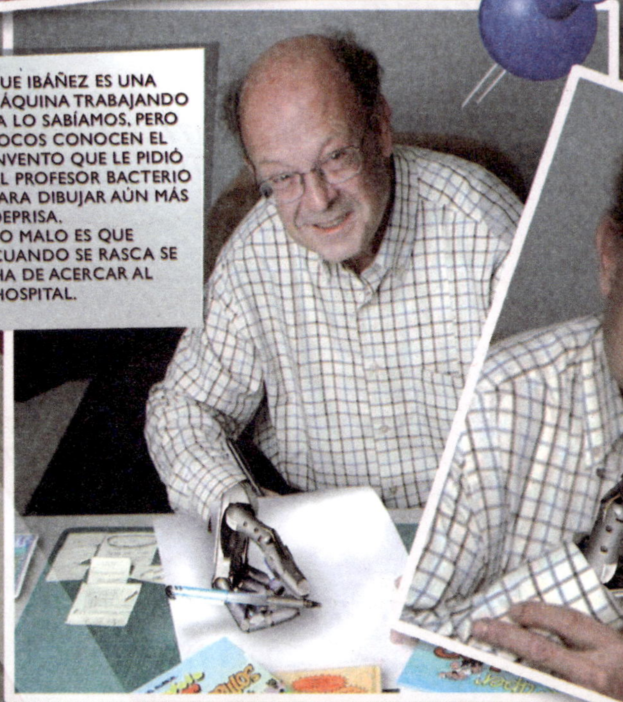

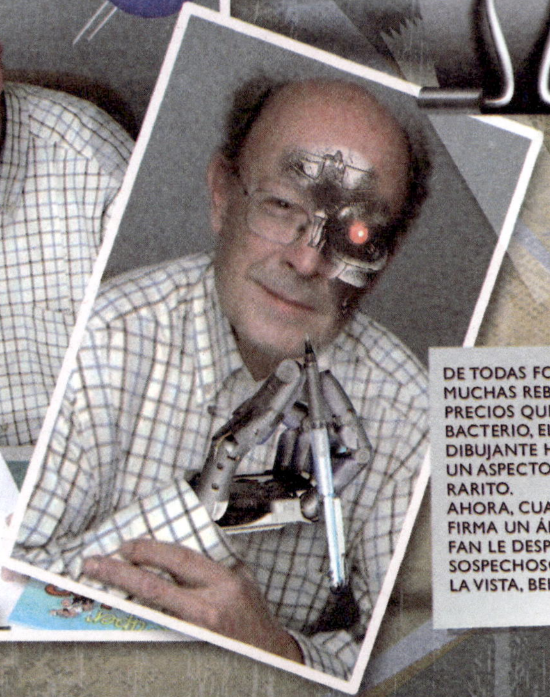

DE TODAS FORMAS, POR MUCHAS REBAJAS EN SUS PRECIOS QUE LE HICIERA BACTERIO, EL GRAN DIBUJANTE HA TOMADO UN ASPECTO UN PELÍN RARITO.
AHORA, CUANDO LE FIRMA UN ÁLBUM A UN FAN LE DESPIDE CON UN SOSPECHOSO "HASTA LA VISTA, BEIBI"

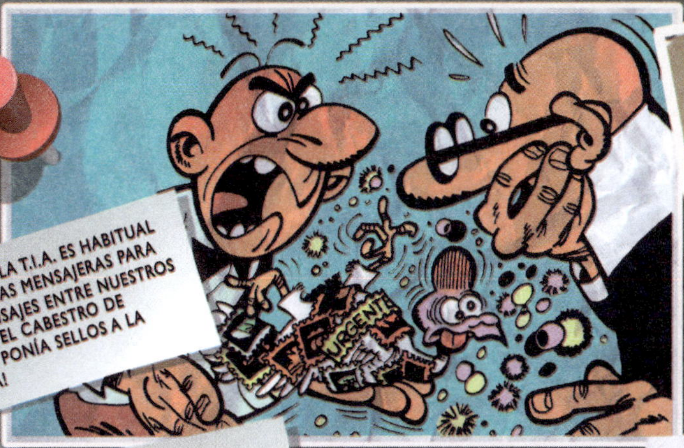

YA SABEN QUE EN LA T.I.A. ES HABITUAL EL USO DE PALOMAS MENSAJERAS PARA EL ENVÍO DE MENSAJES ENTRE NUESTROS AGENTES. ¡PERO EL CABESTRO DE MORTADELO LE PONÍA SELLOS A LA POBRE PALOMA!

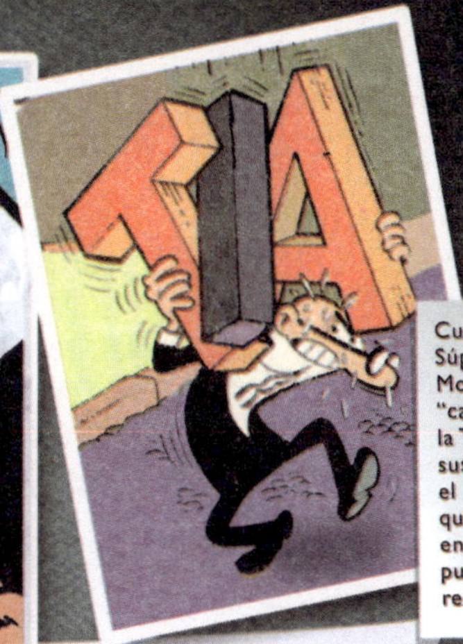
TIA

Cuando el Súper pidió a Mortadelo que "cargara con la T.I.A. sobre sus hombros" el agente pensó que le iban a encomendar un puesto de mayor responsabilidad.

POR UNA VEZ QUE M Y F VAN A UN SELECTO RESTAURANTE FRANCÉS Y LA PIFIAN.
A MORTADELO SE LE OCURRIÓ PEDIR EL PLATO ADUCIENDO QUE CONOCÍA EL IDIOMA. REALMENTE HIZO EL CURSILLO "APRENDA FRANCÉS EN 2 DÍAS".

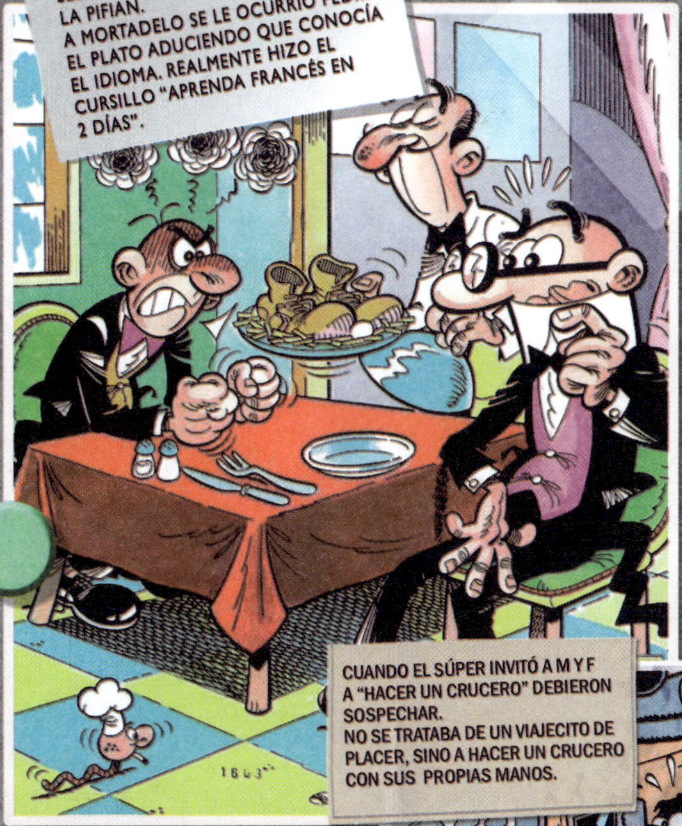

Allá por 1971, en una de sus primeras misiones espaciales, Mortadelo llegó a lo que parecía un solitario planeta. "Aquí solo hay pedruscos", transmitió a la Tierra. Más tarde comprobaría que estaba muy equivocado.

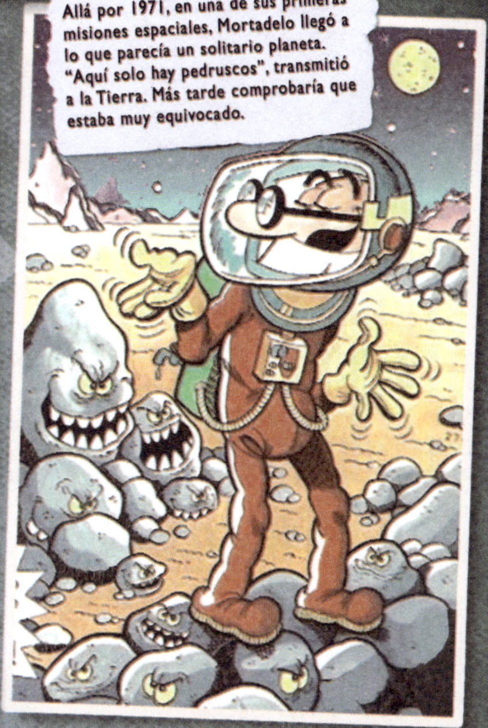

CUANDO EL SÚPER INVITÓ A M Y F A "HACER UN CRUCERO" DEBIERON SOSPECHAR.
NO SE TRATABA DE UN VIAJECITO DE PLACER, SINO A HACER UN CRUCERO CON SUS PROPIAS MANOS.

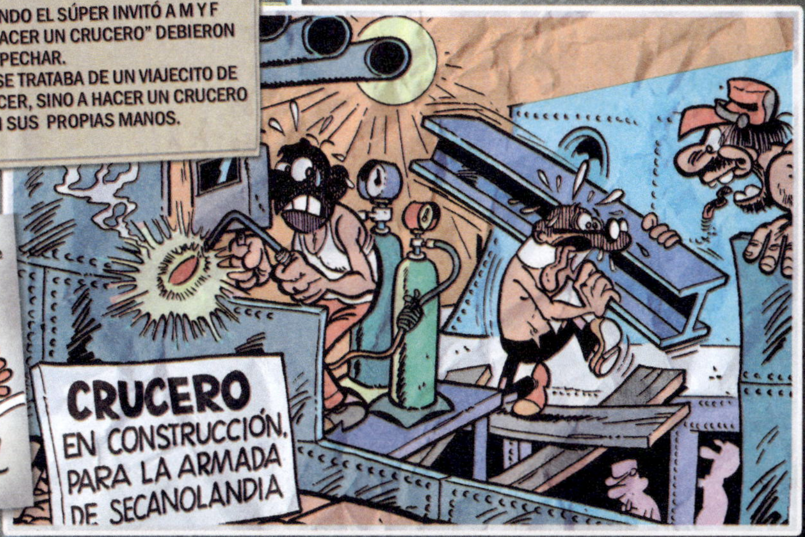
CRUCERO
EN CONSTRUCCIÓN,
PARA LA ARMADA
DE SECANOLANDIA

LOS ZAPATOS ANTIGRAVITATORIOS
Unos zapatos que inhiben la fuerza de la gravedad, lo que permite a su usuario elevarse sin problemas.

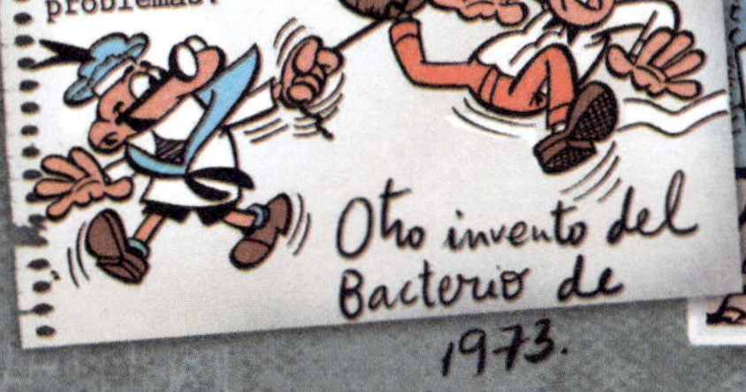
Otro invento del Bacterio de 1973.

ANÁLISIS CAQUIL

Les presentamos un estudio de Bacterio ganador del premio Príncipe de Ampurias de la atrofia cerebral.

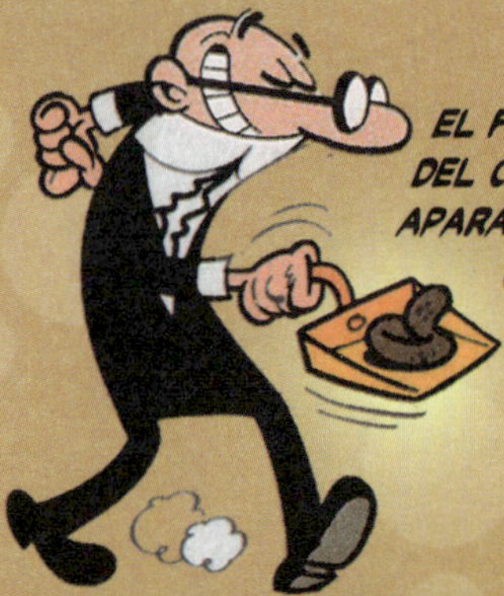

Si estudiamos la forma de las deposiciones caninas, aprenderemos mucho de la personalidad de nuestra querida mascota.

ESTUDIO APROBADO POR LA
U.N.I.P.E.F.
Unión Nacional Ilegal de Perros Españoles Federados

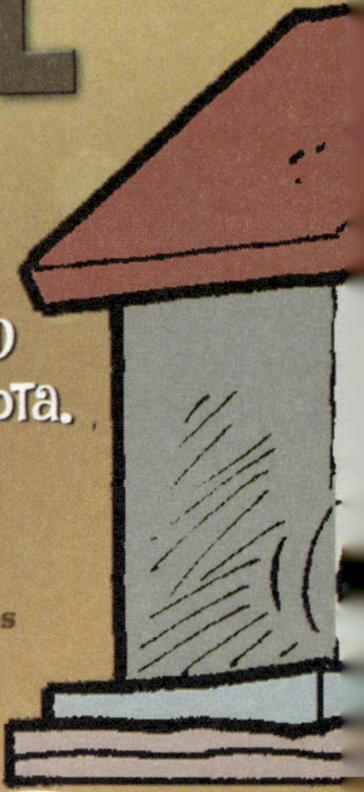

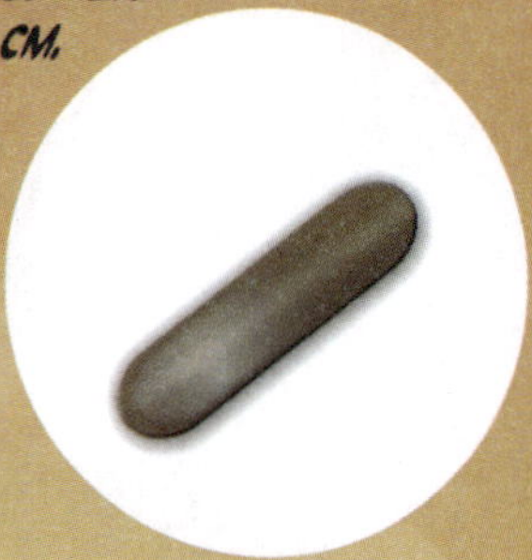

FORMA HABITUAL, TAMBIÉN DENOMINADA "MISIL", "TORPEDO" O "LA MADRE QUE LE PARIÓ, ¿QUÉ LECHES COME ESTE PERRO?" EN EL CASO DE QUE MIDA MÁS DE 20 CM.

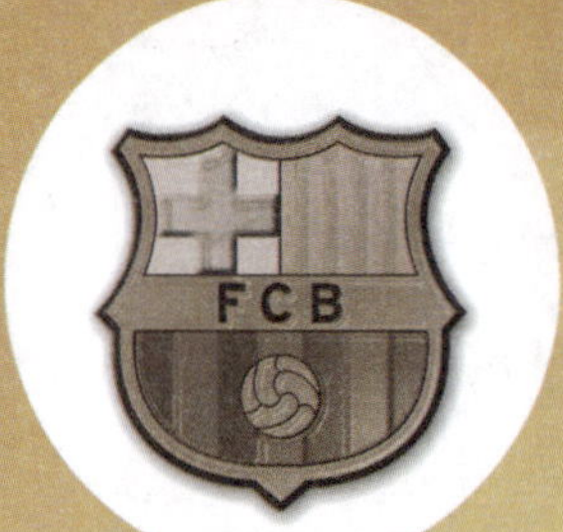
F C B

EL FANATISMO FUTBOLERO DEL CAN PUEDE AFECTAR SU APARATO DIGESTIVO Y HACER QUE LAS DEPOSICIONES DELATEN SUS PREFERENCIAS.

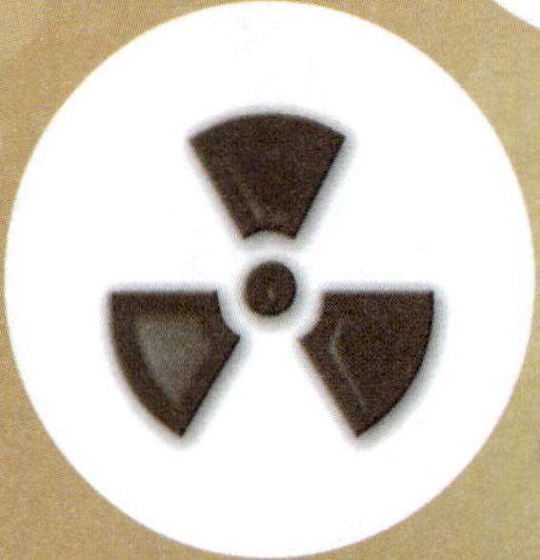

SI LA CACA PRESENTA ESTA FORMA, ES QUE NUESTRO PERRO HA TENIDO UNA MALA DIGESTIÓN Y ES CONVENIENTE ALEJARSE URGENTEMENTE DE LA ZONA.

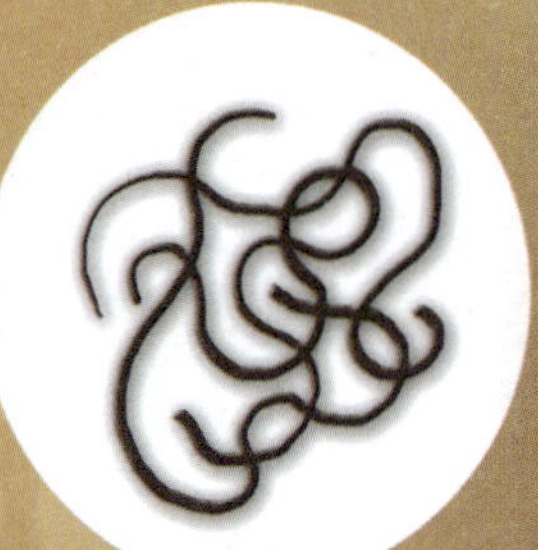

TU PUEDES ALIMENTAR A TU MASCOTA COMO QUIERAS, PERO HACER QUE COMA ÚNICAMENTE ESPAGUETIS PUEDE DAR LUGAR A ESTE TIPO DE OBRA DIGESTIVA.

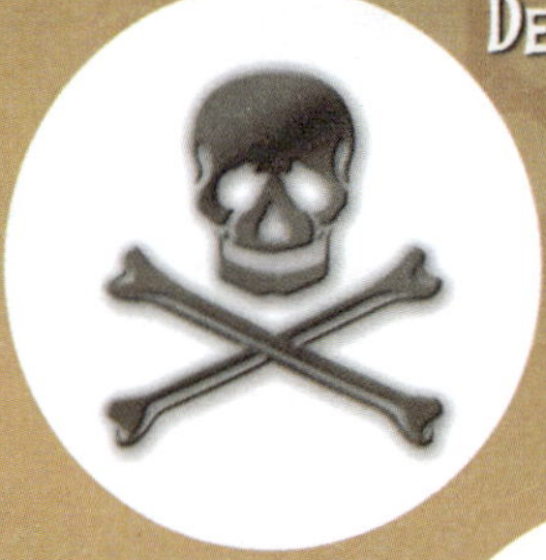

SI VAS AL PARQUE Y TU PERRO HACE UNA CAQUITA CON ESTA FORMA TE ACONSEJAMOS QUE VISITES URGENTEMENTE A TU VETERINARIO.

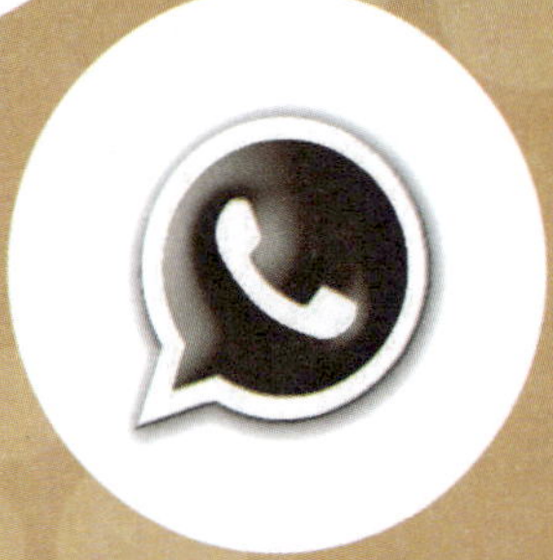

SI LOS CHAVALES YA PIDEN UN MÓVIL A SUS PADRES CUANDO TIENEN 10 AÑITOS... ¿POR QUÉ TU MASCOTA NO IBA A SER MENOS? SI LA CACA PRESENTA ESTA FORMA ES QUE EL ANIMALICO QUIERE COMUNICARSE CON SUS COLEGAS CANINOS A TRAVES DE INTERNET.

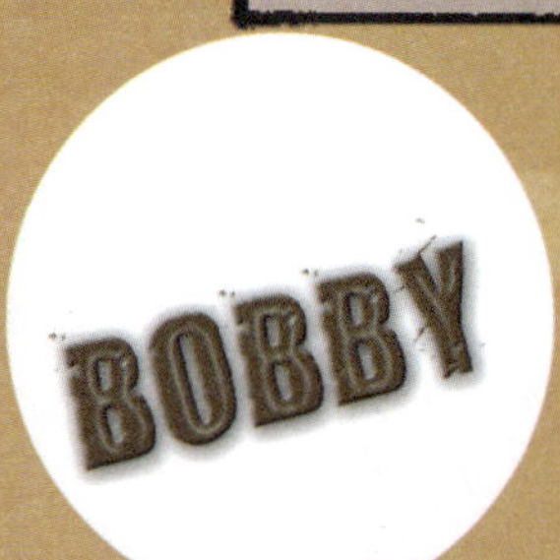
BOBBY

EN EL COLMO DE UN PERRO CON MUCHA PERSONALIDAD, EL FRUTO DE SU DIGESTIÓN PUEDE DAR LUGAR A FORMAS AUTOGRÁFICAS.

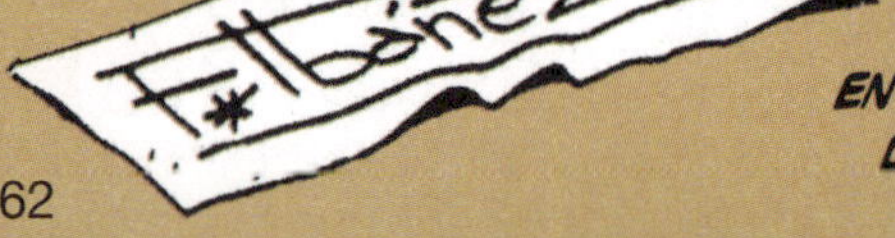

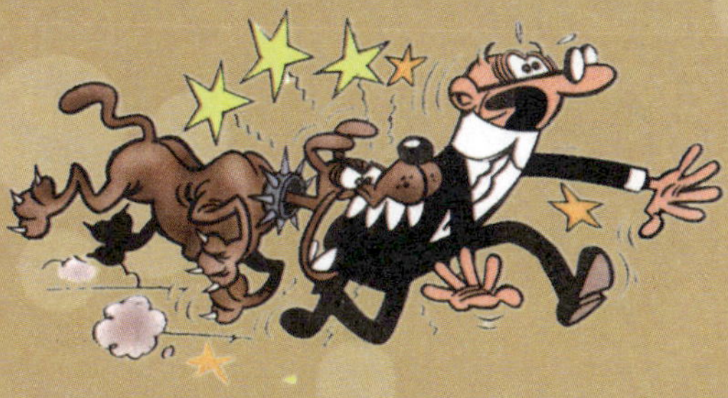

LA "ENSAIMADA" ES PROPIA DE CANES ENRROLLADOS, QUE MIENTRAS APRIETAN PARECE QUE ESTUVIESEN BAILANDO CON UN "HULA-HOOP".

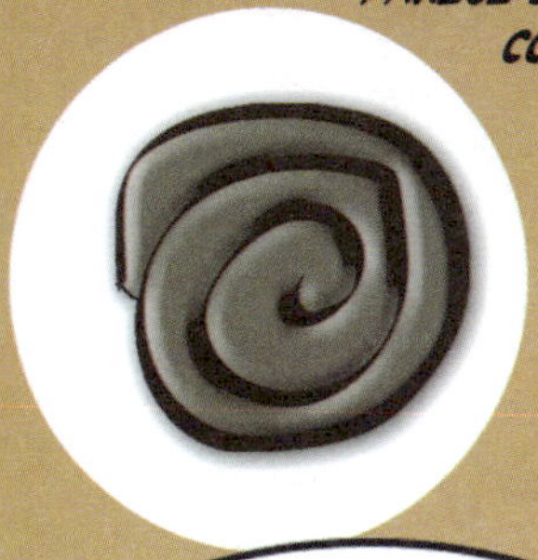

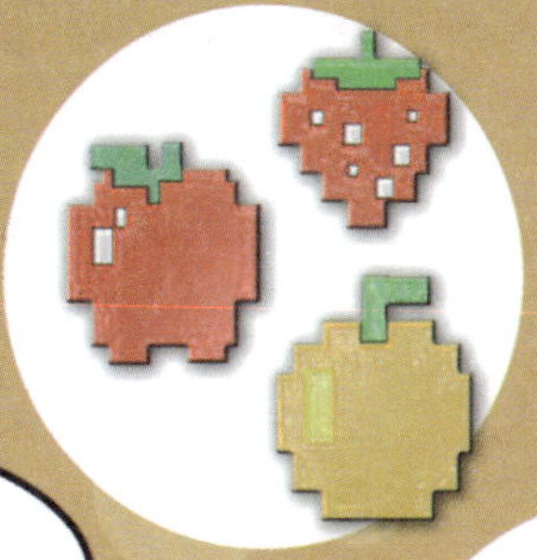

SI TU MASCOTA EXPULSA POR LA ZONA DE ABAJO DE LA RABADILLA ESTE TIPO DE FORMAS, NOS HALLAMOS ANTE UN CAN ADICTO A LOS VIDEOJUEGOS.

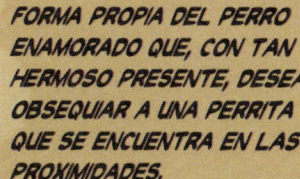

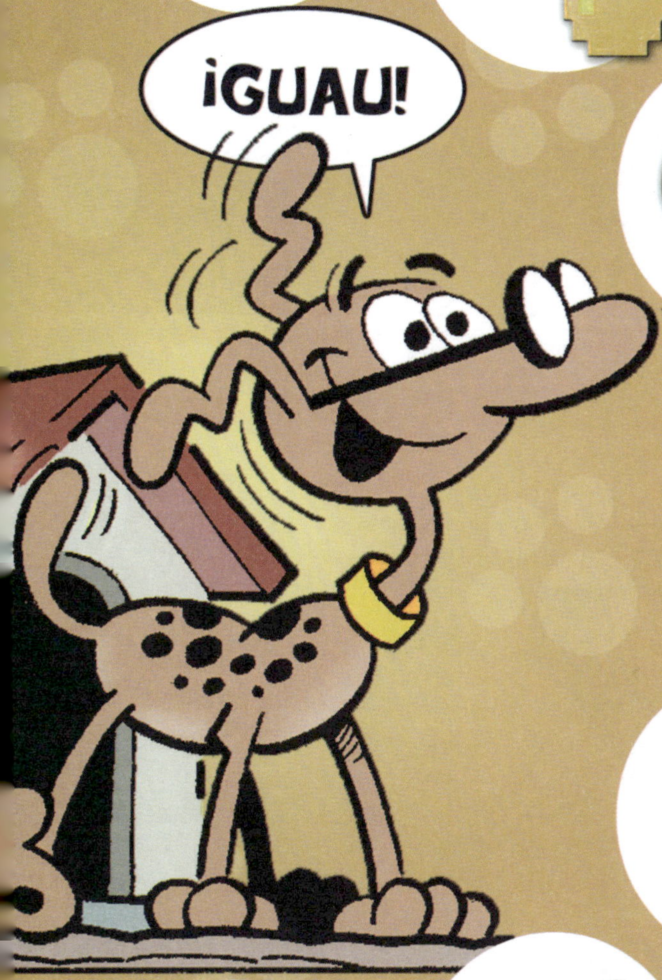
¡GUAU!

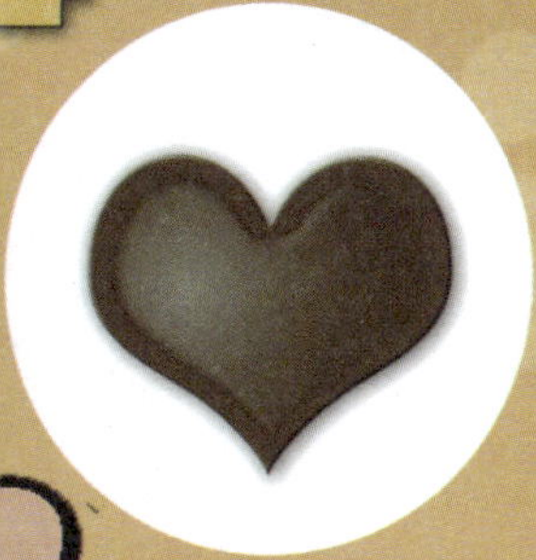

FORMA PROPIA DEL PERRO ENAMORADO QUE, CON TAN HERMOSO PRESENTE, DESEA OBSEQUIAR A UNA PERRITA QUE SE ENCUENTRA EN LAS PROXIMIDADES.

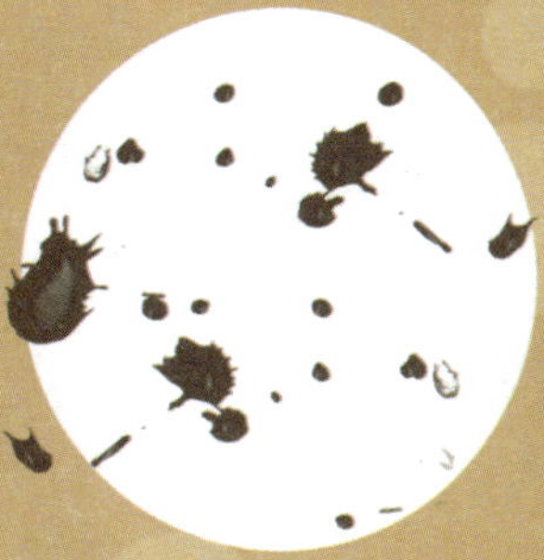

FORMAS ANÁRQUICAS Y DESPARRAMADAS EN EL SUELO Y EN NUESTROS ZAPATOS DELATAN AL CHUCHO CON FLOJERA VENTRAL. SON PROPIAS DE UN CAN ASUSTADIZO.

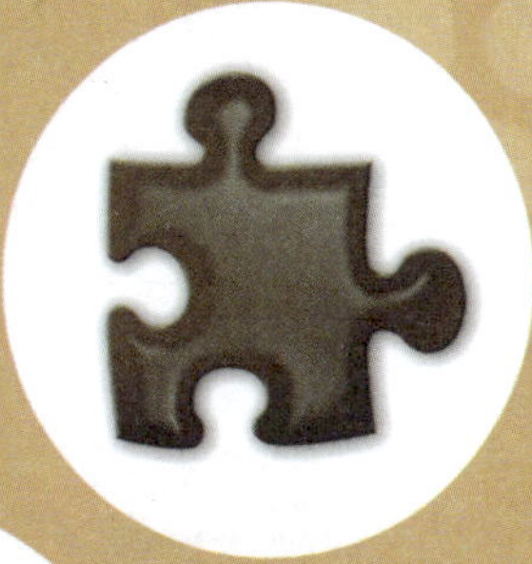

FORMA TÍPICA DEL PERRITO ORDENADO Y METICULOSO. AL DÍA SIGUIENTE HARÁ SUS DEPOSICIONES AL LADO Y ASÍ SUCESIVAMENTE HASTA COMPLETAR SU OBRA.

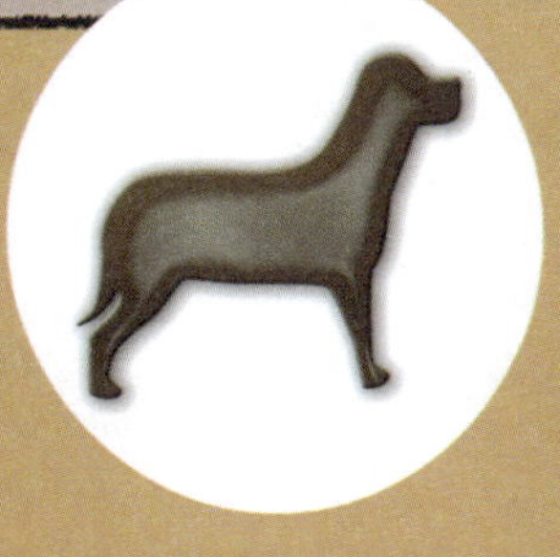

FORMA PROPIA DEL PERRO QUE MARCA SU TERRITORIO. EN CASOS EXTREMOS PUEDE INCLUSO ADJUNTAR EL NÚMERO DE MÓVIL DE SU AMO.

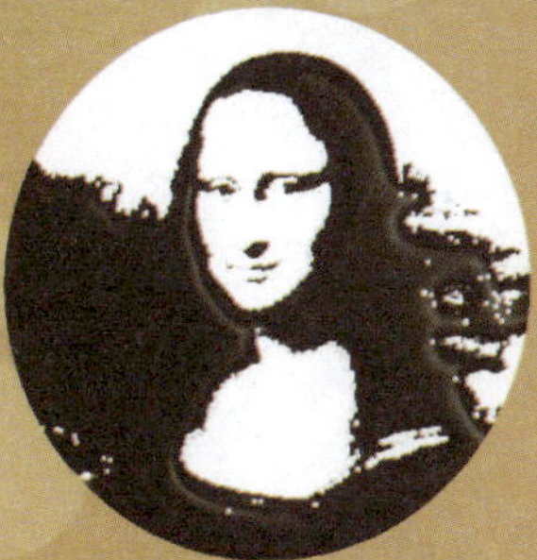

EL PERRO ARTISTA PUEDE COMPONER CON SU HABILIDAD INTESTINAL BELLAS FIGURAS PROPIAS DE UN ALMA SENSIBLE Y REFINADA.

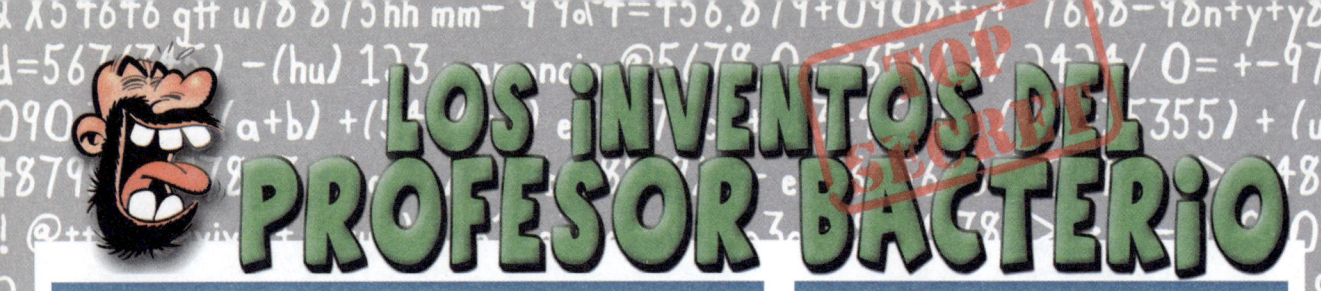

LOS INVENTOS DEL PROFESOR BACTERIO

TOP SECRET

MUTACIONES FALLIDAS

MALA SOMBRA
(Experimento 98-jdt)

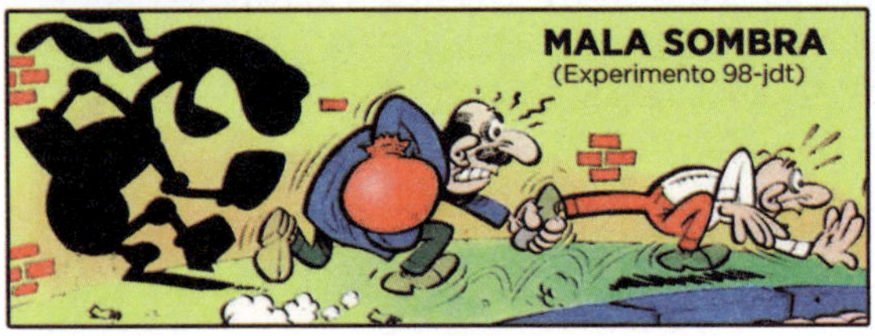

No sé qué cosa rara pasó, pero el caso es que Vicente empezó a proyectar una sombra que hacía que todos se burlaran. ¡Y no era para menos!

CUERPO DE TOP MODEL
(Experimento 345-OGT)

El Súper quería estar buenorro, tener un cuerpo que, al verlo, las mozas dijeran "está para comérselo". ¡Y del cerdito se come todo! ¡El lomo, los pies, los muslos, el morro, las costillas...!

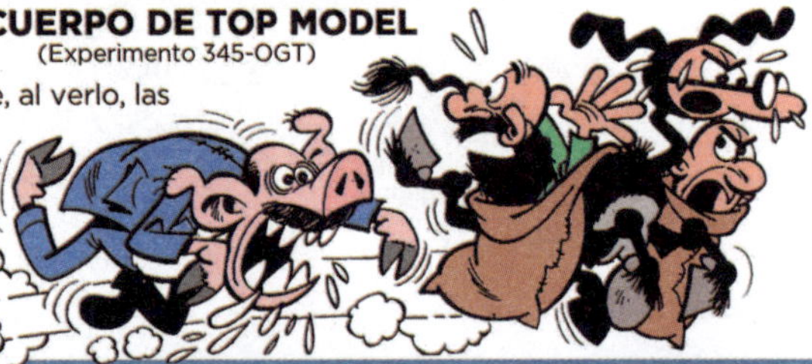

BISAGRA LUMBAR

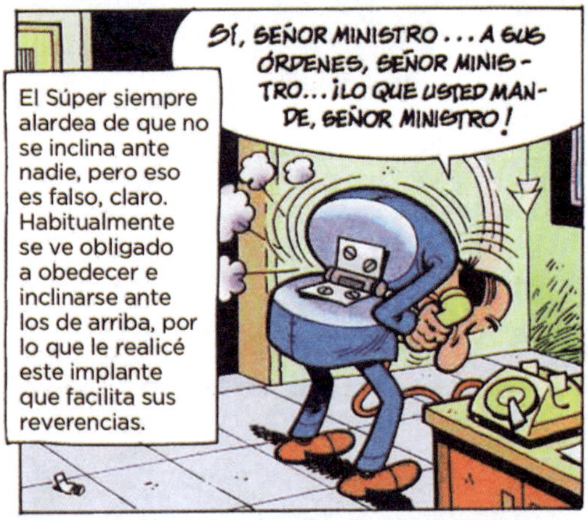

SÍ, SEÑOR MINISTRO . . . A SUS ÓRDENES, SEÑOR MINISTRO... ¡LO QUE USTED MANDE, SEÑOR MINISTRO!

El Súper siempre alardea de que no se inclina ante nadie, pero eso es falso, claro. Habitualmente se ve obligado a obedecer e inclinarse ante los de arriba, por lo que le realicé este implante que facilita sus reverencias.

VEHÍCULO PARA GRANDES VIAJEROS

M y F me pidieron algún vehículo para grandes viajes. ¡El presupuesto no da para más!

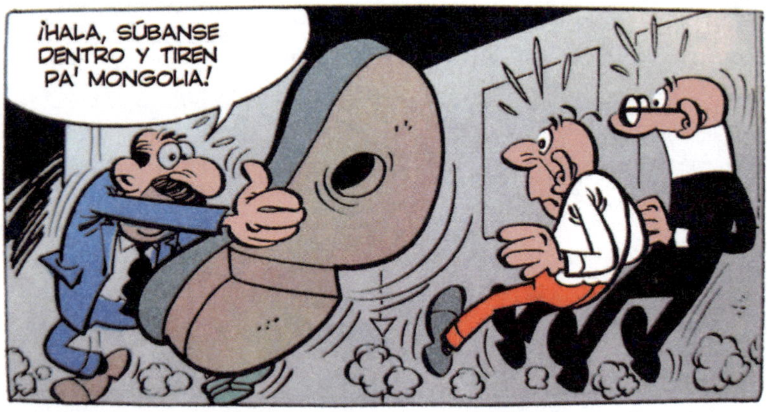

¡HALA, SÚBANSE DENTRO Y TIREN PA' MONGOLIA!

DESATASCADOR

Las tuberías de los lavabos de la oficina estaban tan taponadas que ningún producto químico lograba desembozarlas.

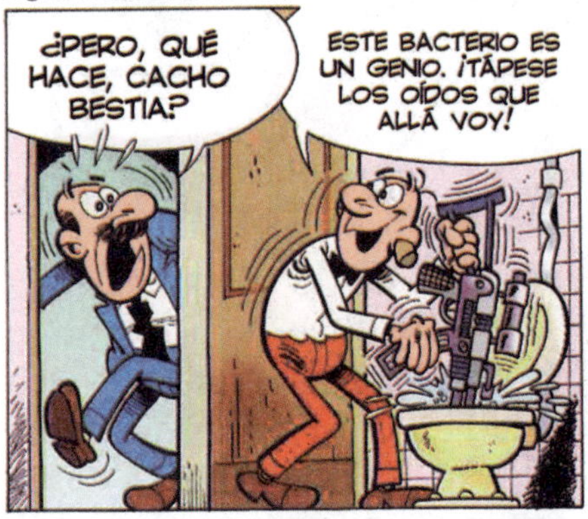

¿PERO, QUÉ HACE, CACHO BESTIA?
ESTE BACTERIO ES UN GENIO. ¡TÁPESE LOS OÍDOS QUE ALLÁ VOY!

CRECEPELO X-OGT

Filemón me pidió algo que le hiciese crecer el pelo. Y di con un crecepelo espectacular que cumplía al pie de la letra lo que el agente me pidió: le creció "el pelo", en singular. Solo uno. El peluquero de la T.I.A. se las vio canutas para cortárselo.

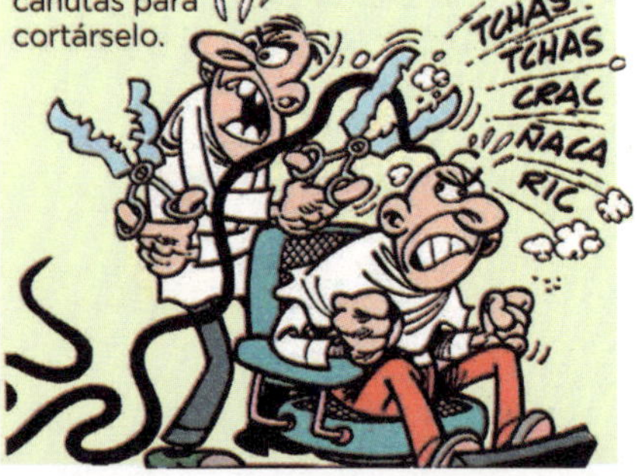

TCHAS
TCHAS
CRAC
ÑACA
RIC

CHALECO ANTIBALAS

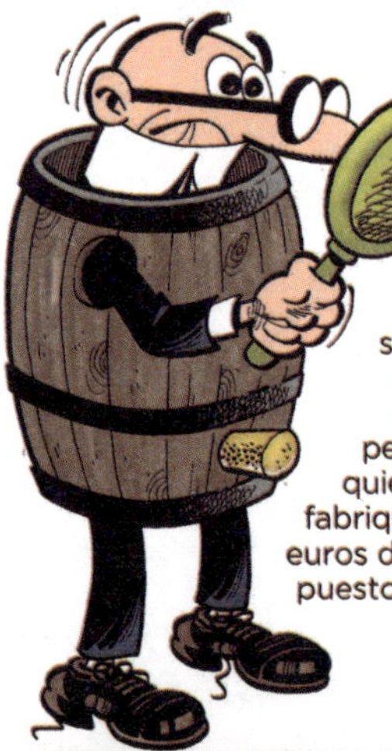

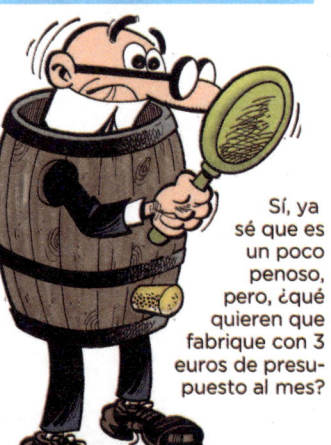

Sí, ya sé que es un poco penoso, pero, ¿qué quieren que fabrique con 3 euros de presupuesto al mes?

OPERACIÓN CERVICAL

Ya sabemos que nuestro querido Ibáñez se pasa tantas horas dibujando que sus cervicales ya no dan para más. Por eso me presté a implantarle una prótesis cuellil de uno de los animales con mejor cogote: la jirafa. Además, con la operación le regalé esa bonita silla. (Era imposible tenerse en pie con semejante pescuezo).

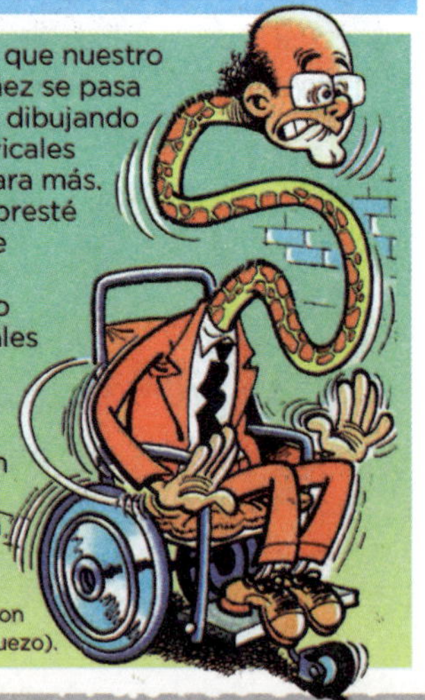

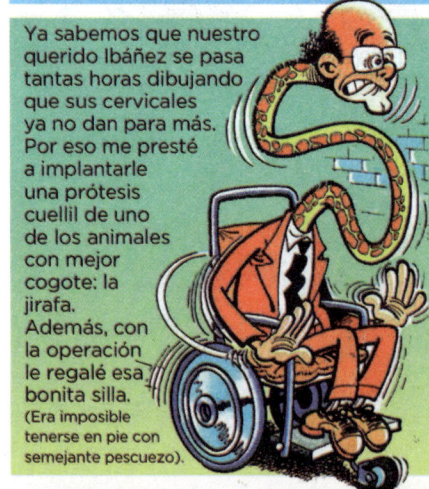

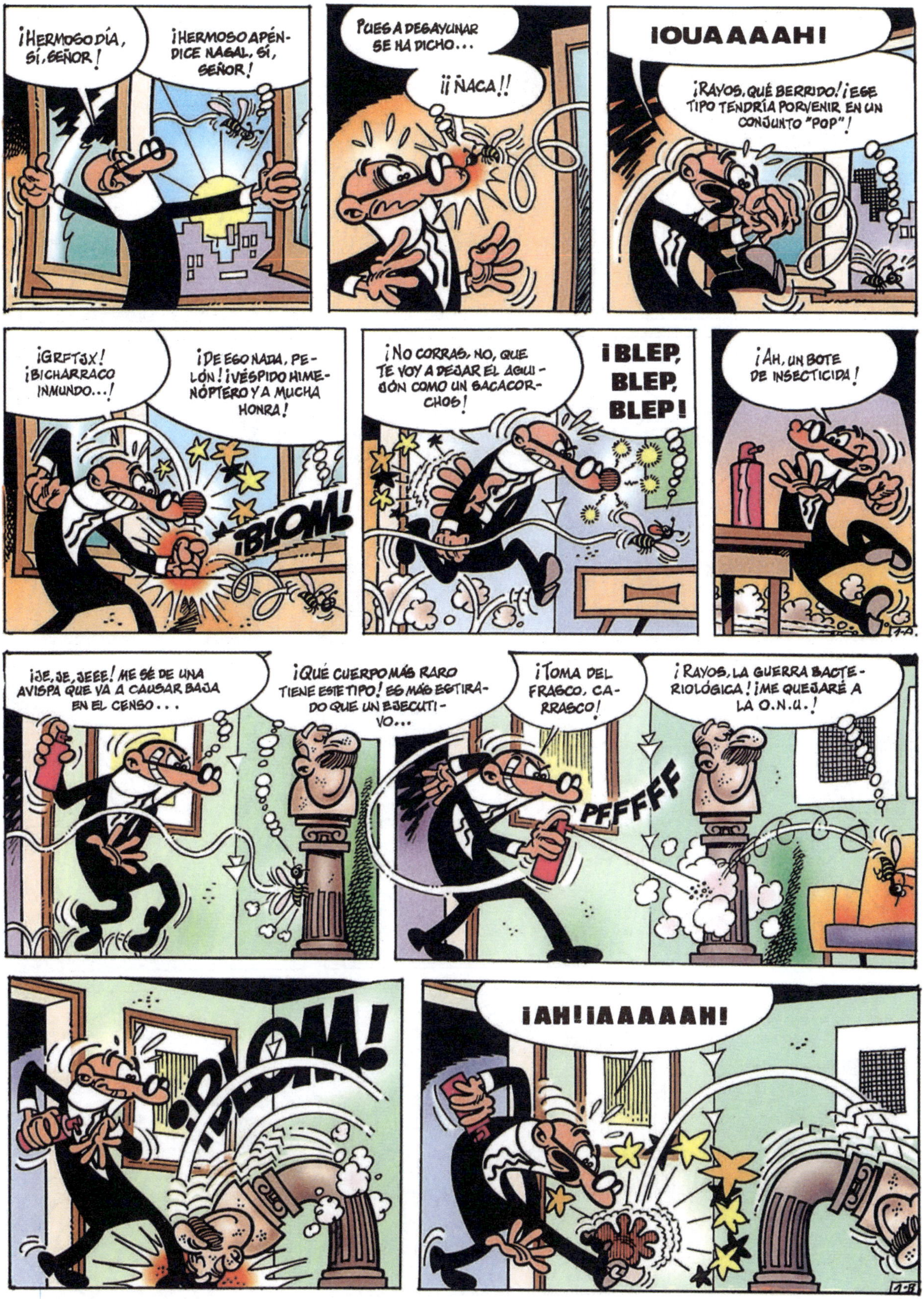
¡HERMOSO DÍA, SÍ, SEÑOR!
¡HERMOSO APÉNDICE NASAL, SÍ, SEÑOR!
PUES A DESAYUNAR SE HA DICHO...
¡¡ÑACA!!
¡OUAAAAH!
¡RAYOS, QUÉ BERRIDO! ¡ESE TIPO TENDRÍA PORVENIR EN UN CONJUNTO "POP"!
¡GRFTJX! ¡BICHARRACO INMUNDO...!
¡DE ESO NADA, PELÓN! ¡VÉSPIDO HIMENÓPTERO Y A MUCHA HONRA!
¡BLOM!
¡NO CORRAS, NO, QUE TE VOY A DEJAR EL AGUIJÓN COMO UN SACACORCHOS!
¡BLEP, BLEP, BLEP!
¡AH, UN BOTE DE INSECTICIDA!
¡JE, JE, JEEE! ME SÉ DE UNA AVISPA QUE VA A CAUSAR BAJA EN EL CENSO...
¡QUÉ CUERPO MÁS RARO TIENE ESTE TIPO! ES MÁS ESTIRADO QUE UN EJECUTIVO...
¡TOMA DEL FRASCO, CARRASCO!
PFFFFF
¡RAYOS, LA GUERRA BACTERIOLÓGICA! ¡ME QUEJARÉ A LA O.N.U.!
¡BLOM!
¡AH! ¡AAAAAH!

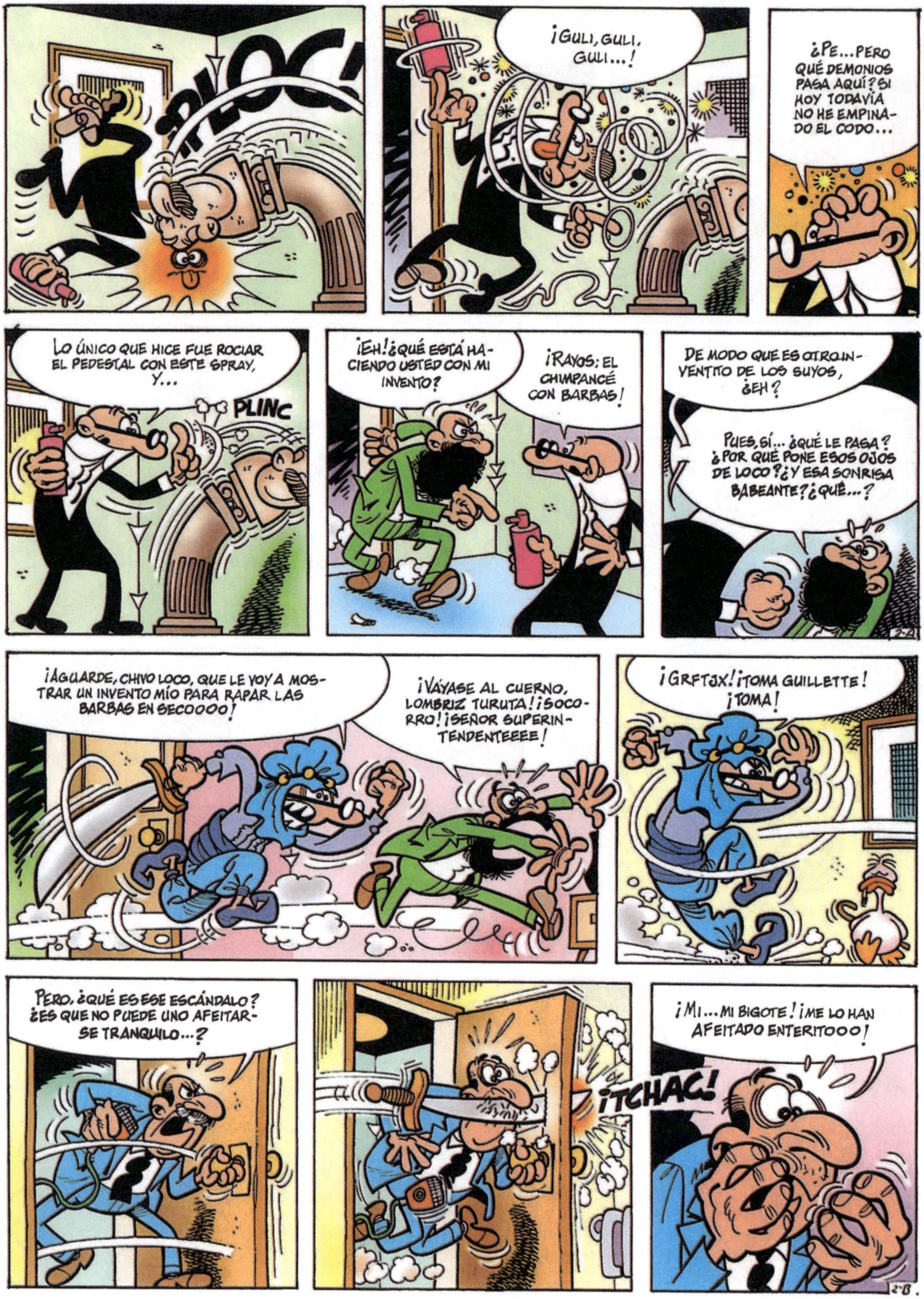
¡PLOC!
¡GULI, GULI, GULI...!
¿PE...PERO QUÉ DEMONIOS PASA AQUÍ? SI HOY TODAVÍA NO HE EMPINADO EL CODO...
LO ÚNICO QUE HICE FUE ROCIAR EL PEDESTAL CON ESTE SPRAY, Y...
PLINC
¡EH! ¿QUÉ ESTÁ HACIENDO USTED CON MI INVENTO?
¡RAYOS: EL CHIMPANCÉ CON BARBAS!
DE MODO QUE ES OTRO INVENTITO DE LOS SUYOS, ¿EH?
PUES, SÍ... ¿QUÉ LE PASA? ¿POR QUÉ PONE ESOS OJOS DE LOCO? ¿Y ESA SONRISA BABEANTE? ¿QUÉ...?
¡AGUARDE, CHIVO LOCO, QUE LE VOY A MOSTRAR UN INVENTO MÍO PARA RAPAR LAS BARBAS EN SECOOOO!
¡VÁYASE AL CUERNO, LOMBRIZ TURUTA! ¡SOCORRO! ¡SEÑOR SUPERINTENDENTEEEE!
¡GRFTJX! ¡TOMA GUILLETTE! ¡TOMA!
PERO, ¿QUÉ ES ESE ESCÁNDALO? ¿ES QUE NO PUEDE UNO AFEITARSE TRANQUILO...?
¡TCHAC!
¡MI... MI BIGOTE! ¡ME LO HAN AFEITADO ENTERITOOO!

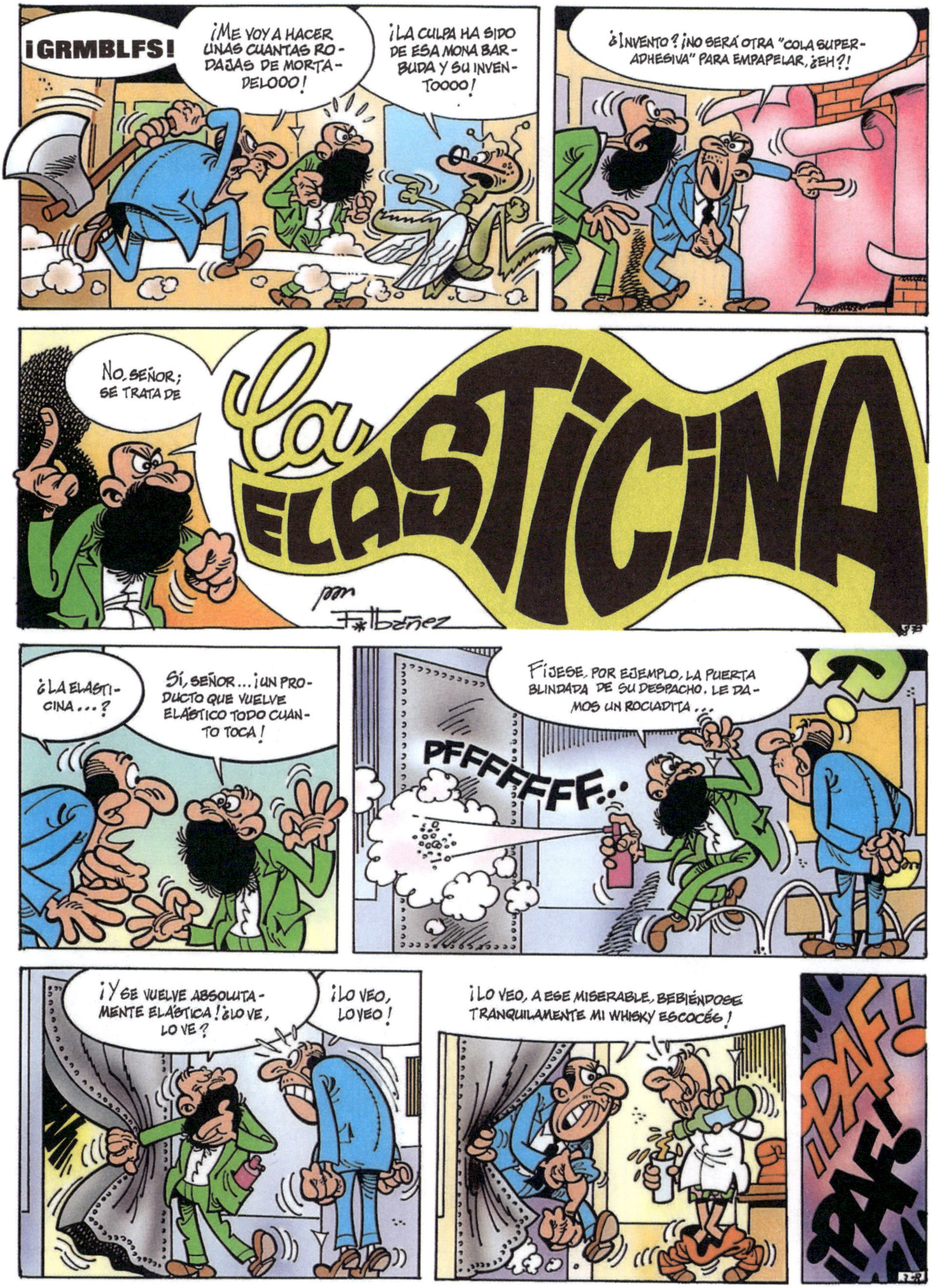
¡GRMBLFS!
¡ME VOY A HACER UNAS CUANTAS RODAJAS DE MORTADELOOO!
¡LA CULPA HA SIDO DE ESA MONA BARBUDA Y SU INVENTOOOO!
¿INVENTO? ¡NO SERÁ OTRA "COLA SUPER-ADHESIVA" PARA EMPAPELAR, ¿EH?!
NO, SEÑOR; SE TRATA DE
LA ELASTICINA
por F. Ibáñez
¿LA ELASTICINA...?
SÍ, SEÑOR... ¡UN PRODUCTO QUE VUELVE ELÁSTICO TODO CUANTO TOCA!
FÍJESE, POR EJEMPLO, LA PUERTA BLINDADA DE SU DESPACHO. LE DAMOS UN ROCIADITA...
PFFFFFFFF...
¡Y SE VUELVE ABSOLUTAMENTE ELÁSTICA! ¿LO VE, LO VE?
¡LO VEO, LO VEO!
¡LO VEO, A ESE MISERABLE, BEBIÉNDOSE TRANQUILAMENTE MI WHISKY ESCOCÉS!
¡PAF! ¡PAF!

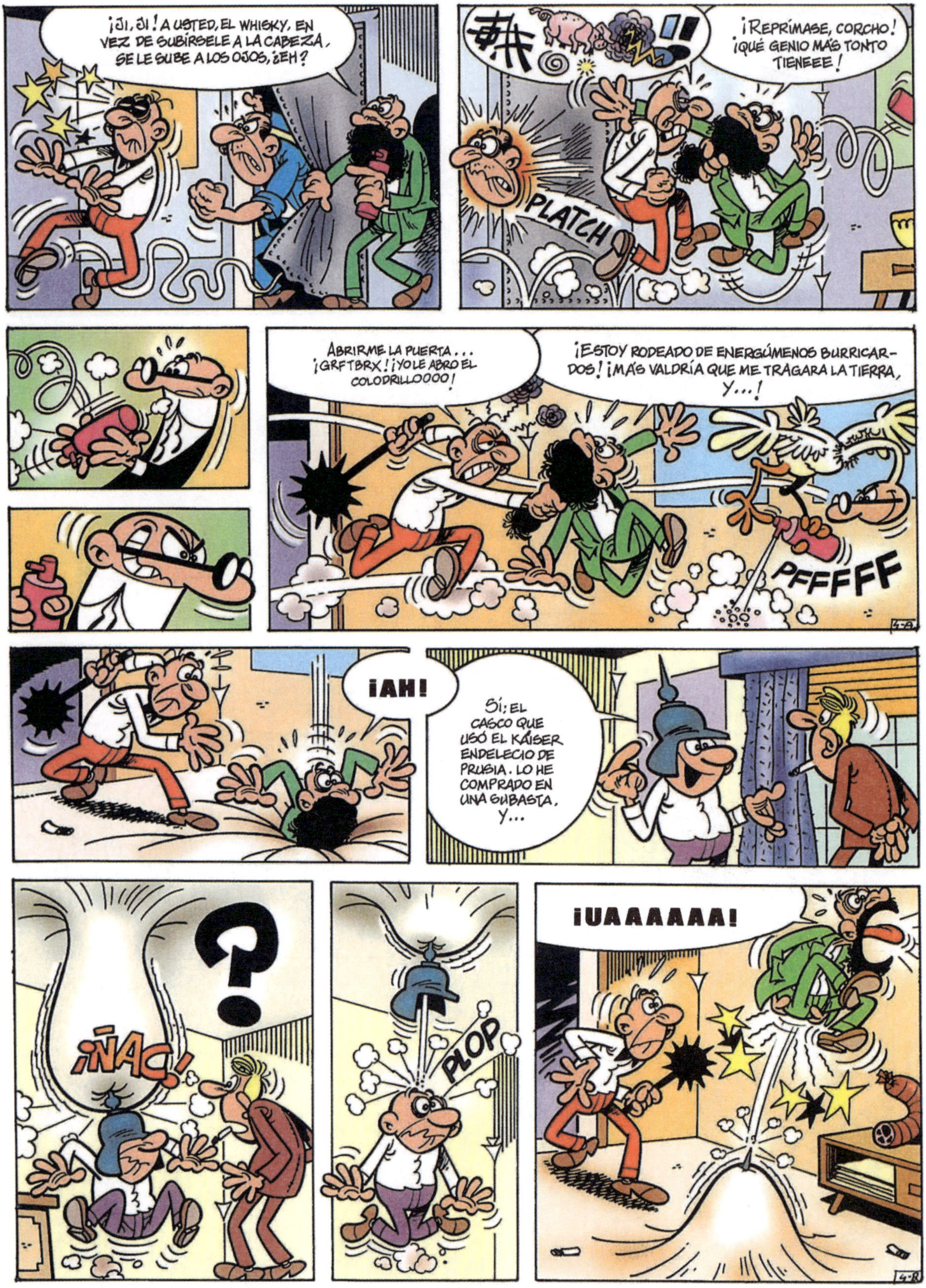
¡JI, JI! A USTED, EL WHISKY, EN VEZ DE SUBÍRSELE A LA CABEZA, SE LE SUBE A LOS OJOS, ¿EH?
¡REPRÍMASE, CORCHO! ¡QUÉ GENIO MÁS TONTO TIENEEE!
PLATCH
ABRIRME LA PUERTA... ¡GRFTBRX! ¡YO LE ABRO EL COLODRILLOOOO!
¡ESTOY RODEADO DE ENERGÚMENOS BURRICARDOS! ¡MÁS VALDRÍA QUE ME TRAGARA LA TIERRA, Y...!
PFFFFF
¡AH!
SÍ; EL CASCO QUE USÓ EL KÁISER ENDELECIO DE PRUSIA. LO HE COMPRADO EN UNA SUBASTA, Y...
¡ÑAC!
?
PLOP
¡UAAAAAA!

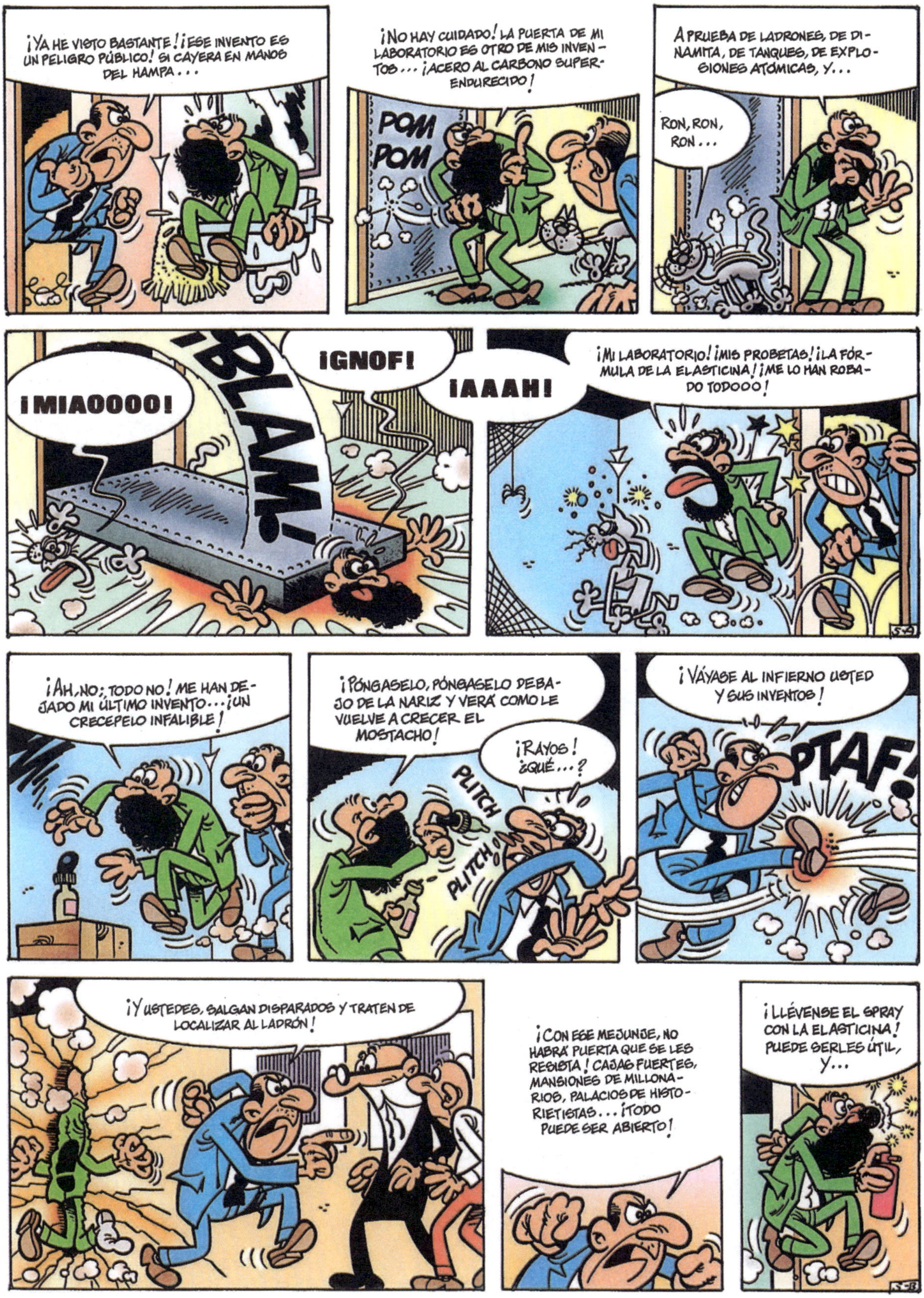

¡YA HE VISTO BASTANTE! ¡ESE INVENTO ES UN PELIGRO PÚBLICO! SI CAYERA EN MANOS DEL HAMPA...
¡NO HAY CUIDADO! LA PUERTA DE MI LABORATORIO ES OTRO DE MIS INVENTOS... ¡ACERO AL CARBONO SUPERENDURECIDO!
POM POM
A PRUEBA DE LADRONES, DE DINAMITA, DE TANQUES, DE EXPLOSIONES ATÓMICAS, Y...
RON, RON, RON...
¡MIAOOOO!
¡BLAM!
¡GNOF!
¡AAAH!
¡MI LABORATORIO! ¡MIS PROBETAS! ¡LA FÓRMULA DE LA ELASTICINA! ¡ME LO HAN ROBADO TODOOO!
¡AH, NO; TODO NO! ME HAN DEJADO MI ÚLTIMO INVENTO... ¡UN CRECEPELO INFALIBLE!
¡PÓNGASELO, PÓNGASELO DEBAJO DE LA NARIZ Y VERÁ COMO LE VUELVE A CRECER EL MOSTACHO!
¡RAYOS! ¿QUÉ...?
PLITCH
PLITCH
¡VÁYASE AL INFIERNO USTED Y SUS INVENTOS!
PTAF!
¡Y USTEDES, SALGAN DISPARADOS Y TRATEN DE LOCALIZAR AL LADRÓN!
¡CON ESE MEJUNJE, NO HABRÁ PUERTA QUE SE LES RESISTA! CAJAS FUERTES, MANSIONES DE MILLONARIOS, PALACIOS DE HISTORIETISTAS... ¡TODO PUEDE SER ABIERTO!
¡LLÉVENSE EL SPRAY CON LA ELASTICINA! PUEDE SERLES ÚTIL, Y...

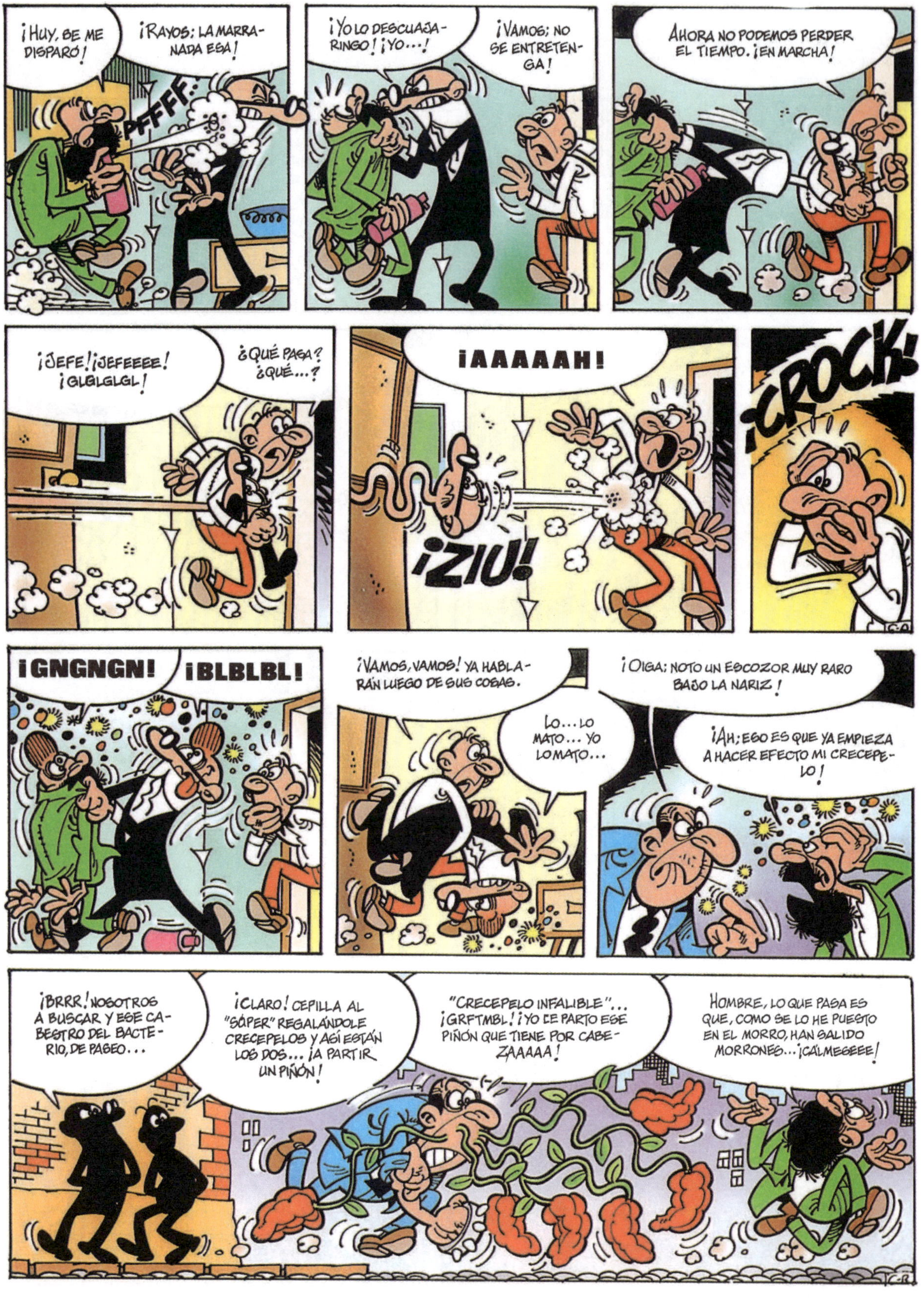
¡HUY, SE ME DISPARÓ!
¡RAYOS: LA MARRANADA ESA!
PFFFF...
¡YO LO DESCUAJARINGO! ¡YO...!
¡VAMOS; NO SE ENTRETENGA!
AHORA NO PODEMOS PERDER EL TIEMPO. ¡EN MARCHA!
¡JEFE! ¡JEFEEEE! ¡GLGLGLGL!
¿QUÉ PASA? ¿QUÉ...?
¡AAAAAH!
¡ZIU!
¡CROCK!
¡GNGNGN!
¡BLBLBL!
¡VAMOS, VAMOS! YA HABLARÁN LUEGO DE SUS COSAS.
LO... LO MATO... YO LO MATO...
¡OIGA: NOTO UN ESCOZOR MUY RARO BAJO LA NARIZ!
¡AH; ESO ES QUE YA EMPIEZA A HACER EFECTO MI CRECEPELO!
¡BRRR! NOSOTROS A BUSCAR Y ESE CABESTRO DEL BACTERIO, DE PASEO...
¡CLARO! CEPILLA AL "SÚPER" REGALÁNDOLE CRECEPELOS Y ASÍ ESTÁN LOS DOS... ¡A PARTIR UN PIÑÓN!
"CRECEPELO INFALIBLE"... ¡GRFTMBL! ¡YO LE PARTO ESE PIÑÓN QUE TIENE POR CABEZAAAAA!
HOMBRE, LO QUE PASA ES QUE, COMO SE LO HE PUESTO EN EL MORRO, HAN SALIDO MORRONES... ¡CÁLMESEEE!

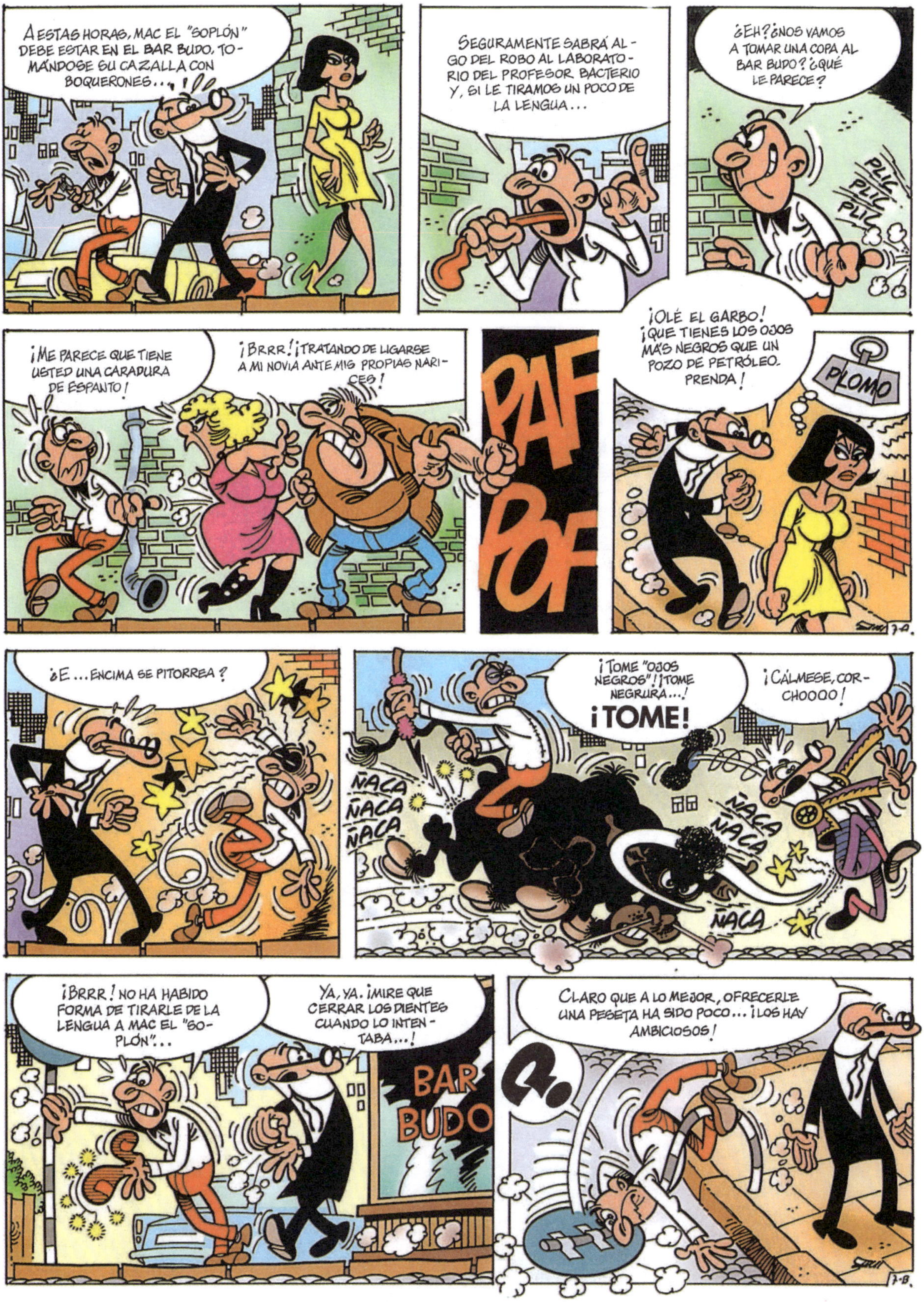

A ESTAS HORAS, MAC EL "SOPLÓN" DEBE ESTAR EN EL BAR BUDO, TOMÁNDOSE SU CAZALLA CON BOQUERONES...
SEGURAMENTE SABRÁ ALGO DEL ROBO AL LABORATORIO DEL PROFESOR BACTERIO Y, SI LE TIRAMOS UN POCO DE LA LENGUA...
¿EH? ¿NOS VAMOS A TOMAR UNA COPA AL BAR BUDO? ¿QUÉ LE PARECE?
PLIC
PLIC
PLIC
¡ME PARECE QUE TIENE USTED UNA CARADURA DE ESPANTO!
¡BRRR! ¡TRATANDO DE LIGARSE A MI NOVIA ANTE MIS PROPIAS NARICES!
PAF
POF
¡OLÉ EL GARBO! ¡QUE TIENES LOS OJOS MÁS NEGROS QUE UN POZO DE PETRÓLEO, PRENDA!
PLOMO
¿E... ENCIMA SE PITORREA?
¡TOME "OJOS NEGROS"! ¡TOME NEGRURA...!
¡TOME!
¡CÁLMESE, CORCHOOOO!
ÑACA
ÑACA
ÑACA
ÑACA
ÑACA
ÑACA
ÑACA
¡BRRR! NO HA HABIDO FORMA DE TIRARLE DE LA LENGUA A MAC EL "SOPLÓN"...
YA, YA. ¡MIRE QUE CERRAR LOS DIENTES CUANDO LO INTENTABA...!
BAR BUDO
CLARO QUE A LO MEJOR, OFRECERLE UNA PESETA HA SIDO POCO... ¡LOS HAY AMBICIOSOS!

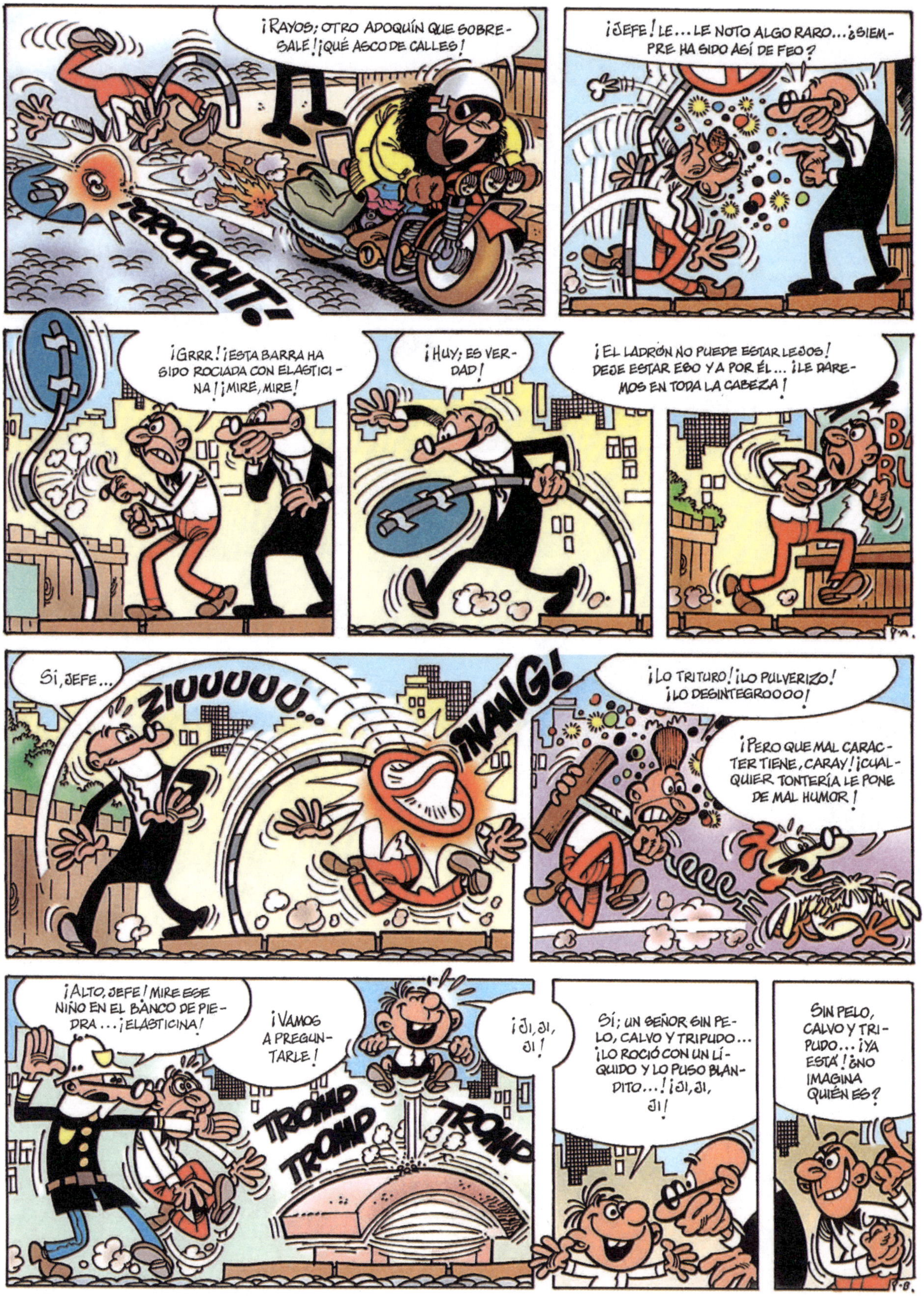
¡RAYOS; OTRO ADOQUÍN QUE SOBRESALE! ¡QUÉ ASCO DE CALLES!
¡CROPCHT!
¡JEFE! LE... LE NOTO ALGO RARO... ¿SIEMPRE HA SIDO ASÍ DE FEO?
¡GRRR! ¡ESTA BARRA HA SIDO ROCIADA CON ELASTICINA! ¡MIRE, MIRE!
¡HUY; ES VERDAD!
¡EL LADRÓN NO PUEDE ESTAR LEJOS! DEJE ESTAR ESO Y A POR ÉL... ¡LE DAREMOS EN TODA LA CABEZA!
SÍ, JEFE...
ZIUUUUUU...
¡ÑANG!
¡LO TRITURO! ¡LO PULVERIZO! ¡LO DESINTEGROOOO!
¡PERO QUE MAL CARACTER TIENE, CARAY! ¡CUALQUIER TONTERÍA LE PONE DE MAL HUMOR!
¡ALTO, JEFE! MIRE ESE NIÑO EN EL BANCO DE PIEDRA... ¡ELASTICINA!
¡VAMOS A PREGUNTARLE!
TROMP
TROMP
TROMP
¡JI, JI, JI!
SÍ; UN SEÑOR SIN PELO, CALVO Y TRIPUDO... ¡LO ROCIÓ CON UN LÍQUIDO Y LO PUSO BLANDITO...! ¡JI, JI, JI!
SIN PELO, CALVO Y TRIPUDO... ¡YA ESTÁ! ¿NO IMAGINA QUIÉN ES?

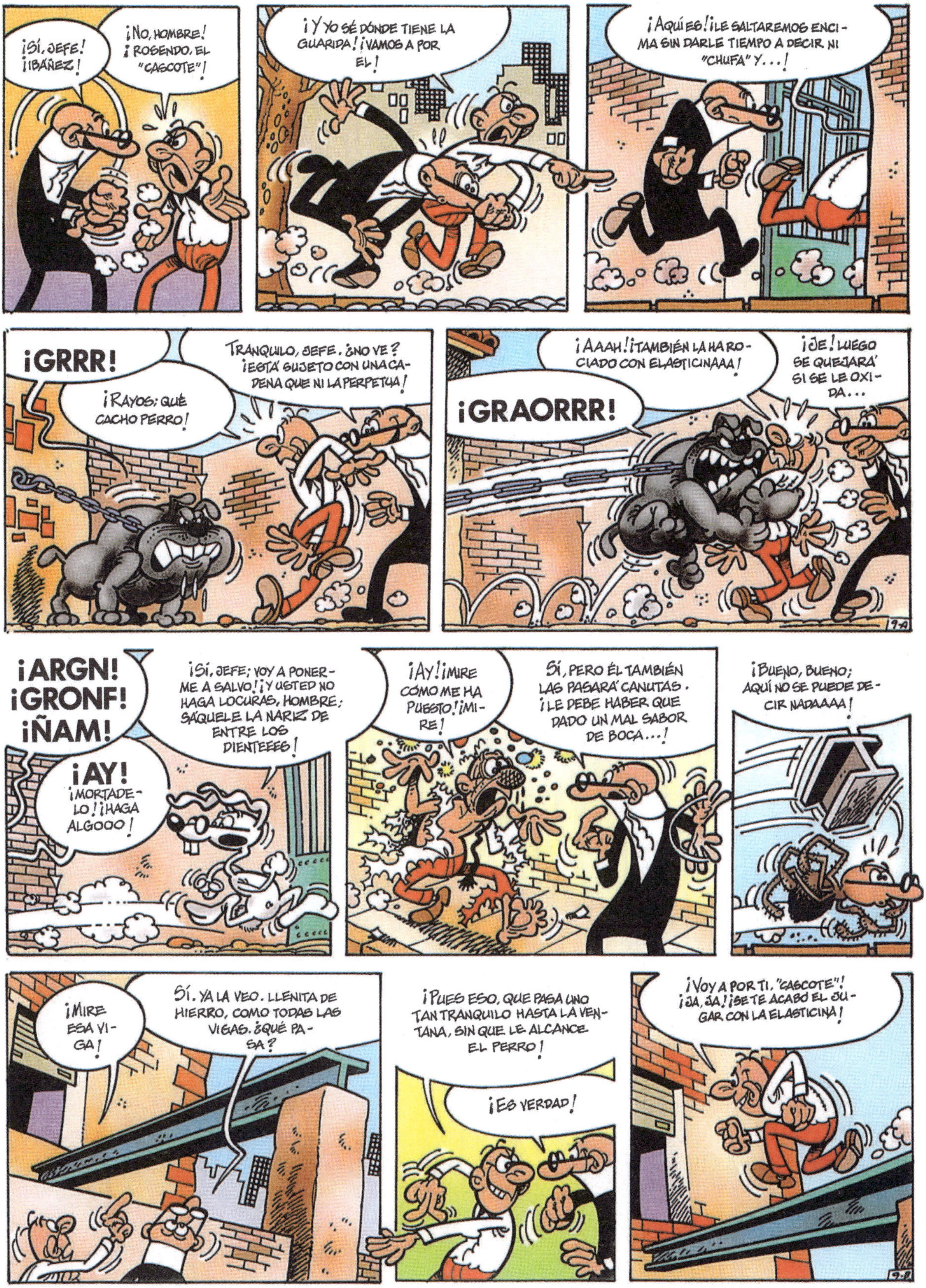
¡SÍ, JEFE! ¡IBÁÑEZ!
¡NO, HOMBRE! ¡ROSENDO, EL "CASCOTE"!
¡Y YO SÉ DÓNDE TIENE LA GUARIDA! ¡VAMOS A POR EL!
¡AQUÍ ES! ¡LE SALTAREMOS ENCIMA SIN DARLE TIEMPO A DECIR NI "CHUFA" Y...!
¡GRRR!
¡RAYOS; QUÉ CACHO PERRO!
TRANQUILO, JEFE. ¿NO VE? ¡ESTÁ SUJETO CON UNA CADENA QUE NI LA PERPETUA!
¡AAAH! ¡TAMBIÉN LA HA ROCIADO CON ELASTICINAAA!
¡GRAORRR!
¡JE! LUEGO SE QUEJARÁ SI SE LE OXIDA...
¡ARGN! ¡GRONF! ¡ÑAM!
¡AY! ¡MORTADELO! ¡HAGA ALGOOO!
¡SÍ, JEFE; VOY A PONERME A SALVO! ¡Y USTED NO HAGA LOCURAS, HOMBRE; SÁQUELE LA NARIZ DE ENTRE LOS DIENTEEES!
¡AY! ¡MIRE CÓMO ME HA PUESTO! ¡MIRE!
SÍ, PERO ÉL TAMBIÉN LAS PASARÁ CANUTAS. ¡LE DEBE HABER QUE DADO UN MAL SABOR DE BOCA...!
¡BUENO, BUENO; AQUÍ NO SE PUEDE DECIR NADAAAA!
¡MIRE ESA VIGA!
SÍ. YA LA VEO. LLENITA DE HIERRO, COMO TODAS LAS VIGAS. ¿QUÉ PASA?
¡PUES ESO, QUE PASA UNO TAN TRANQUILO HASTA LA VENTANA, SIN QUE LE ALCANCE EL PERRO!
¡ES VERDAD!
¡VOY A POR TI, "CASCOTE"! ¡JA, JA! ¡SE TE ACABÓ EL JUGAR CON LA ELASTICINA!

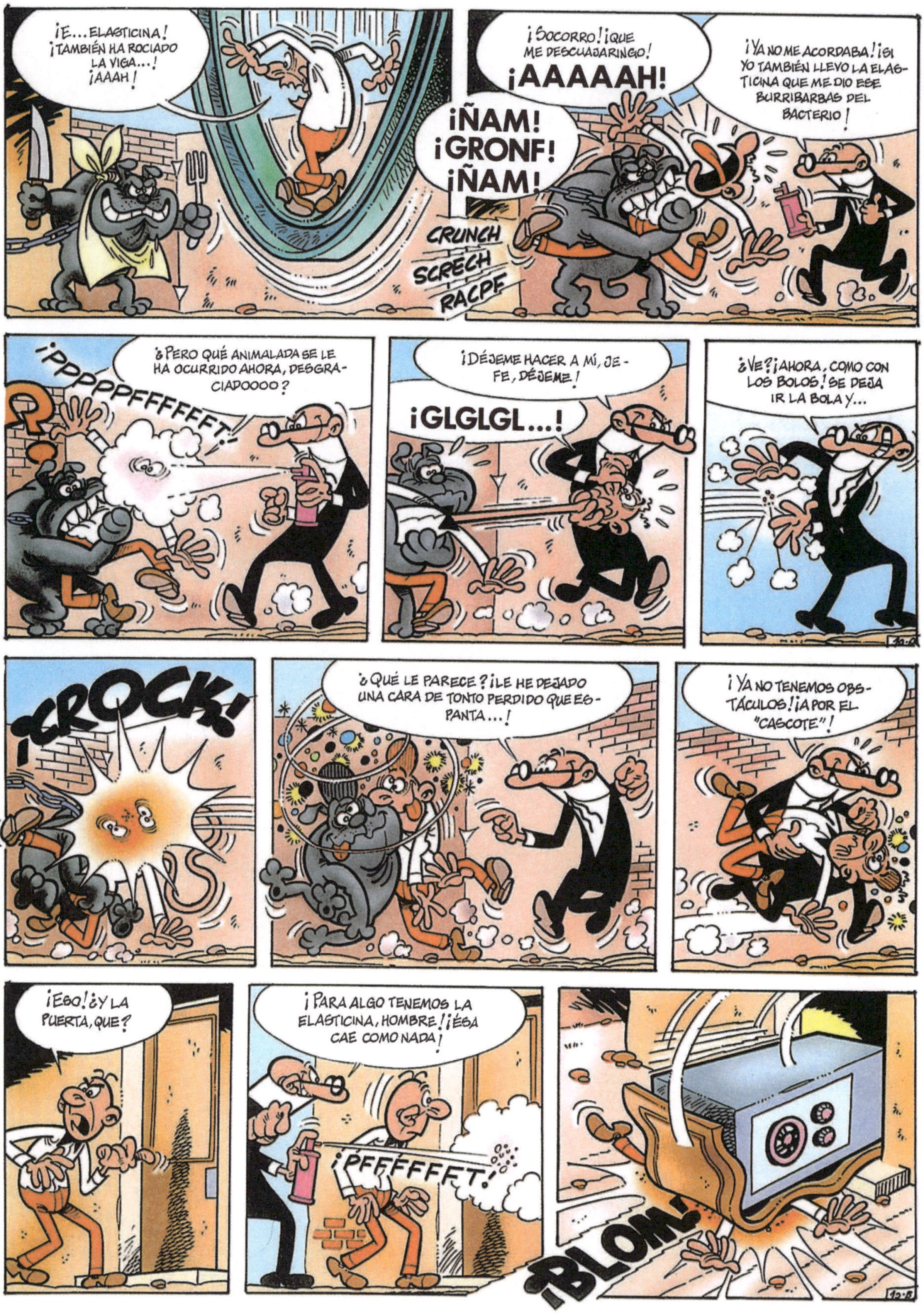
¡E... ELASTICINA! ¡TAMBIÉN HA ROCIADO LA VIGA...! ¡AAAH!
¡SOCORRO! ¡QUE ME DESCUAJARINGO!
¡AAAAAH!
¡ÑAM! ¡GRONF! ¡ÑAM!
CRUNCH
SCRECH
RACPF
¡YA NO ME ACORDABA! ¡SI YO TAMBIÉN LLEVO LA ELASTICINA QUE ME DIO ESE BURRIBARBAS DEL BACTERIO!
¡PPPPPFFFFFFT!
¿PERO QUÉ ANIMALADA SE LE HA OCURRIDO AHORA, DESGRACIADOOOO?
¡DÉJEME HACER A MÍ, JEFE, DÉJEME!
¡GLGLGL...!
¿VE? ¡AHORA, COMO CON LOS BOLOS! SE DEJA IR LA BOLA Y...
¡CROCK!
¿QUÉ LE PARECE? ¡LE HE DEJADO UNA CARA DE TONTO PERDIDO QUE ESPANTA...!
¡YA NO TENEMOS OBSTÁCULOS! ¡A POR EL "CASCOTE"!
¡ESO! ¿Y LA PUERTA, QUE?
¡PARA ALGO TENEMOS LA ELASTICINA, HOMBRE! ¡ÉSA CAE COMO NADA!
¡PFFFFFFT!
¡BLOM!

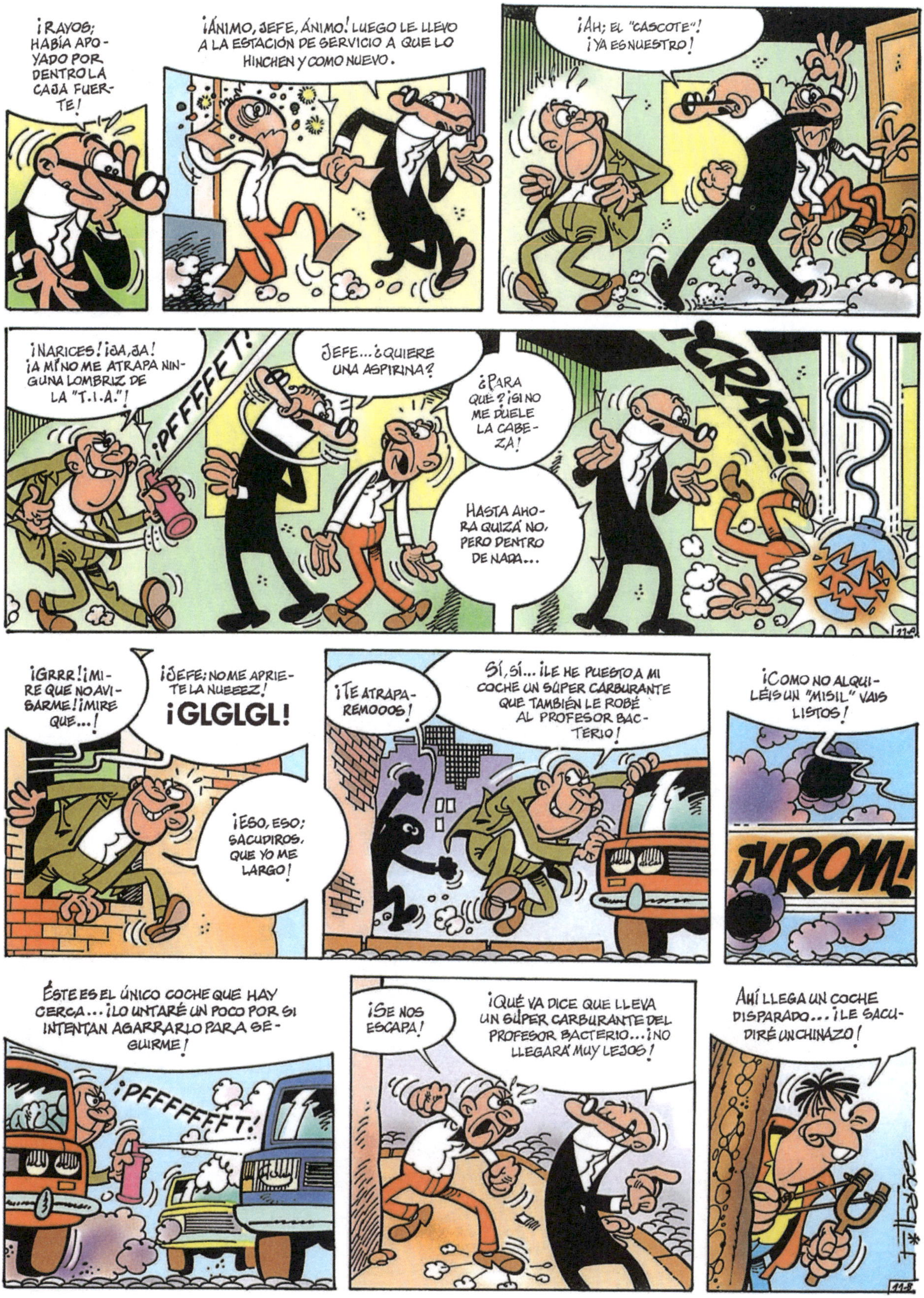
¡RAYOS; HABÍA APOYADO POR DENTRO LA CAJA FUERTE!
¡ÁNIMO, JEFE, ÁNIMO! LUEGO LE LLEVO A LA ESTACIÓN DE SERVICIO A QUE LO HINCHEN Y COMO NUEVO.
¡AH; EL "CASCOTE"! ¡YA ES NUESTRO!
¡NARICES! ¡JA, JA! ¡A MÍ NO ME ATRAPA NINGUNA LOMBRIZ DE LA "T.I.A."!
¡PFFFFFT!
JEFE... ¿QUIERE UNA ASPIRINA?
¿PARA QUÉ? ¡SI NO ME DUELE LA CABEZA!
HASTA AHORA QUIZÁ NO, PERO DENTRO DE NADA...
¡CRAS!
¡GRRR! ¡MIRE QUE NO AVISARME! ¡MIRE QUE...!
¡JEFE: NO ME APRIETE LA NUEEEZ!
¡GLGLGL!
¡ESO, ESO; SACUDIROS, QUE YO ME LARGO!
¡TE ATRAPAREMOOOS!
SÍ, SÍ... ¡LE HE PUESTO A MI COCHE UN SÚPER CARBURANTE QUE TAMBIÉN LE ROBÉ AL PROFESOR BACTERIO!
¡COMO NO ALQUILÉIS UN "MISIL" VAIS LISTOS!
¡VROM!
ÉSTE ES EL ÚNICO COCHE QUE HAY CERCA... ¡LO UNTARÉ UN POCO POR SI INTENTAN AGARRARLO PARA SEGUIRME!
¡PFFFFFFFT!
¡SE NOS ESCAPA!
¡QUÉ VA DICE QUE LLEVA UN SÚPER CARBURANTE DEL PROFESOR BACTERIO... ¡NO LLEGARÁ MUY LEJOS!
AHÍ LLEGA UN COCHE DISPARADO... ¡LE SACUDIRÉ UN CHINAZO!

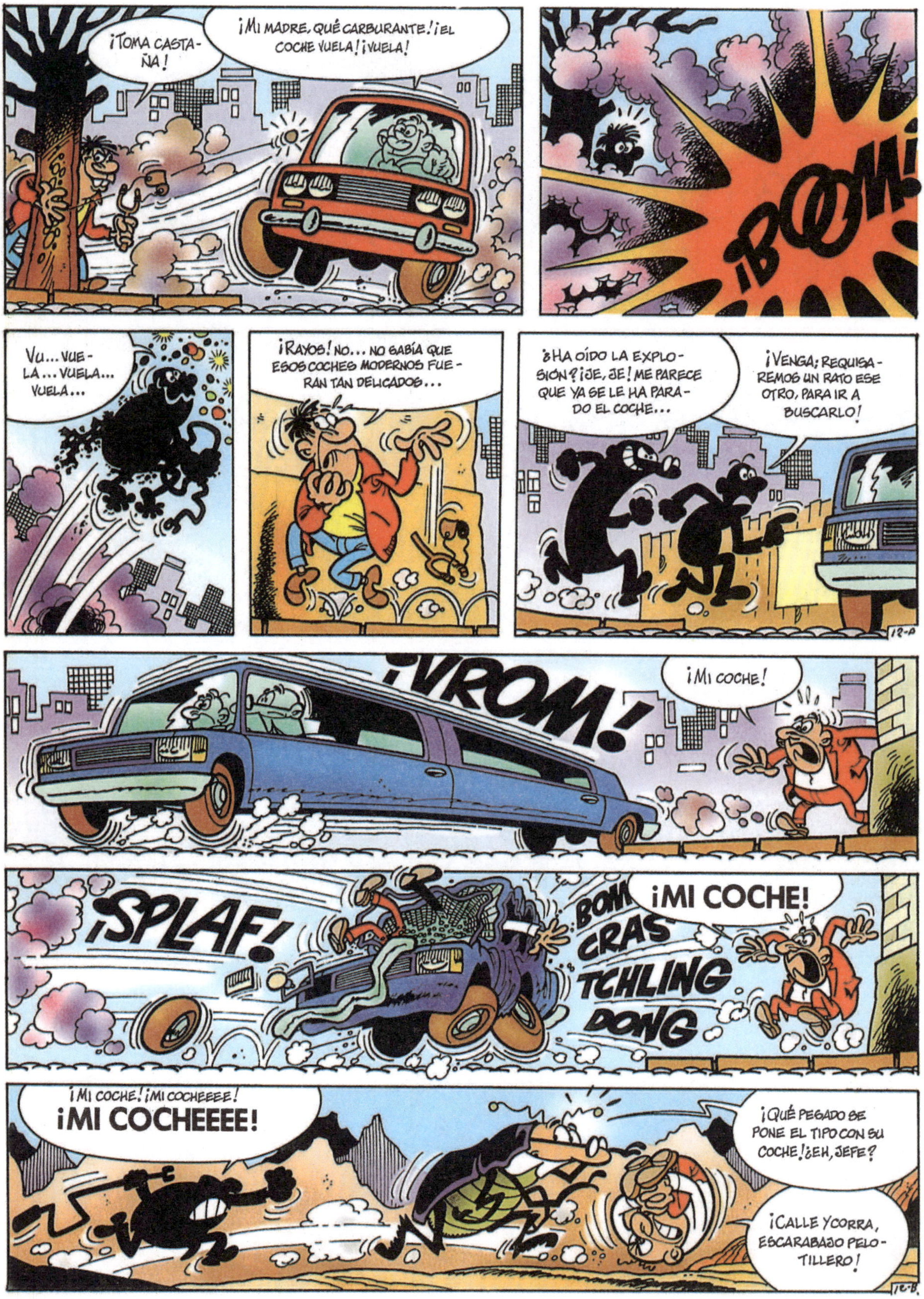
¡MI MADRE, QUÉ CARBURANTE! ¡EL COCHE VUELA! ¡VUELA!
¡TOMA CASTAÑA!
¡BOOM!
VU... VUELA... VUELA... VUELA...
¡RAYOS! NO... NO SABÍA QUE ESOS COCHES MODERNOS FUERAN TAN DELICADOS...
¿HA OÍDO LA EXPLOSIÓN? ¡JE, JE! ME PARECE QUE YA SE LE HA PARADO EL COCHE...
¡VENGA; REQUISAREMOS UN RATO ESE OTRO, PARA IR A BUSCARLO!
12-A
¡VROOM!
¡MI COCHE!
¡SPLAF!
BOM
CRAS
TCHLING
DONG
¡MI COCHE!
¡MI COCHE! ¡MI COCHEEEE!
¡MI COCHEEEE!
¡QUÉ PEGADO SE PONE EL TIPO CON SU COCHE! ¿EH, JEFE?
¡CALLE Y CORRA, ESCARABAJO PELOTILLERO!
12-B

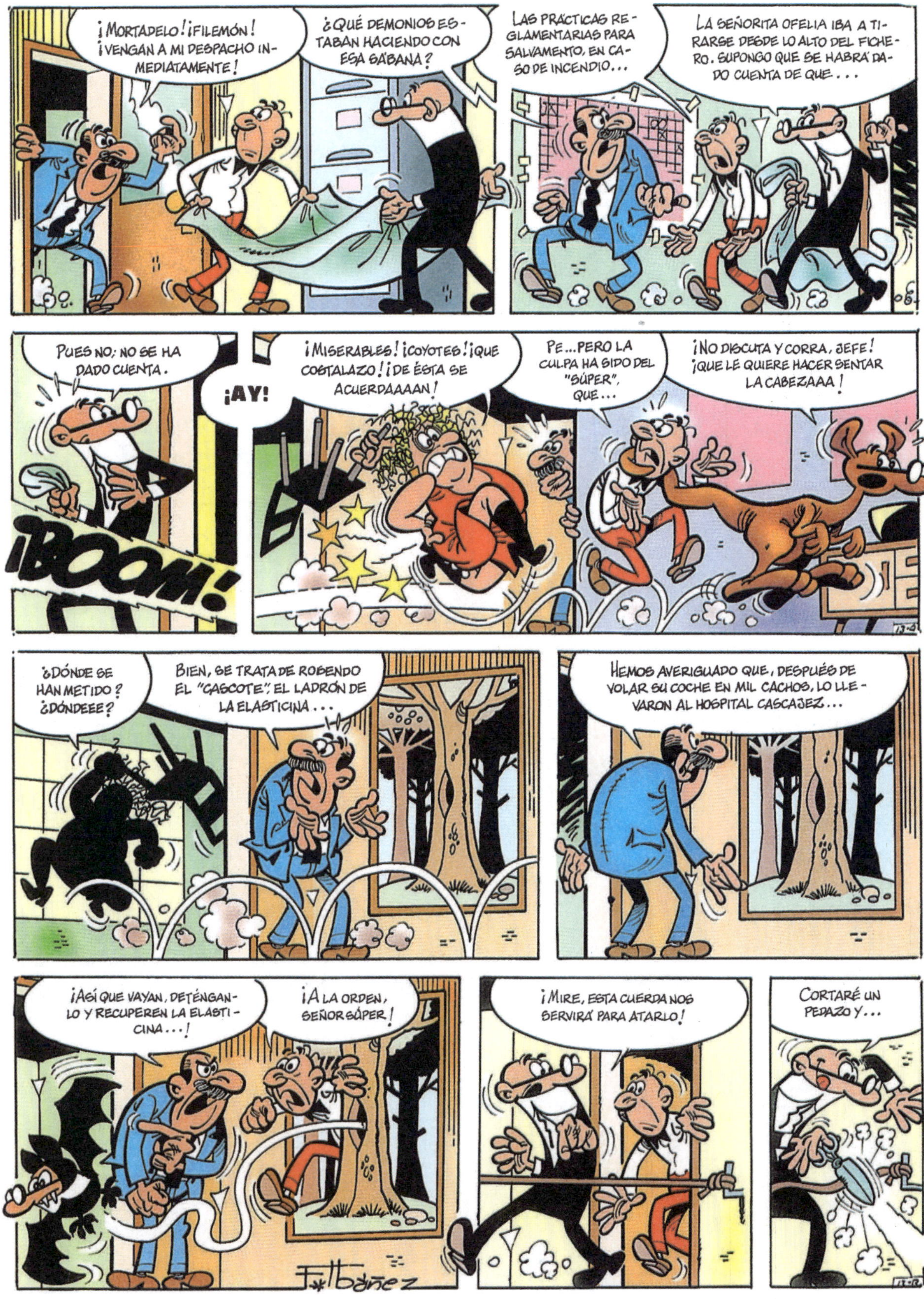
¡MORTADELO! ¡FILEMÓN! ¡VENGAN A MI DESPACHO INMEDIATAMENTE!
¿QUÉ DEMONIOS ESTABAN HACIENDO CON ESA SÁBANA?
LAS PRÁCTICAS REGLAMENTARIAS PARA SALVAMENTO, EN CASO DE INCENDIO...
LA SEÑORITA OFELIA IBA A TIRARSE DESDE LO ALTO DEL FICHERO. SUPONGO QUE SE HABRÁ DADO CUENTA DE QUE...
PUES NO; NO SE HA DADO CUENTA.
¡BOOM!
¡AY!
¡MISERABLES! ¡COYOTES! ¡QUE COSTALAZO! ¡DE ÉSTA SE ACUERDAAAAN!
PE... PERO LA CULPA HA SIDO DEL "SÚPER", QUE...
¡NO DISCUTA Y CORRA, JEFE! ¡QUE LE QUIERE HACER SENTAR LA CABEZAAA!
¿DÓNDE SE HAN METIDO? ¿DÓNDEEE?
BIEN, SE TRATA DE ROBENDO EL "GASCOTE", EL LADRÓN DE LA ELASTICINA...
HEMOS AVERIGUADO QUE, DESPUÉS DE VOLAR SU COCHE EN MIL CACHOS, LO LLEVARON AL HOSPITAL CASCAJEZ...
¡ASÍ QUE VAYAN, DETÉNGANLO Y RECUPEREN LA ELASTICINA...!
¡A LA ORDEN, SEÑOR SÚPER!
F. Ibáñez
¡MIRE, ESTA CUERDA NOS SERVIRÁ PARA ATARLO!
CORTARÉ UN PEDAZO Y...

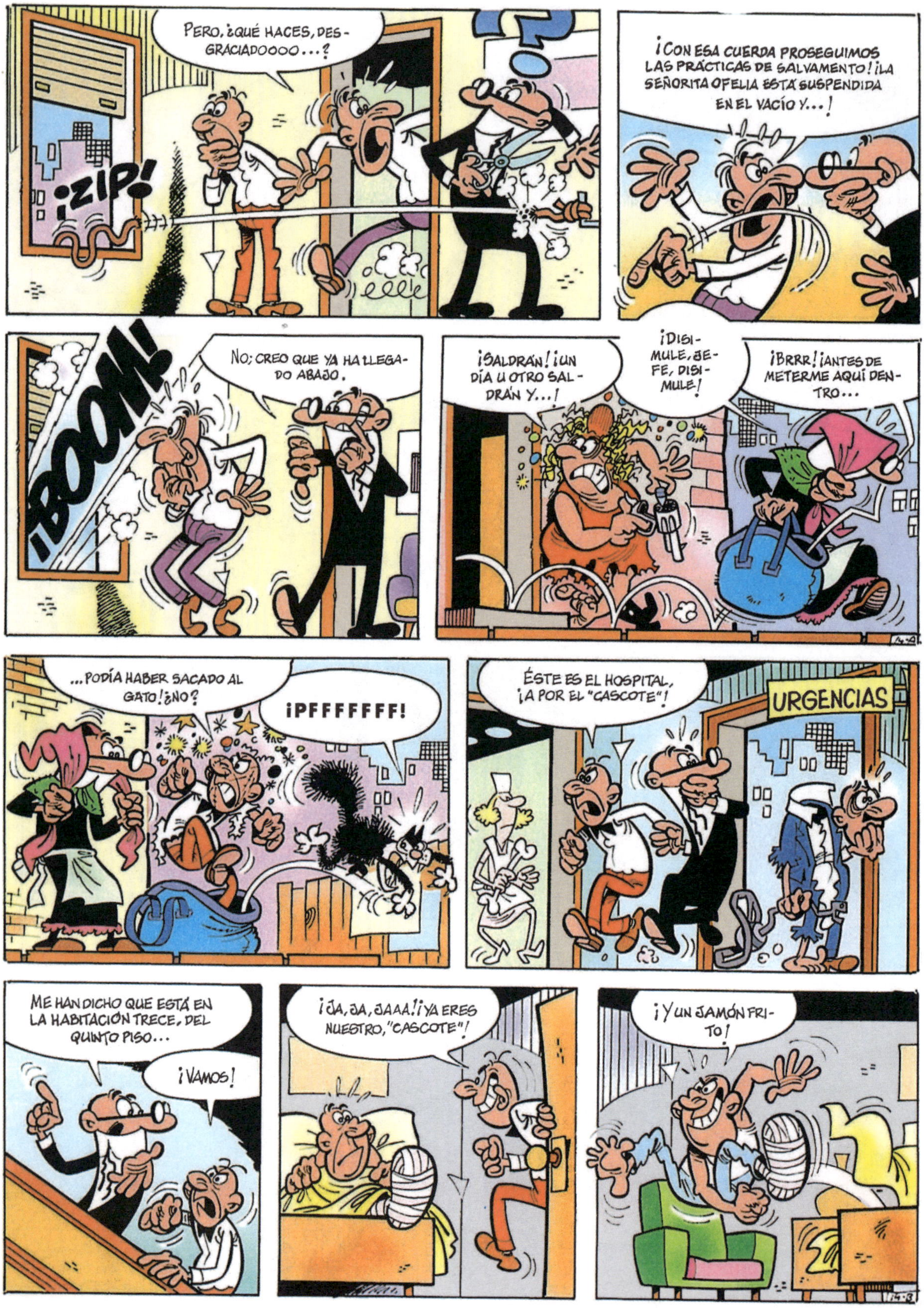
PERO, ¿QUÉ HACES, DES-GRACIADOOOO...?
¡ZIP!
¡CON ESA CUERDA PROSEGUIMOS LAS PRÁCTICAS DE SALVAMENTO! ¡LA SEÑORITA OFELIA ESTÁ SUSPENDIDA EN EL VACÍO Y...!
¡BOOM!
NO; CREO QUE YA HA LLEGA-DO ABAJO.
¡SALDRÁN! ¡UN DÍA U OTRO SAL-DRÁN Y...!
¡DISI-MULE, JE-FE, DISI-MULE!
¡BRRR! ¡ANTES DE METERME AQUÍ DEN-TRO...
...PODÍA HABER SACADO AL GATO! ¿NO?
¡PFFFFFFF!
ÉSTE ES EL HOSPITAL, ¡A POR EL "CASCOTE"!
URGENCIAS
ME HAN DICHO QUE ESTÁ EN LA HABITACIÓN TRECE, DEL QUINTO PISO...
¡VAMOS!
¡JA, JA, JAAA! ¡YA ERES NUESTRO, "CASCOTE"!
¡Y UN JAMÓN FRI-TO!

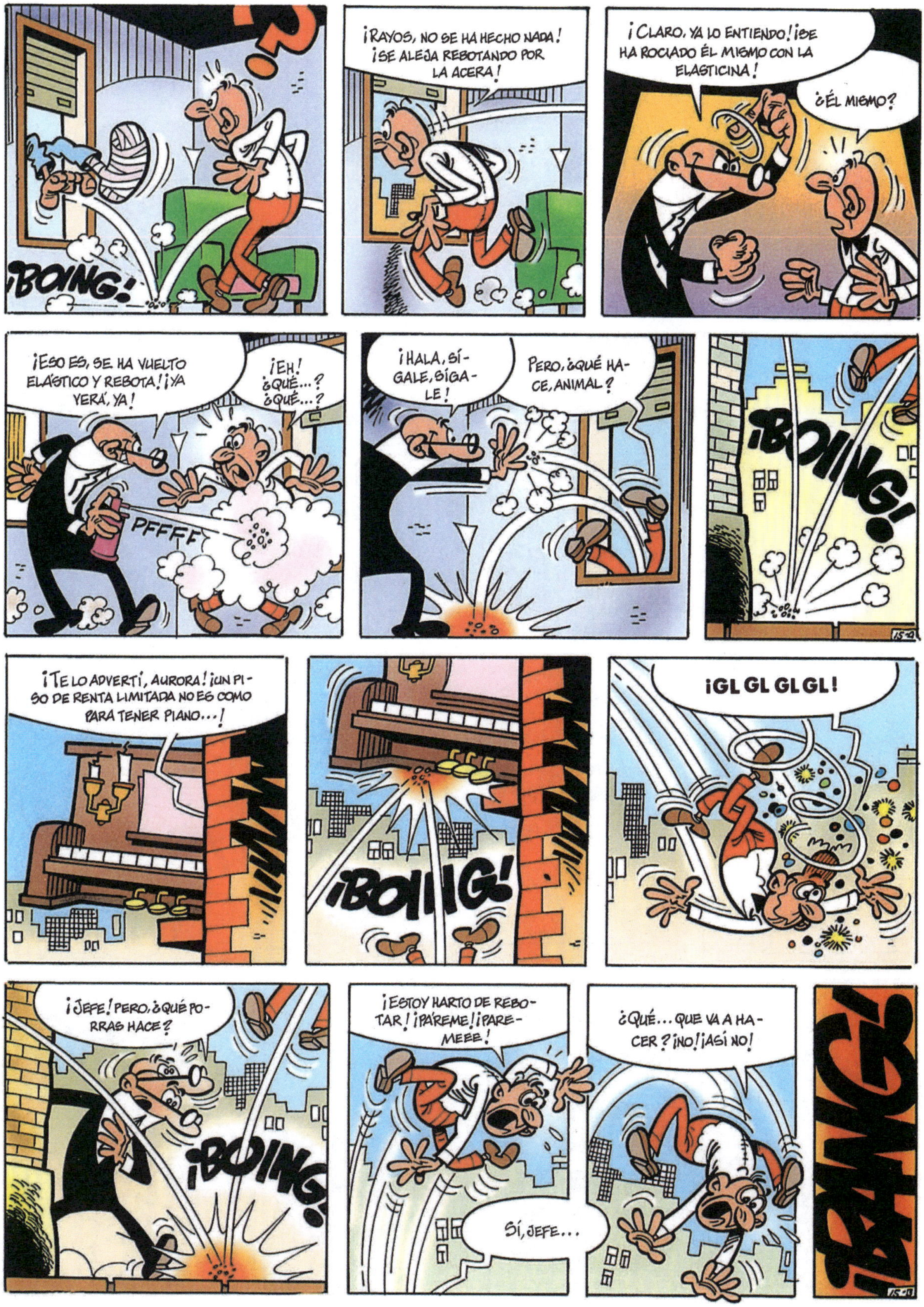

¡BOING!
¡RAYOS, NO SE HA HECHO NADA! ¡SE ALEJA REBOTANDO POR LA ACERA!
¡CLARO, YA LO ENTIENDO! ¡SE HA ROCIADO ÉL MISMO CON LA ELASTICINA!
¿ÉL MISMO?
¡ESO ES, SE HA VUELTO ELÁSTICO Y REBOTA! ¡YA VERÁ, YA!
¡EH! ¿QUÉ...? ¿QUÉ...?
PFFFF
¡HALA, SÍGALE, SÍGALE!
PERO, ¿QUÉ HACE, ANIMAL?
¡BOING!
¡TE LO ADVERTÍ, AURORA! ¡UN PISO DE RENTA LIMITADA NO ES COMO PARA TENER PIANO...!
¡BOING!
¡GL GL GL GL!
¡JEFE! PERO, ¿QUÉ PORRAS HACE?
¡BOING!
¡ESTOY HARTO DE REBOTAR! ¡PÁREME! ¡PAREMEEE!
SÍ, JEFE...
¿QUÉ... QUE VA A HACER? ¡NO! ¡ASÍ NO!
¡BANG!

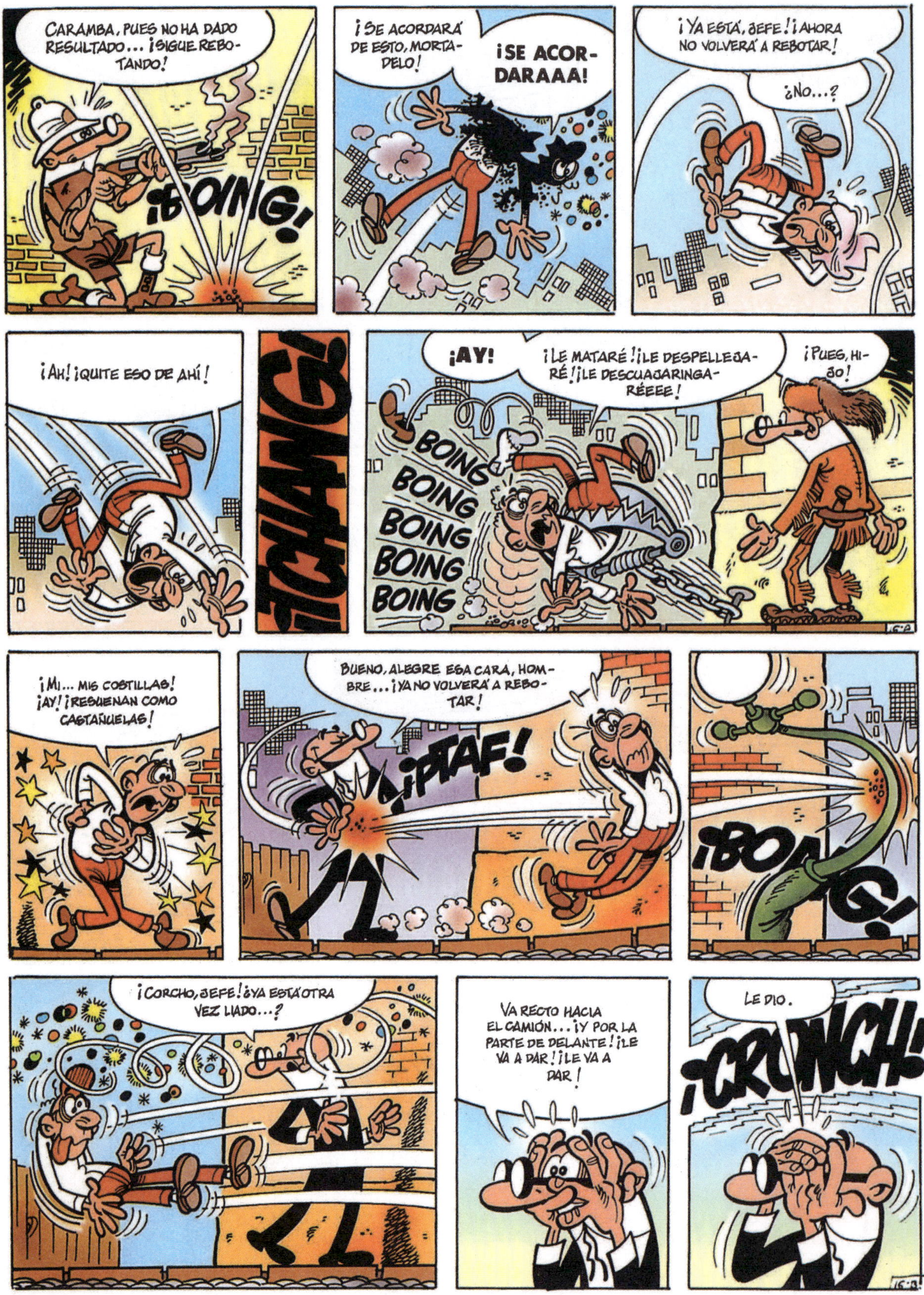
CARAMBA, PUES NO HA DADO RESULTADO... ¡SIGUE REBOTANDO!
¡BOING!
¡SE ACORDARÁ DE ESTO, MORTADELO!
¡SE ACORDARAAA!
¡YA ESTÁ, JEFE! ¡AHORA NO VOLVERÁ A REBOTAR!
¿NO...?
¡AH! ¡QUITE ESO DE AHÍ!
¡CHANG!
¡AY!
¡LE MATARÉ! ¡LE DESPELLEJARÉ! ¡LE DESCUAJARINGARÉEEE!
¡PUES, HIJO!
BOING BOING BOING BOING BOING
¡MI... MIS COSTILLAS! ¡AY! ¡RESUENAN COMO CASTAÑUELAS!
BUENO, ALEGRE ESA CARA, HOMBRE... ¡YA NO VOLVERÁ A REBOTAR!
¡PTAF!
¡BOING!
¡CORCHO, JEFE! ¿YA ESTÁ OTRA VEZ LIADO...?
VA RECTO HACIA EL CAMIÓN... ¡Y POR LA PARTE DE DELANTE! ¡LE VA A DAR! ¡LE VA A DAR!
LE DIO.
¡CRONCH!

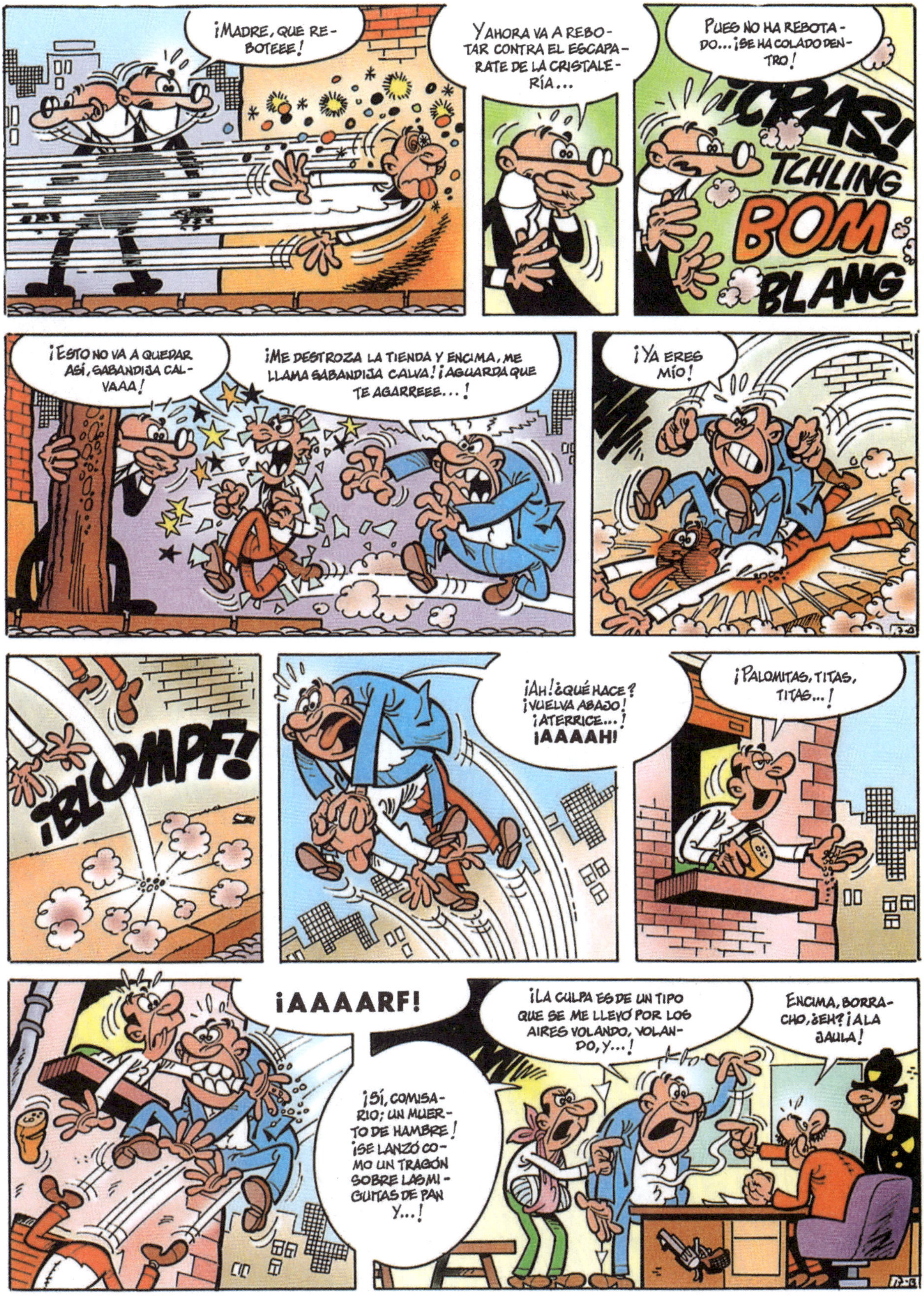
¡MADRE, QUE REBOTEEE!
Y AHORA VA A REBOTAR CONTRA EL ESCAPARATE DE LA CRISTALERÍA...
PUES NO HA REBOTADO... ¡SE HA COLADO DENTRO!
¡CRAS!
TCHLING
BOM
BLANG
¡ESTO NO VA A QUEDAR ASÍ, SABANDIJA CALVAAA!
¡ME DESTROZA LA TIENDA Y ENCIMA, ME LLAMA SABANDIJA CALVA! ¡AGUARDA QUE TE AGARREEE...!
¡YA ERES MÍO!
¡BLOMPF!
¡AH! ¿QUÉ HACE? ¡VUELVA ABAJO! ¡ATERRICE...! ¡AAAAH!
¡PALOMITAS, TITAS, TITAS...!
¡AAAARF!
¡LA CULPA ES DE UN TIPO QUE SE ME LLEVÓ POR LOS AIRES VOLANDO, VOLANDO, Y...!
¡SÍ, COMISARIO; UN MUERTO DE HAMBRE! ¡SE LANZÓ COMO UN TRAGÓN SOBRE LAS MIGUITAS DE PAN Y...!
ENCIMA, BORRACHO, ¿EH? ¡A LA JAULA!

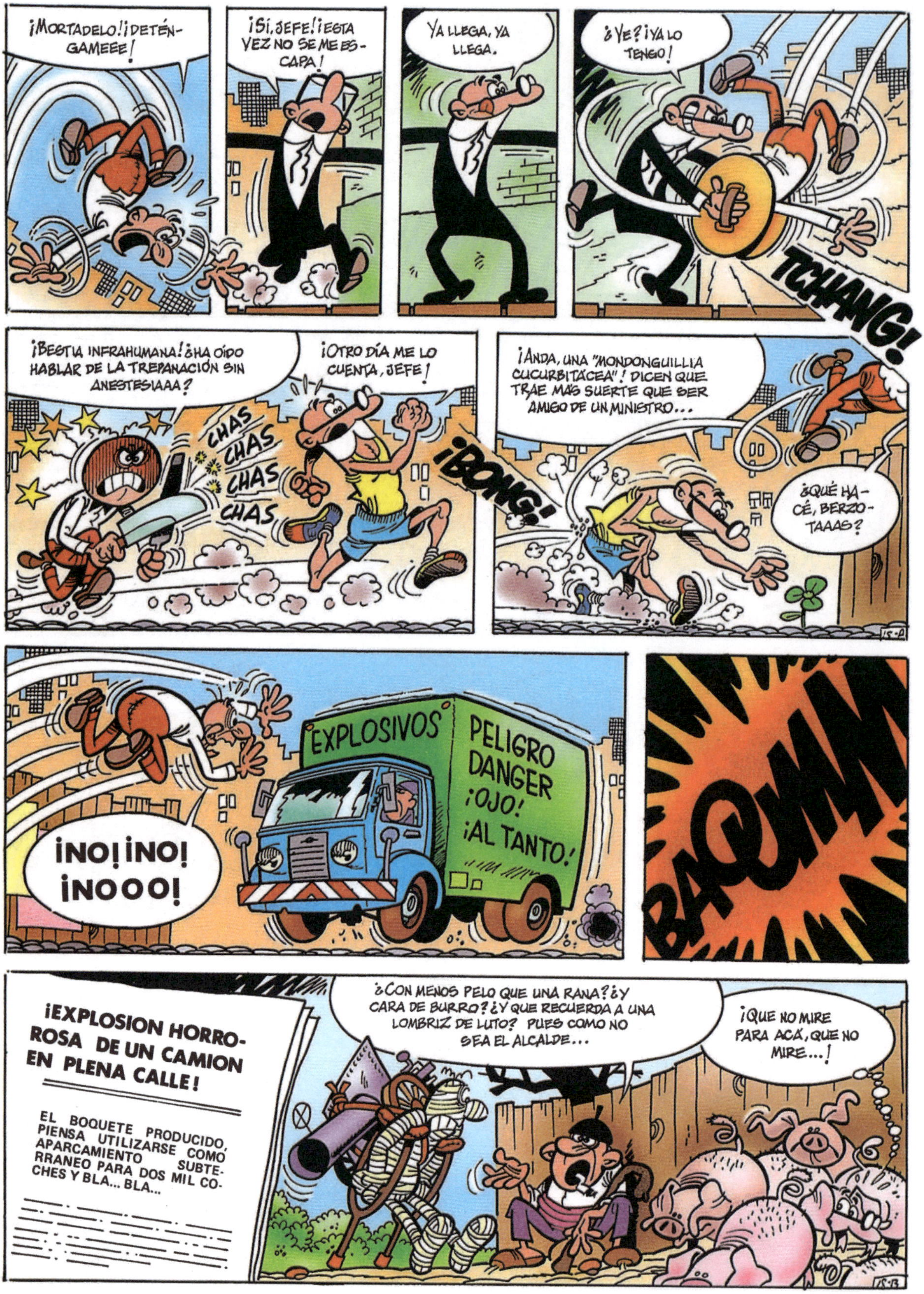
¡MORTADELO! ¡DETÉNGAMEEE!
¡SÍ, JEFE! ¡ESTA VEZ NO SE ME ESCAPA!
YA LLEGA, YA LLEGA.
¿YE? ¡YA LO TENGO!
TCHANG!
¡BESTIA INFRAHUMANA! ¿HA OÍDO HABLAR DE LA TREPANACIÓN SIN ANESTESIAAA?
CHAS CHAS CHAS CHAS
¡OTRO DÍA ME LO CUENTA, JEFE!
¡BONG!
¡ANDA, UNA "MONDONGUILLIA CUCURBITÁCEA"! DICEN QUE TRAE MÁS SUERTE QUE SER AMIGO DE UN MINISTRO...
¿QUÉ HACÉ, BERZOTAAAS?
EXPLOSIVOS
PELIGRO DANGER ¡OJO! ¡AL TANTO!
¡NO! ¡NO! ¡NOOO!
BAQUMM
¡EXPLOSION HORROROSA DE UN CAMION EN PLENA CALLE!
EL BOQUETE PRODUCIDO, PIENSA UTILIZARSE COMO APARCAMIENTO SUBTERRANEO PARA DOS MIL COCHES Y BLA... BLA...
¿CON MENOS PELO QUE UNA RANA? ¿Y CARA DE BURRO? ¿Y QUE RECUERDA A UNA LOMBRIZ DE LUTO? PUES COMO NO SEA EL ALCALDE...
¡QUE NO MIRE PARA ACÁ, QUE NO MIRE...!

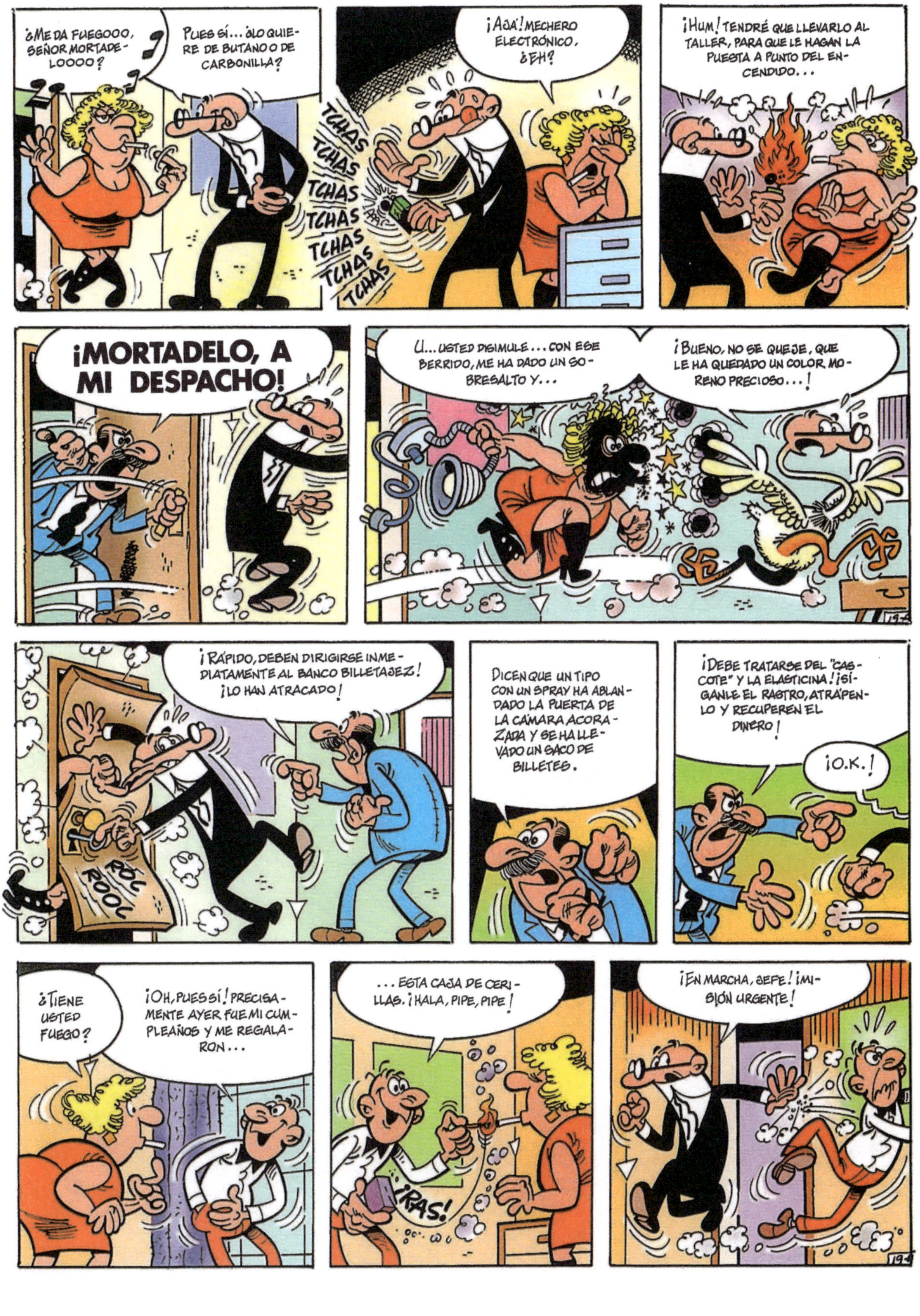
¿ME DA FUEGOOO, SEÑOR MORTADE-LOOOO?
PUES SÍ... ¿SÓLO QUIERE DE BUTANO O DE CARBONILLA?
TCHAS TCHAS TCHAS TCHAS TCHAS TCHAS TCHAS TCHAS
¡AJÁ! MECHERO ELECTRÓNICO, ¿EH?
¡HUM! TENDRÉ QUE LLEVARLO AL TALLER, PARA QUE LE HAGAN LA PUESTA A PUNTO DEL ENCENDIDO...
¡MORTADELO, A MI DESPACHO!
U... USTED DISIMULE... CON ESE BERRIDO, ME HA DADO UN SOBRESALTO Y...
¡BUENO, NO SE QUEJE, QUE LE HA QUEDADO UN COLOR MORENO PRECIOSO...!
¡RÁPIDO, DEBEN DIRIGIRSE INMEDIATAMENTE AL BANCO BILLETAJEZ! ¡LO HAN ATRACADO!
RÓL ROOOL
DICEN QUE UN TIPO CON UN SPRAY HA ABLANDADO LA PUERTA DE LA CÁMARA ACORAZADA Y SE HA LLEVADO UN SACO DE BILLETES.
¡DEBE TRATARSE DEL "CASCOTE" Y LA ELASTICINA! ¡SÍGANLE EL RASTRO, ATRÁPENLO Y RECUPEREN EL DINERO!
¡O.K.!
¿TIENE USTED FUEGO?
¡OH, PUES SÍ! PRECISAMENTE AYER FUE MI CUMPLEAÑOS Y ME REGALARON...
...ESTA CAJA DE CERILLAS. ¡HALA, PIPE, PIPE!
¡RAS!
¡EN MARCHA, JEFE! ¡MISIÓN URGENTE!

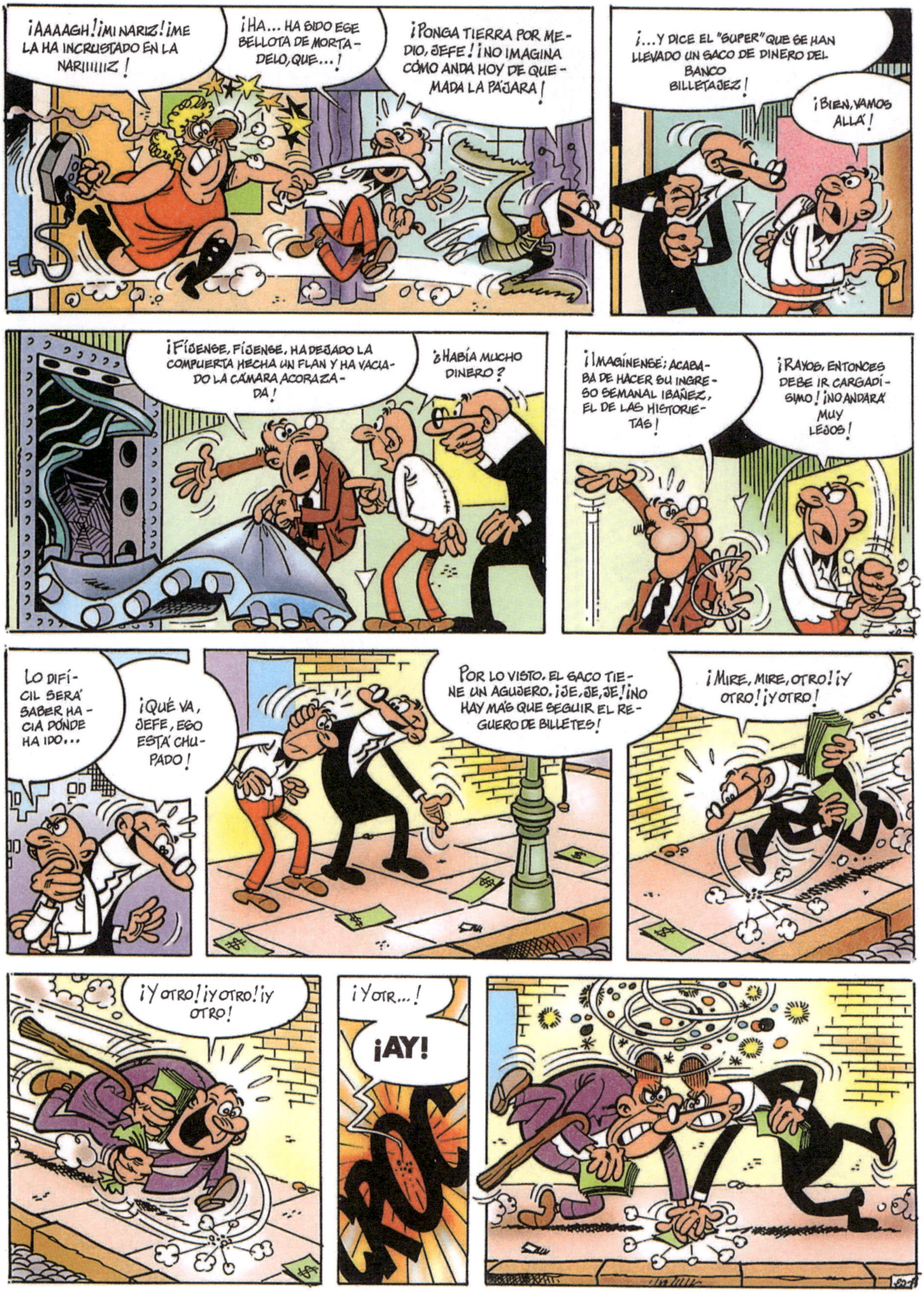

¡AAAAGH! ¡MI NARIZ! ¡ME LA HA INCRUSTADO EN LA NARIIIIIIZ!
¡HA... HA SIDO ESE BELLOTA DE MORTADELO, QUE...!
¡PONGA TIERRA POR MEDIO, JEFE! ¡NO IMAGINA CÓMO ANDA HOY DE QUEMADA LA PÁJARA!
¡...Y DICE EL "SUPER" QUE SE HAN LLEVADO UN SACO DE DINERO DEL BANCO BILLETAJEZ!
¡BIEN, VAMOS ALLÁ!
¡FÍJENSE, FÍJENSE, HA DEJADO LA COMPUERTA HECHA UN FLAN Y HA VACIADO LA CÁMARA ACORAZADA!
¿HABÍA MUCHO DINERO?
¡IMAGÍNENSE: ACABA DE HACER SU INGRESO SEMANAL IBÁÑEZ, EL DE LAS HISTORIETAS!
¡RAYOS, ENTONCES DEBE IR CARGADÍSIMO! ¡NO ANDARÁ MUY LEJOS!
LO DIFÍCIL SERÁ SABER HACIA DÓNDE HA IDO...
¡QUÉ VA, JEFE, ESO ESTÁ CHUPADO!
POR LO VISTO, EL SACO TIENE UN AGUJERO. ¡JE, JE, JE! ¡NO HAY MÁS QUE SEGUIR EL REGUERO DE BILLETES!
¡MIRE, MIRE, OTRO! ¡Y OTRO! ¡Y OTRO!
¡Y OTRO! ¡Y OTRO! ¡Y OTRO!
¡YOTR...!
¡AY!

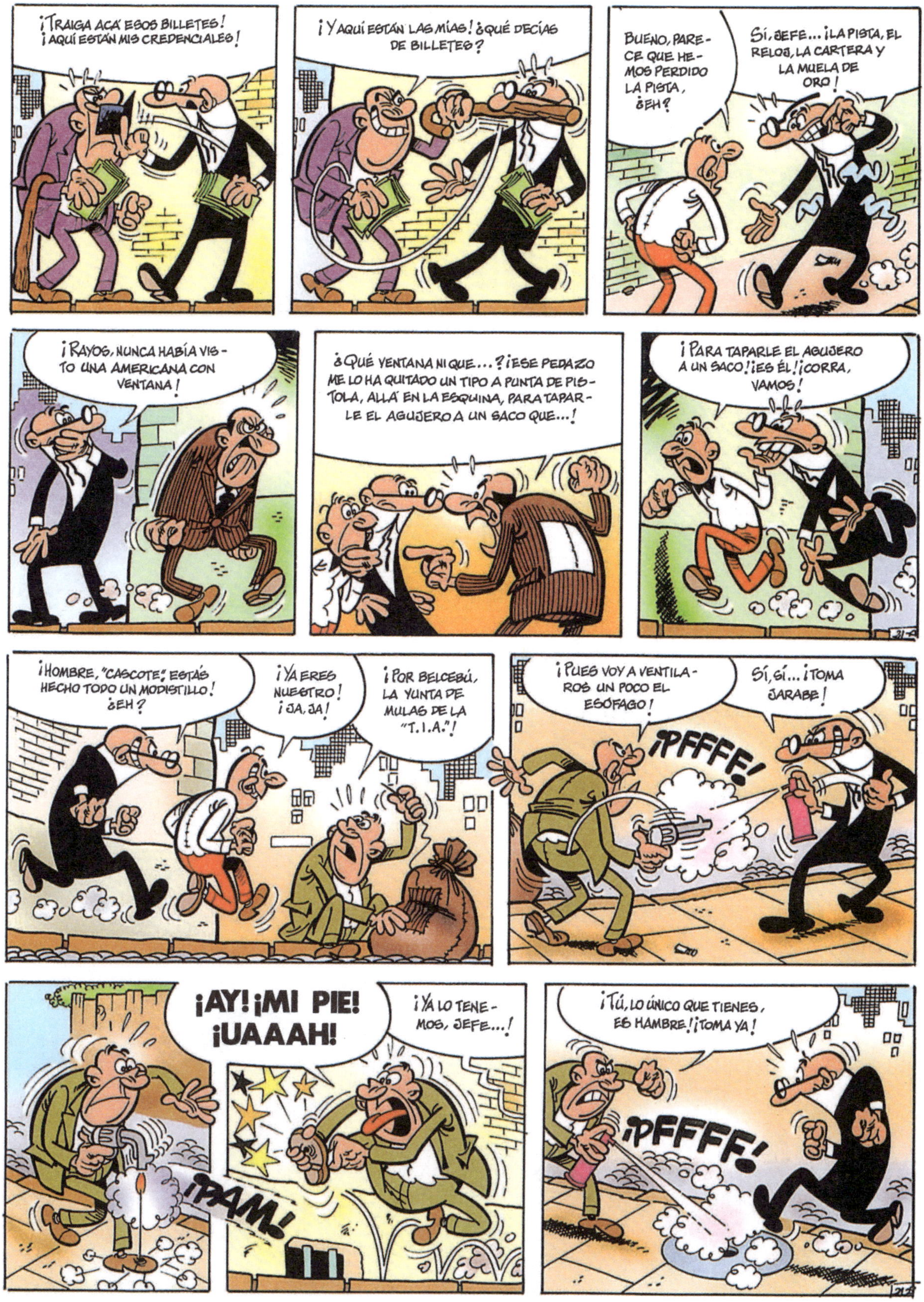
¡TRAIGA ACÁ ESOS BILLETES! ¡AQUÍ ESTÁN MIS CREDENCIALES!
¡Y AQUÍ ESTÁN LAS MÍAS! ¿QUÉ DECÍAS DE BILLETES?
BUENO, PARECE QUE HEMOS PERDIDO LA PISTA, ¿EH?
SÍ, JEFE... ¡LA PISTA, EL RELOJ, LA CARTERA Y LA MUELA DE ORO!
¡RAYOS, NUNCA HABÍA VISTO UNA AMERICANA CON VENTANA!
¿QUÉ VENTANA NI QUE...? ¡ESE PEDAZO ME LO HA QUITADO UN TIPO A PUNTA DE PISTOLA, ALLÁ EN LA ESQUINA, PARA TAPARLE EL AGUJERO A UN SACO QUE...!
¡PARA TAPARLE EL AGUJERO A UN SACO! ¡ES ÉL! ¡CORRA, VAMOS!
¡HOMBRE, "CASCOTE", ESTÁS HECHO TODO UN MODISTILLO! ¿EH?
¡YA ERES NUESTRO! ¡JA, JA!
¡POR BELCEBÚ, LA YUNTA DE MULAS DE LA "T.I.A."!
¡PUES VOY A VENTILAROS UN POCO EL ESÓFAGO!
SÍ, SÍ... ¡TOMA JARABE!
¡PFFFF!
¡AY! ¡MI PIE! ¡UAAAH!
¡YA LO TENEMOS, JEFE...!
¡PAM!
¡TÚ, LO ÚNICO QUE TIENES, ES HAMBRE! ¡TOMA YA!
¡PFFFF!

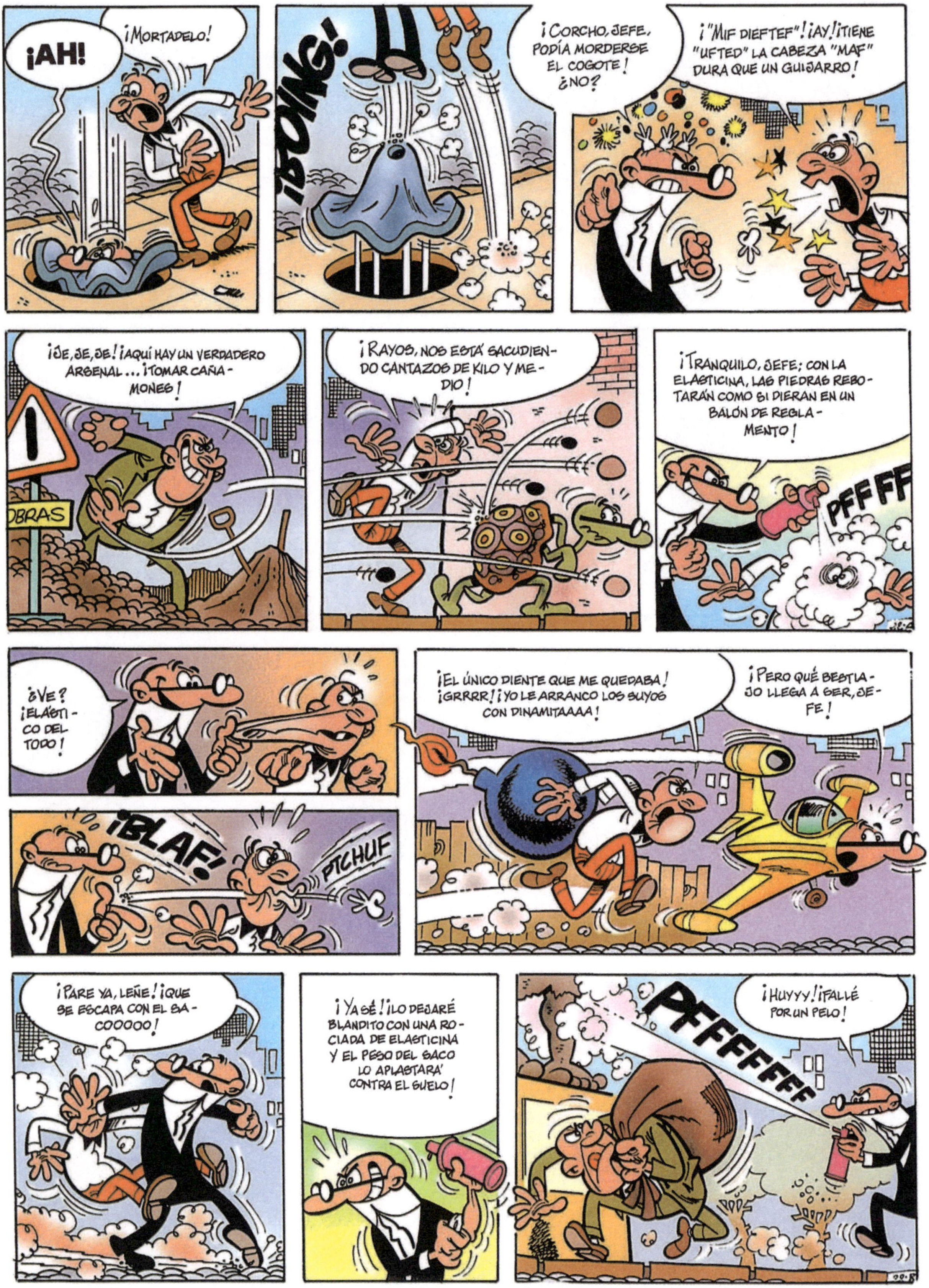
¡AH!
¡MORTADELO!
¡BOING!
¡CORCHO, JEFE, PODÍA MORDERSE EL COGOTE! ¿NO?
¡"MIF DIEFTEF"! ¡AY! ¡TIENE "UFTED" LA CABEZA "MAF" DURA QUE UN GUIJARRO!
¡JE, JE, JE! ¡AQUÍ HAY UN VERDADERO ARSENAL... ¡TOMAR CAÑAMONES!
OBRAS
¡RAYOS, NOS ESTÁ SACUDIENDO CANTAZOS DE KILO Y MEDIO!
¡TRANQUILO, JEFE; CON LA ELASTICINA, LAS PIEDRAS REBOTARÁN COMO SI DIERAN EN UN BALÓN DE REGLAMENTO!
PFFFF
¿VE? ¡ELÁSTICO DEL TODO!
¡BLAF!
PTCHUF
¡EL ÚNICO DIENTE QUE ME QUEDABA! ¡GRRRR! ¡YO LE ARRANCO LOS SUYOS CON DINAMITAAAA!
¡PERO QUÉ BESTIAJO LLEGA A SER, JEFE!
¡PARE YA, LEÑE! ¡QUE SE ESCAPA CON EL SACOOOOO!
¡YA SÉ! ¡LO DEJARÉ BLANDITO CON UNA ROCIADA DE ELASTICINA Y EL PESO DEL SACO LO APLASTARÁ CONTRA EL SUELO!
PFFFFFFF
¡HUYYY! ¡FALLÉ POR UN PELO!

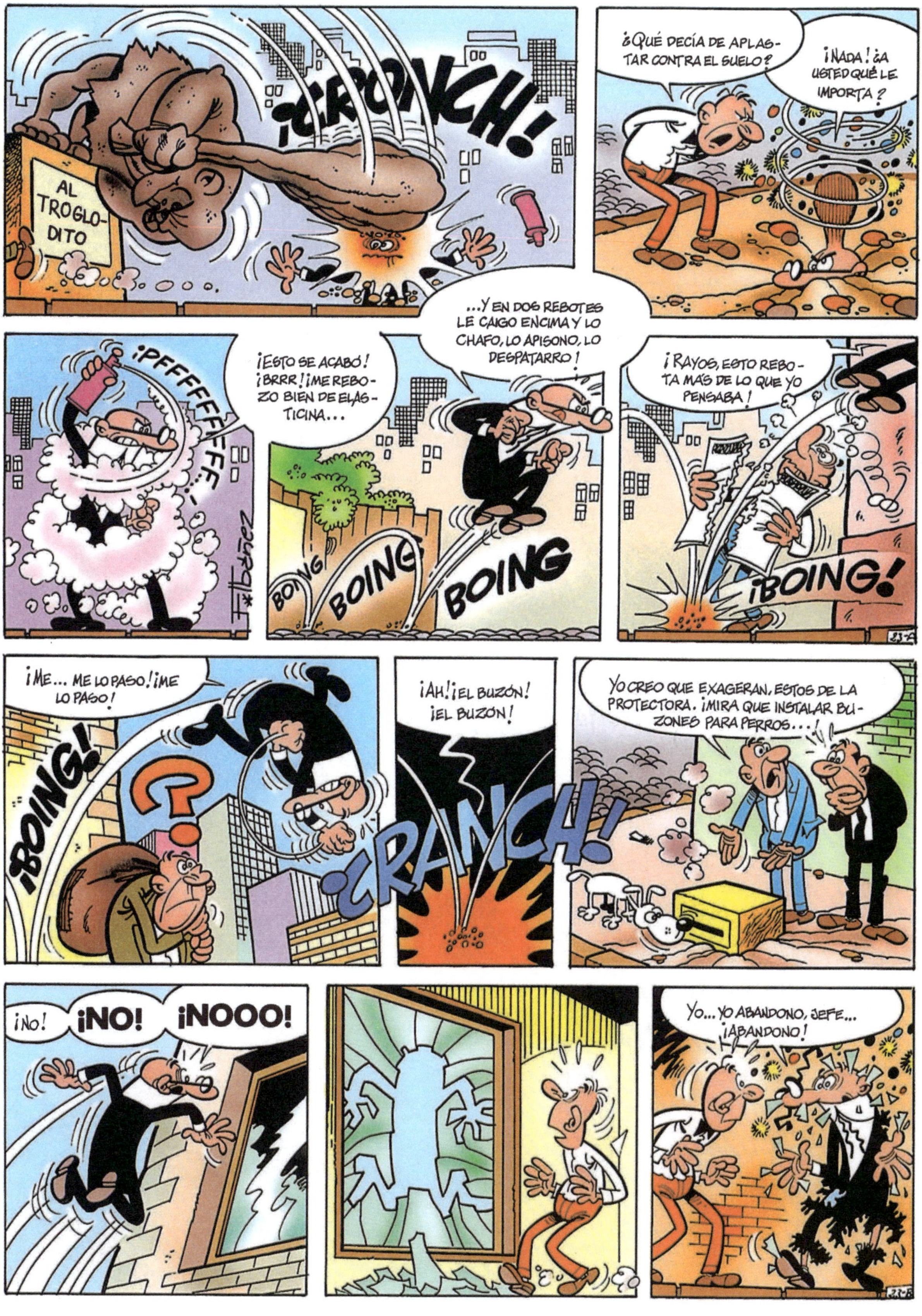
AL TROGLO-DITO
¡CRONCH!
¿QUÉ DECÍA DE APLASTAR CONTRA EL SUELO?
¡NADA! ¿A USTED QUÉ LE IMPORTA?
¡PFFFFFFFFFFF...!
¡ESTO SE ACABÓ! ¡BRRR! ¡ME REBOZO BIEN DE ELASTICINA...
...Y EN DOS REBOTES LE CAIGO ENCIMA Y LO CHAFO, LO APISONO, LO DESPATARRO!
BOING
BOING
BOING
¡RAYOS, ESTO REBOTA MÁS DE LO QUE YO PENSABA!
¡BOING!
¡ME... ME LO PASO! ¡ME LO PASO!
¡BOING!
¡AH! ¡EL BUZÓN! ¡EL BUZÓN!
¡CRANCH!
YO CREO QUE EXAGERAN, ESTOS DE LA PROTECTORA. ¡MIRA QUE INSTALAR BUZONES PARA PERROS...!
¡NO!
¡NO!
¡NOOO!
YO... YO ABANDONO, JEFE... ¡ABANDONO!

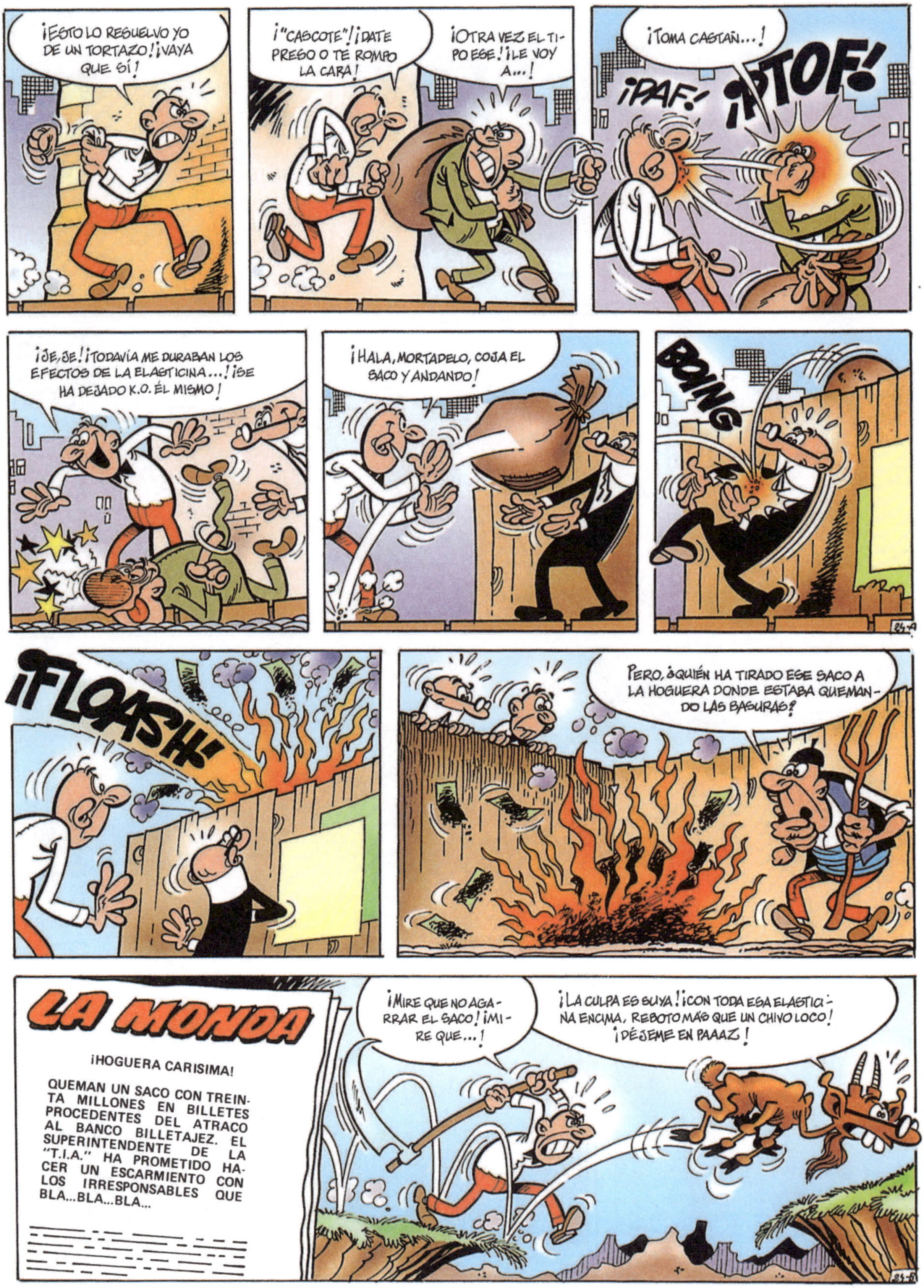
¡ESTO LO RESUELVO YO DE UN TORTAZO! ¡VAYA QUE SÍ!
¡"CASCOTE"! ¡DATE PRESO O TE ROMPO LA CARA!
¡OTRA VEZ EL TIPO ESE! ¡LE VOY A...!
¡TOMA CASTAÑ...!
¡PAF!
¡PTOF!
¡JE, JE! ¡TODAVÍA ME DURABAN LOS EFECTOS DE LA ELASTICINA...! ¡SE HA DEJADO K.O. ÉL MISMO!
¡HALA, MORTADELO, COJA EL SACO Y ANDANDO!
BOING
¡FLOASH!
PERO, ¿QUIÉN HA TIRADO ESE SACO A LA HOGUERA DONDE ESTABA QUEMANDO LAS BASURAS?
LA MONDA
¡HOGUERA CARISIMA!
QUEMAN UN SACO CON TREINTA MILLONES EN BILLETES PROCEDENTES DEL ATRACO AL BANCO BILLETAJEZ. EL SUPERINTENDENTE DE LA "T.I.A." HA PROMETIDO HACER UN ESCARMIENTO CON LOS IRRESPONSABLES QUE BLA...BLA...BLA...
¡MIRE QUE NO AGARRAR EL SACO! ¡MIRE QUE...!
¡LA CULPA ES SUYA! ¡CON TODA ESA ELASTICINA ENCIMA, REBOTO MÁS QUE UN CHIVO LOCO! ¡DÉJEME EN PAAAZ!

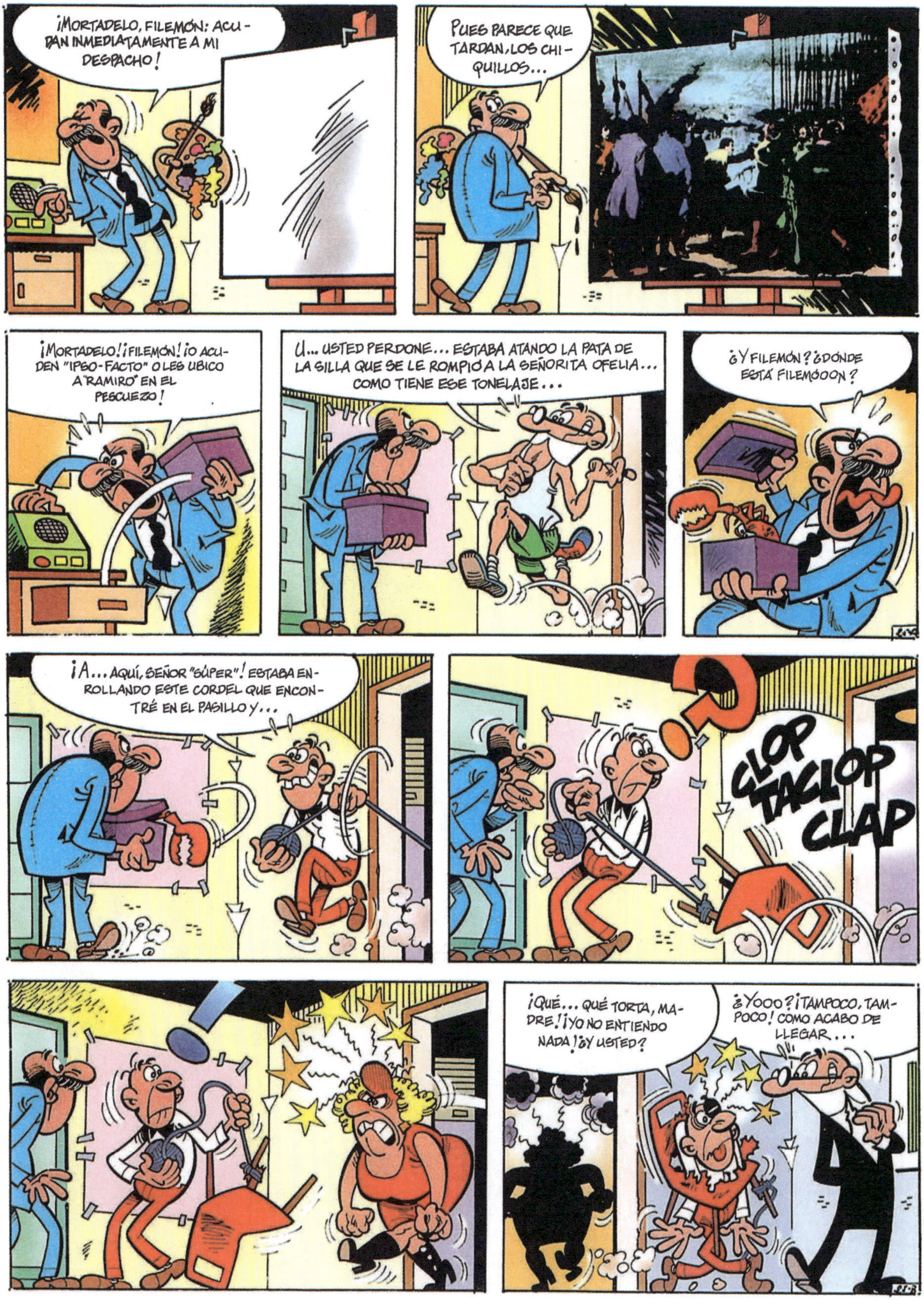
¡MORTADELO, FILEMÓN: ACUDAN INMEDIATAMENTE A MI DESPACHO!
PUES PARECE QUE TARDAN, LOS CHIQUILLOS...
¡MORTADELO! ¡FILEMÓN! ¡O ACUDEN "IPSO-FACTO" O LES UBICO A "RAMIRO" EN EL PESCUEZO!
U... USTED PERDONE... ESTABA ATANDO LA PATA DE LA SILLA QUE SE LE ROMPIÓ A LA SEÑORITA OFELIA... COMO TIENE ESE TONELAJE...
¿Y FILEMÓN? ¿DÓNDE ESTÁ FILEMÓOON?
¡A... AQUÍ, SEÑOR "SÚPER"! ESTABA ENROLLANDO ESTE CORDEL QUE ENCONTRÉ EN EL PASILLO Y...
CLOP TACLOP CLAP
¡QUÉ... QUÉ TORTA, MADRE! ¡YO NO ENTIENDO NADA! ¿Y USTED?
¿YOOO? ¡TAMPOCO, TAMPOCO! COMO ACABO DE LLEGAR...

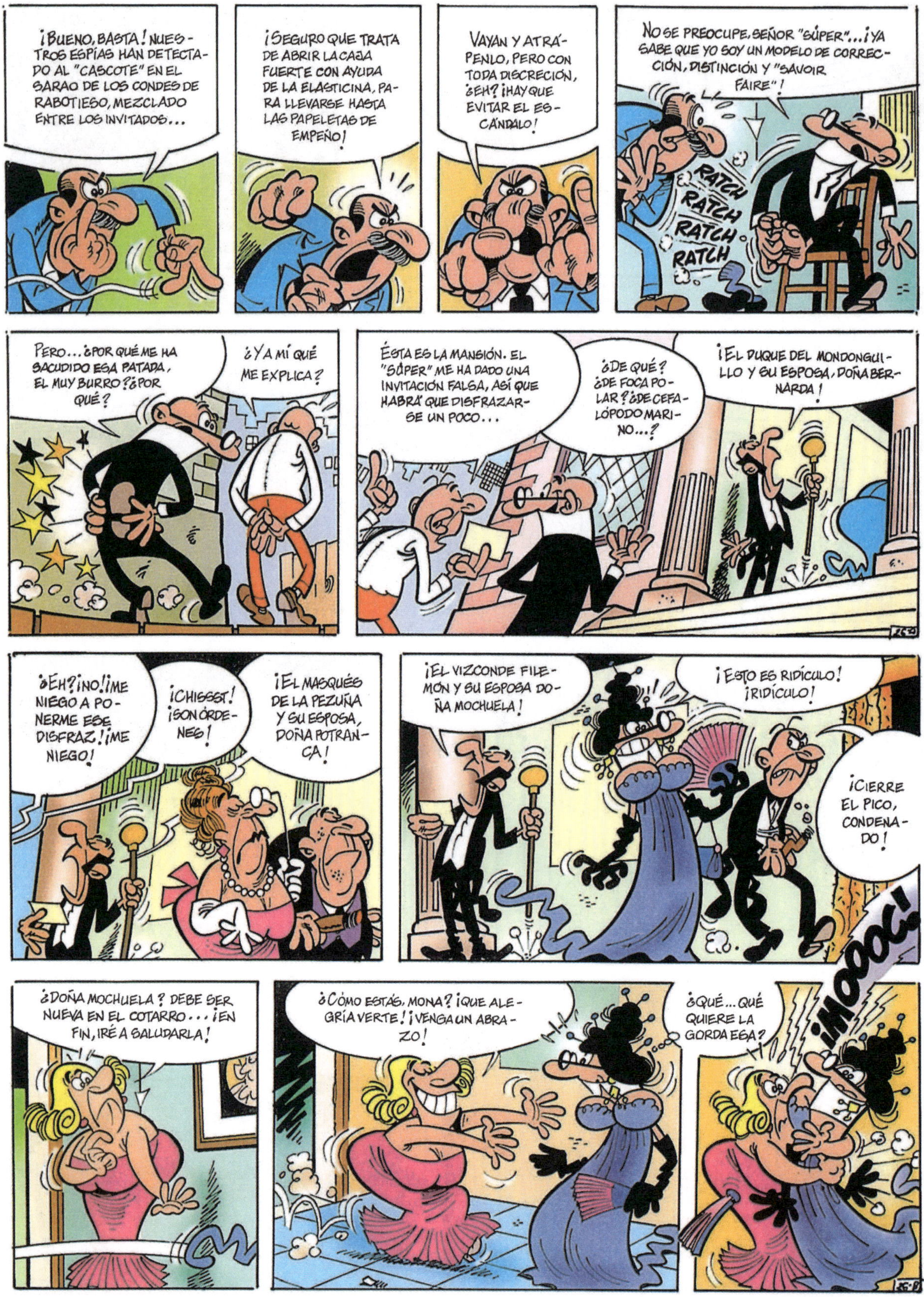
¡BUENO, BASTA! NUESTROS ESPÍAS HAN DETECTADO AL "CASCOTE" EN EL SARAO DE LOS CONDES DE RABOTIESO, MEZCLADO ENTRE LOS INVITADOS...
¡SEGURO QUE TRATA DE ABRIR LA CAJA FUERTE CON AYUDA DE LA ELASTICINA, PARA LLEVARSE HASTA LAS PAPELETAS DE EMPEÑO!
VAYAN Y ATRÁPENLO, PERO CON TODA DISCRECIÓN, ¿EH? ¡HAY QUE EVITAR EL ESCÁNDALO!
NO SE PREOCUPE, SEÑOR "SÚPER"... ¡YA SABE QUE YO SOY UN MODELO DE CORRECCIÓN, DISTINCIÓN Y "SAVOIR FAIRE"!
RATCH RATCH RATCH RATCH
PERO... ¿POR QUÉ ME HA SACUDIDO ESA PATADA, EL MUY BURRO? ¿POR QUÉ?
¿Y A MÍ QUÉ ME EXPLICA?
ÉSTA ES LA MANSIÓN. EL "SÚPER" ME HA DADO UNA INVITACIÓN FALSA, ASÍ QUE HABRÁ QUE DISFRAZARSE UN POCO...
¿DE QUÉ? ¿DE FOCA POLAR? ¿DE CEFALÓPODO MARINO...?
¡EL DUQUE DEL MONDONGUILLO Y SU ESPOSA, DOÑA BERNARDA!
¿EH? ¡NO! ¡ME NIEGO A PONERME ESE DISFRAZ! ¡ME NIEGO!
¡CHISSST! ¡SON ÓRDENES!
¡EL MASQUÉS DE LA PEZUÑA Y SU ESPOSA, DOÑA POTRANCA!
¡EL VIZCONDE FILEMÓN Y SU ESPOSA DOÑA MOCHUELA!
¡ESTO ES RIDÍCULO! ¡RIDÍCULO!
¡CIERRE EL PICO, CONDENADO!
¿DOÑA MOCHUELA? DEBE SER NUEVA EN EL COTARRO... ¡EN FIN, IRÉ A SALUDARLA!
¿CÓMO ESTÁS, MONA? ¡QUE ALEGRÍA VERTE! ¡VENGA UN ABRAZO!
¿QUÉ... QUÉ QUIERE LA GORDA ESA?
¡MOOOC!

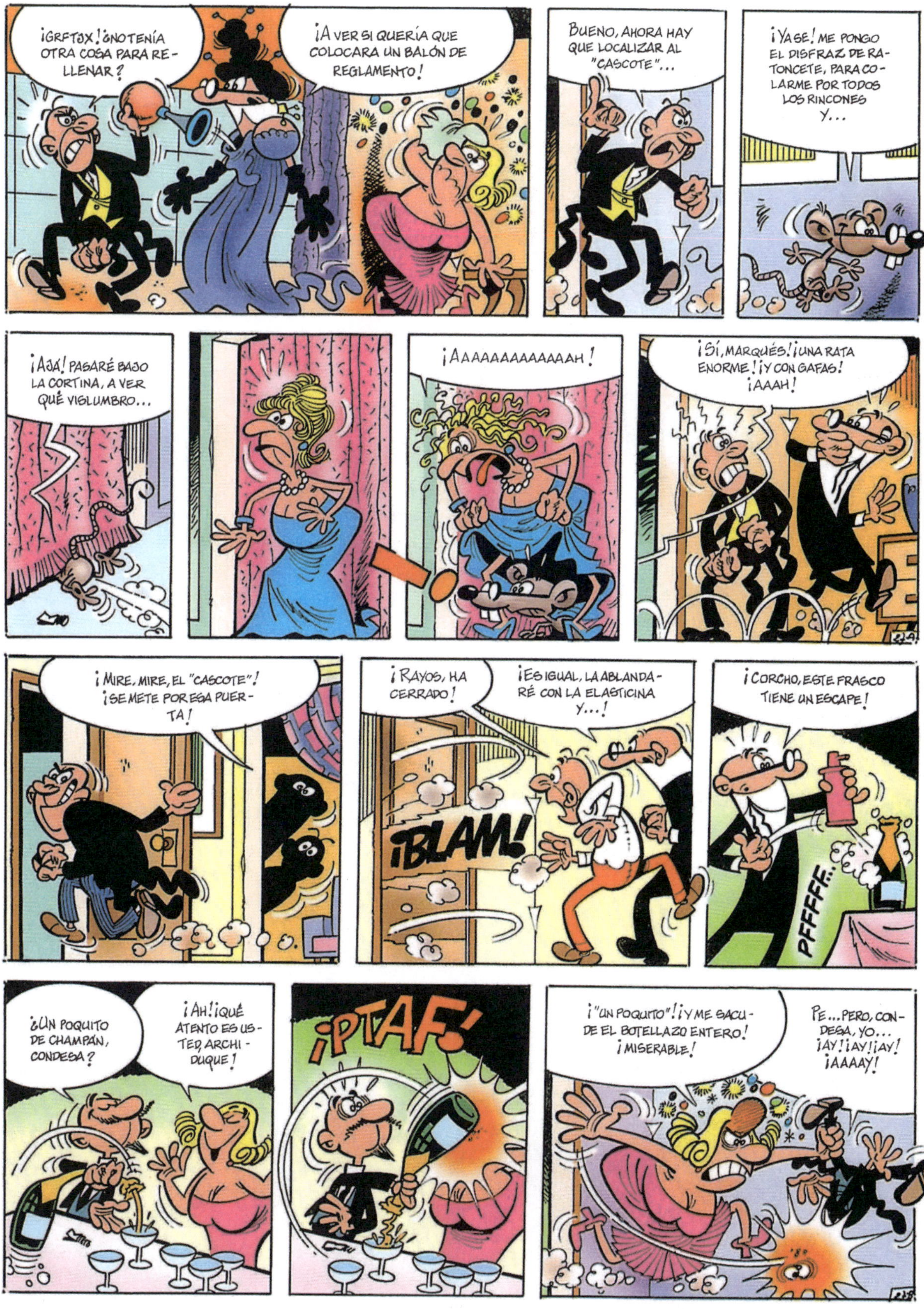
¡GRFTJX! ¿NO TENÍA OTRA COSA PARA RE-LLENAR?
¡A VER SI QUERÍA QUE COLOCARA UN BALÓN DE REGLAMENTO!
BUENO, AHORA HAY QUE LOCALIZAR AL "CASCOTE"...
¡YA SÉ! ME PONGO EL DISFRAZ DE RA-TONCETE, PARA CO-LARME POR TODOS LOS RINCONES Y...
¡AJÁ! PASARÉ BAJO LA CORTINA, A VER QUÉ VISLUMBRO...
¡AAAAAAAAAAAAAH!
¡SÍ, MARQUÉS! ¡UNA RATA ENORME! ¡Y CON GAFAS! ¡AAAH!
¡MIRE, MIRE, EL "CASCOTE"! ¡SE METE POR ESA PUER-TA!
¡RAYOS, HA CERRADO!
¡BLAM!
¡ES IGUAL, LA ABLANDA-RÉ CON LA ELASTICINA Y...!
¡CORCHO, ESTE FRASCO TIENE UN ESCAPE!
PFFFFF...
¿UN POQUITO DE CHAMPÁN, CONDESA?
¡AH! ¡QUÉ ATENTO ES US-TED, ARCHI-DUQUE!
¡PTAF!
¡"UN POQUITO"! ¡Y ME SACU-DE EL BOTELLAZO ENTERO! ¡MISERABLE!
PE... PERO, CON-DESA, YO... ¡AY! ¡AY! ¡AY! ¡AAAAY!

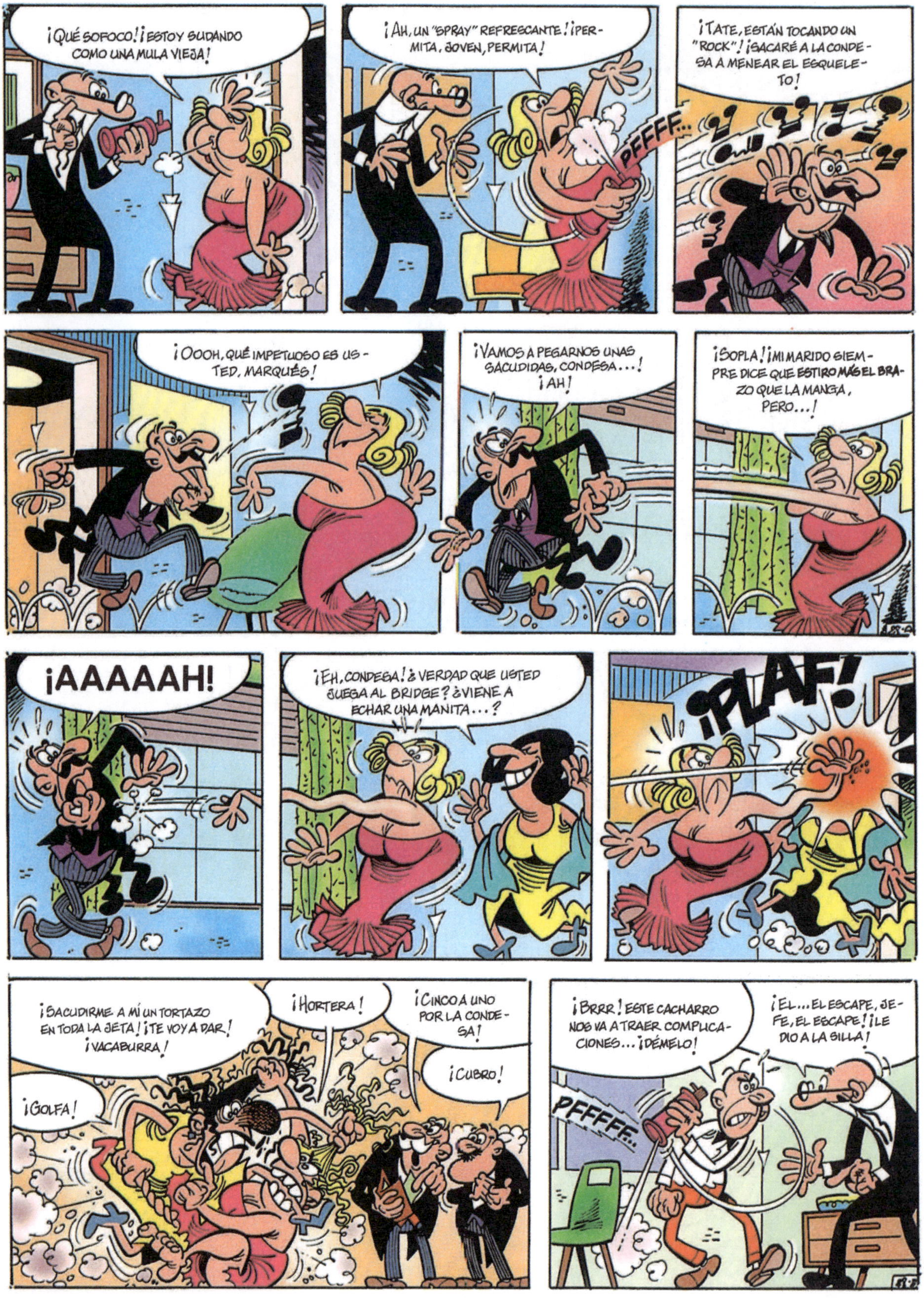
¡QUÉ SOFOCO! ¡ESTOY SUDANDO COMO UNA MULA VIEJA!
¡AH, UN "SPRAY" REFRESCANTE! ¡PERMITA, JOVEN, PERMITA!
PFFFF...
¡TATE, ESTÁN TOCANDO UN "ROCK"! ¡SACARÉ A LA CONDESA A MENEAR EL ESQUELETO!
¡OOOH, QUÉ IMPETUOSO ES USTED, MARQUÉS!
¡VAMOS A PEGARNOS UNAS SACUDIDAS, CONDESA...! ¡AH!
¡SOPLA! ¡MI MARIDO SIEMPRE DICE QUE ESTIRO MÁS EL BRAZO QUE LA MANGA, PERO...!
¡AAAAAH!
¡EH, CONDESA! ¿VERDAD QUE USTED JUEGA AL BRIDGE? ¿VIENE A ECHAR UNA MANITA...?
¡PLAF!
¡SACUDIRME A MÍ UN TORTAZO EN TODA LA JETA! ¡TE VOY A DAR! ¡VACABURRA!
¡GOLFA!
¡HORTERA!
¡CINCO A UNO POR LA CONDESA!
¡CUBRO!
¡BRRR! ESTE CACHARRO NOS VA A TRAER COMPLICACIONES... ¡DÉMELO!
PFFFFF...
¡EL... EL ESCAPE, JEFE, EL ESCAPE! ¡LE DIO A LA SILLA!

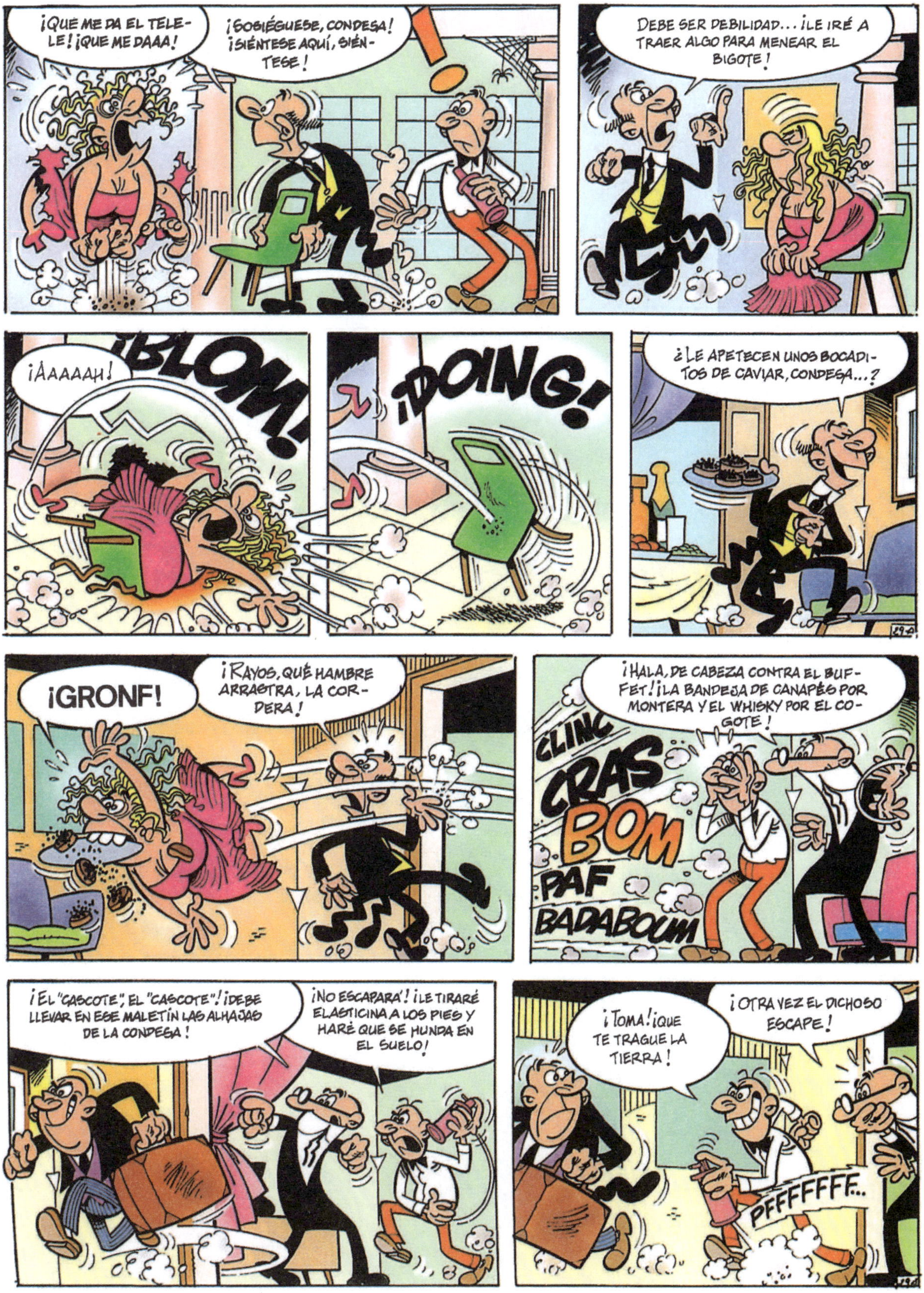
¡QUE ME DA EL TELELE! ¡QUE ME DAAA!
¡SOSIÉGUESE, CONDESA! ¡SIÉNTESE AQUÍ, SIÉNTESE!
!
DEBE SER DEBILIDAD... ¡LE IRÉ A TRAER ALGO PARA MENEAR EL BIGOTE!
¡AAAAAH!
¡BLOM!
¡DOING!
¿LE APETECEN UNOS BOCADITOS DE CAVIAR, CONDESA...?
¡GRONF!
¡RAYOS, QUÉ HAMBRE ARRASTRA, LA CORDERA!
¡HALA, DE CABEZA CONTRA EL BUFFET! ¡LA BANDEJA DE CANAPÉS POR MONTERA Y EL WHISKY POR EL COGOTE!
CLINC
CRAS
BOM
PAF
BADABOUM
¡EL "CASCOTE", EL "CASCOTE"! ¡DEBE LLEVAR EN ESE MALETÍN LAS ALHAJAS DE LA CONDESA!
¡NO ESCAPARÁ! ¡LE TIRARÉ ELASTICINA A LOS PIES Y HARÉ QUE SE HUNDA EN EL SUELO!
¡TOMA! ¡QUE TE TRAGUE LA TIERRA!
¡OTRA VEZ EL DICHOSO ESCAPE!
PFFFFFFF...

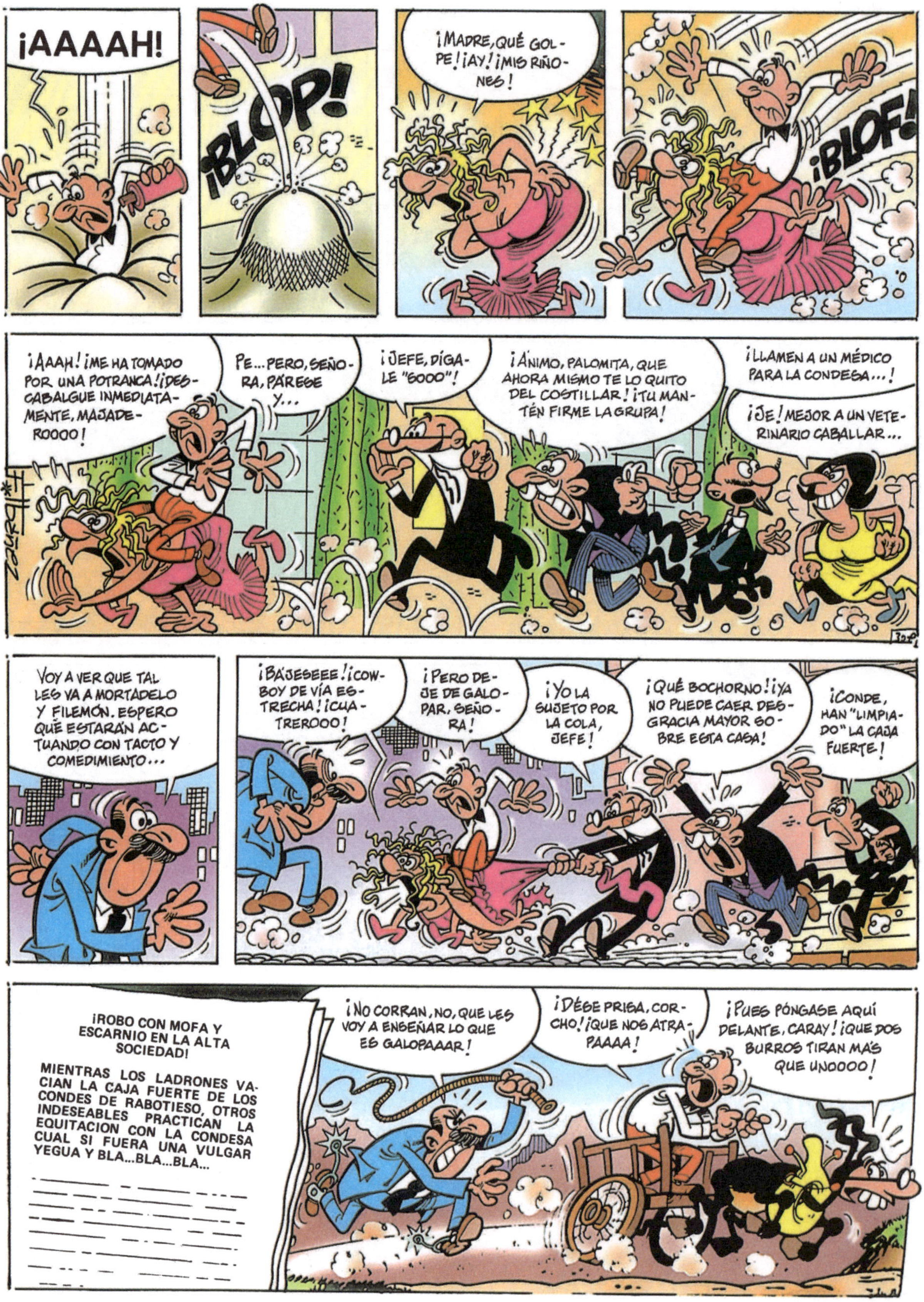
¡AAAAH!
¡BLOP!
¡MADRE, QUÉ GOLPE! ¡AY! ¡MIS RIÑONES!
¡BLOF!
¡AAAH! ¡ME HA TOMADO POR UNA POTRANCA! ¡DESCABALGUE INMEDIATAMENTE, MAJADEROOOO!
PE... PERO, SEÑORA, PÁRESE Y...
¡JEFE, DÍGALE "SOOO"!
¡ÁNIMO, PALOMITA, QUE AHORA MISMO TE LO QUITO DEL COSTILLAR! ¡TÚ MANTÉN FIRME LA GRUPA!
¡LLAMEN A UN MÉDICO PARA LA CONDESA...!
¡JE! MEJOR A UN VETERINARIO CABALLAR...
VOY A VER QUE TAL LES VA A MORTADELO Y FILEMÓN. ESPERO QUE ESTARÁN ACTUANDO CON TACTO Y COMEDIMIENTO...
¡BÁJESEEE! ¡COWBOY DE VÍA ESTRECHA! ¡CUATREROOO!
¡PERO DEJE DE GALOPAR, SEÑORA!
¡YO LA SUJETO POR LA COLA, JEFE!
¡QUÉ BOCHORNO! ¡YA NO PUEDE CAER DESGRACIA MAYOR SOBRE ESTA CASA!
¡CONDE, HAN "LIMPIADO" LA CAJA FUERTE!
¡ROBO CON MOFA Y ESCARNIO EN LA ALTA SOCIEDAD!
MIENTRAS LOS LADRONES VACIAN LA CAJA FUERTE DE LOS CONDES DE RABOTIESO, OTROS INDESEABLES PRACTICAN LA EQUITACION CON LA CONDESA CUAL SI FUERA UNA VULGAR YEGUA Y BLA...BLA...BLA...
¡NO CORRAN, NO, QUE LES VOY A ENSEÑAR LO QUE ES GALOPAAAR!
¡DÉSE PRISA, CORCHO! ¡QUE NOS ATRAPAAAA!
¡PUES PÓNGASE AQUÍ DELANTE, CARAY! ¡QUE DOS BURROS TIRAN MÁS QUE UNOOOO!

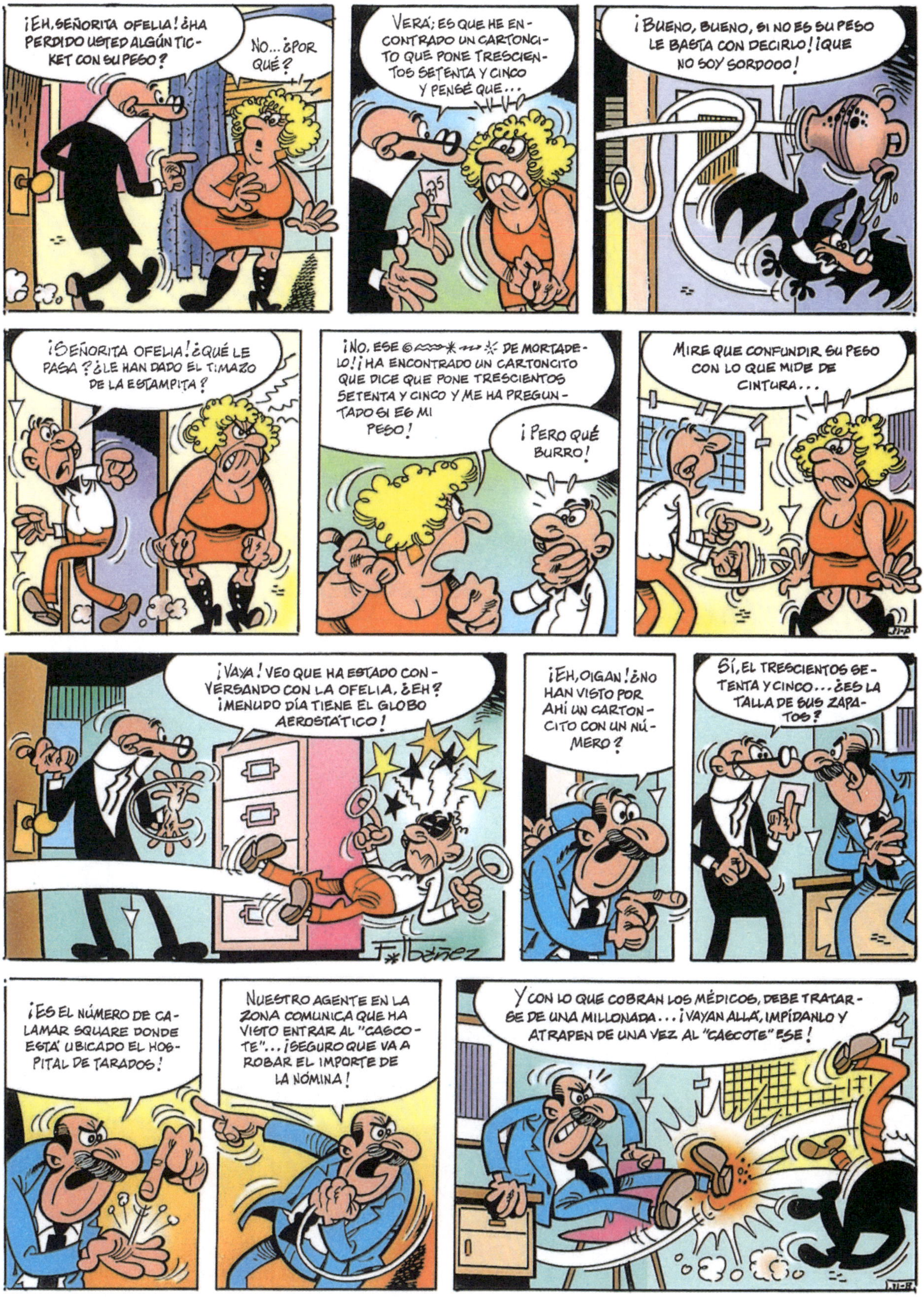

¡EH, SEÑORITA OFELIA! ¿HA PERDIDO USTED ALGÚN TICKET CON SU PESO?
NO... ¿POR QUÉ?
VERÁ; ES QUE HE ENCONTRADO UN CARTONCITO QUE PONE TRESCIENTOS SETENTA Y CINCO Y PENSÉ QUE...
375
¡BUENO, BUENO, SI NO ES SU PESO LE BASTA CON DECIRLO! ¡QUE NO SOY SORDOOO!
¡SEÑORITA OFELIA! ¿QUÉ LE PASA? ¿LE HAN DADO EL TIMAZO DE LA ESTAMPITA?
¡NO, ESE DE MORTADELO! ¡HA ENCONTRADO UN CARTONCITO QUE DICE QUE PONE TRESCIENTOS SETENTA Y CINCO Y ME HA PREGUNTADO SI ES MI PESO!
¡PERO QUÉ BURRO!
MIRE QUE CONFUNDIR SU PESO CON LO QUE MIDE DE CINTURA...
¡VAYA! VEO QUE HA ESTADO CONVERSANDO CON LA OFELIA, ¿EH? ¡MENUDO DÍA TIENE EL GLOBO AEROSTÁTICO!
F. Ibáñez
¡EH, OIGAN! ¿NO HAN VISTO POR AHÍ UN CARTONCITO CON UN NÚMERO?
SÍ, EL TRESCIENTOS SETENTA Y CINCO... ¿ES LA TALLA DE SUS ZAPATOS?
¡ES EL NÚMERO DE CALAMAR SQUARE DONDE ESTÁ UBICADO EL HOSPITAL DE TARADOS!
NUESTRO AGENTE EN LA ZONA COMUNICA QUE HA VISTO ENTRAR AL "CASCOTE"... ¡SEGURO QUE VA A ROBAR EL IMPORTE DE LA NÓMINA!
Y CON LO QUE COBRAN LOS MÉDICOS, DEBE TRATARSE DE UNA MILLONADA... ¡VAYAN ALLÁ, IMPÍDANLO Y ATRAPEN DE UNA VEZ AL "CASCOTE" ESE!

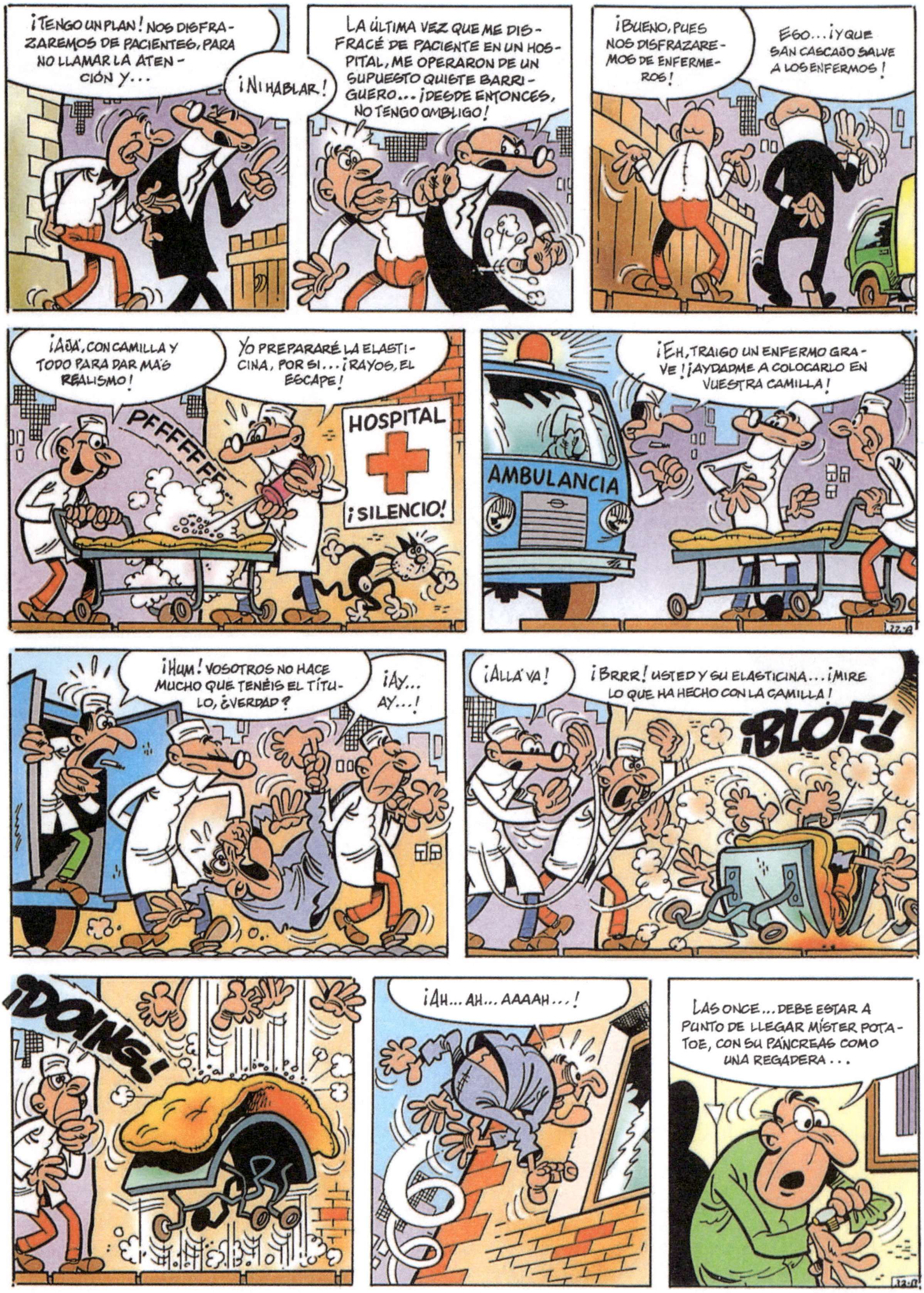

¡TENGO UN PLAN! NOS DISFRAZAREMOS DE PACIENTES, PARA NO LLAMAR LA ATENCIÓN Y...
¡NI HABLAR!
LA ÚLTIMA VEZ QUE ME DISFRACÉ DE PACIENTE EN UN HOSPITAL, ME OPERARON DE UN SUPUESTO QUISTE BARRIGUERO... ¡DESDE ENTONCES, NO TENGO OMBLIGO!
¡BUENO, PUES NOS DISFRAZAREMOS DE ENFERMEROS!
ESO... ¡Y QUE SAN CASCAJO SALVE A LOS ENFERMOS!
¡AJÁ, CON CAMILLA Y TODO PARA DAR MÁS REALISMO!
PFFFFFFF
YO PREPARARÉ LA ELASTICINA, POR SI... ¡RAYOS, EL ESCAPE!
HOSPITAL
¡SILENCIO!
AMBULANCIA
¡EH, TRAIGO UN ENFERMO GRAVE! ¡AYUDADME A COLOCARLO EN VUESTRA CAMILLA!
¡HUM! VOSOTROS NO HACE MUCHO QUE TENÉIS EL TÍTULO, ¿VERDAD?
¡AY... AY...!
¡ALLÁ VA!
¡BRRR! USTED Y SU ELASTICINA... ¡MIRE LO QUE HA HECHO CON LA CAMILLA!
¡BLOF!
¡DOING!
¡AH... AH... AAAAH...!
LAS ONCE... DEBE ESTAR A PUNTO DE LLEGAR MÍSTER POTATOE, CON SU PÁNCREAS COMO UNA REGADERA...

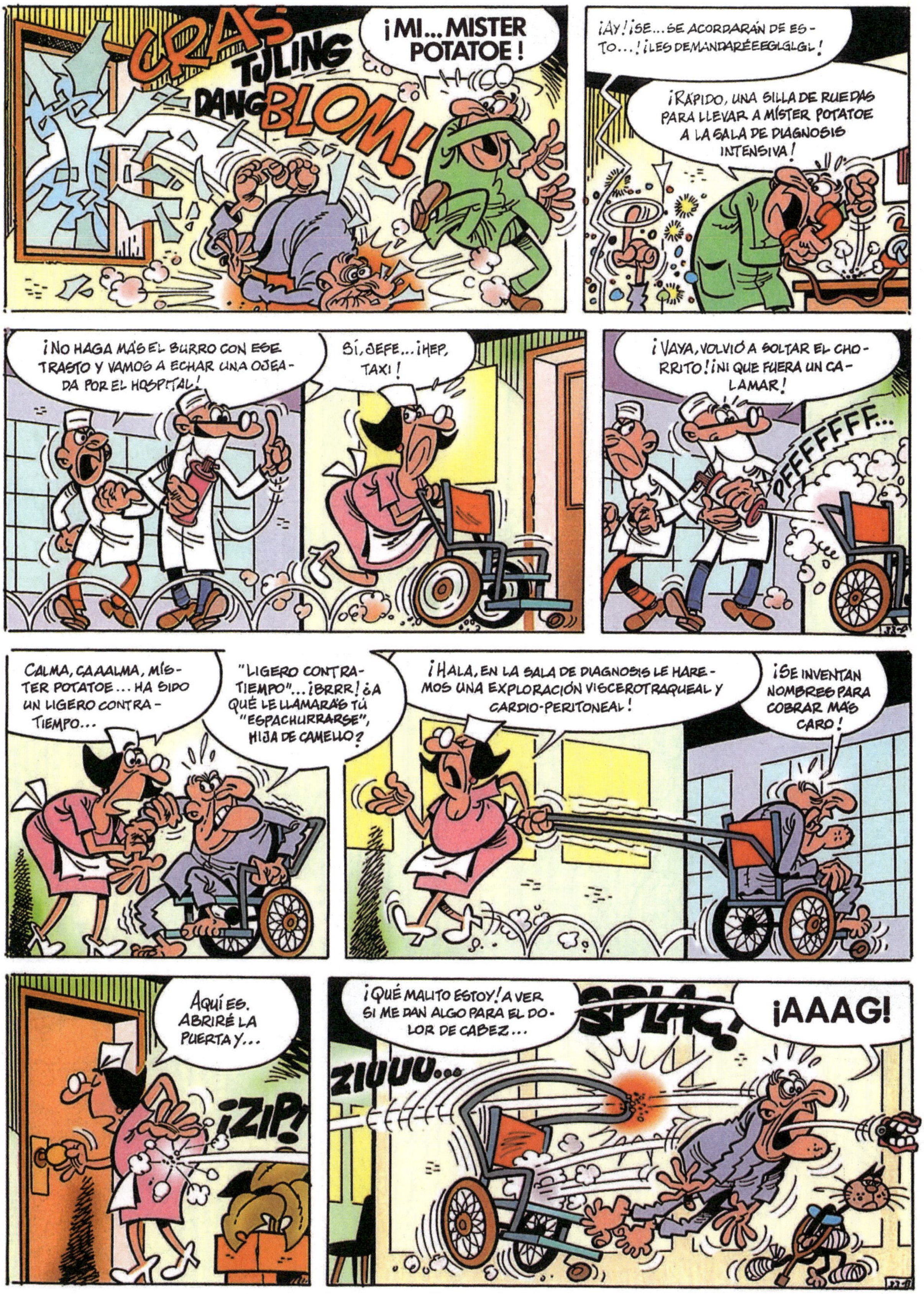
CRAS
TJLING
DANG BLOM!
¡MI... MISTER POTATOE!
¡AY! ¡SE... SE ACORDARÁN DE ESTO...! ¡LES DEMANDARÉEEEGLGLGL!
¡RÁPIDO, UNA SILLA DE RUEDAS PARA LLEVAR A MÍSTER POTATOE A LA SALA DE DIAGNOSIS INTENSIVA!
¡NO HAGA MÁS EL BURRO CON ESE TRASTO Y VAMOS A ECHAR UNA OJEADA POR EL HOSPITAL!
SÍ, JEFE... ¡HEP, TAXI!
¡VAYA, VOLVIÓ A SOLTAR EL CHORRITO! ¡NI QUE FUERA UN CALAMAR!
PFFFFFFF...
CALMA, CAAALMA, MÍSTER POTATOE... HA SIDO UN LIGERO CONTRATIEMPO...
"LIGERO CONTRATIEMPO"... ¡BRRR! ¿A QUÉ LE LLAMARÁS TÚ "ESPACHURRARSE", HIJA DE CAMELLO?
¡HALA, EN LA SALA DE DIAGNOSIS LE HAREMOS UNA EXPLORACIÓN VISCEROTRAQUEAL Y CARDIO-PERITONEAL!
¡SE INVENTAN NOMBRES PARA COBRAR MÁS CARO!
AQUÍ ES. ABRIRÉ LA PUERTA Y...
¡ZIP!
¡QUÉ MALITO ESTOY! A VER SI ME DAN ALGO PARA EL DOLOR DE CABEZ...
ZIUUU...
SPLAC!
¡AAAG!

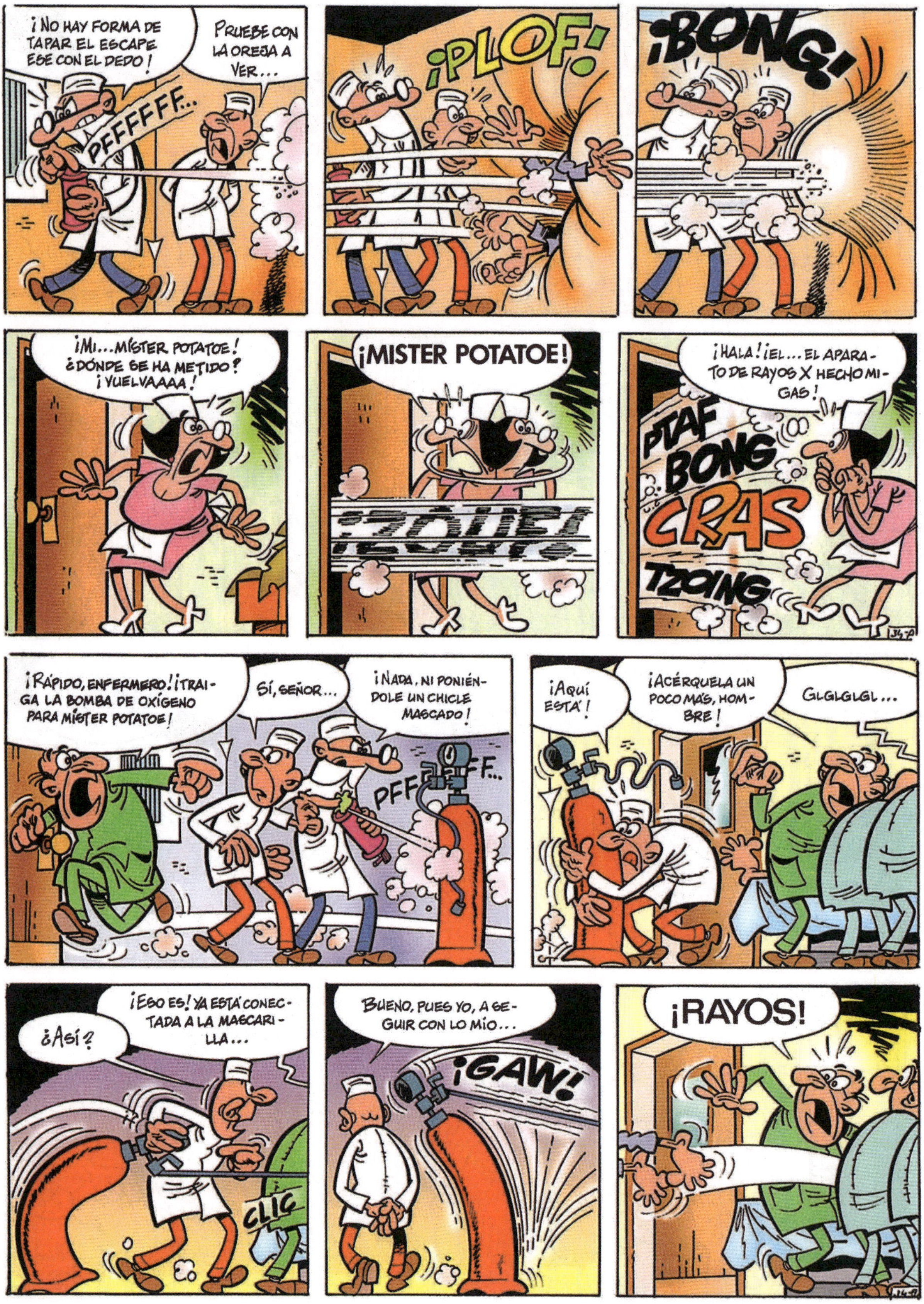
¡NO HAY FORMA DE TAPAR EL ESCAPE ESE CON EL DEDO!
PRUEBE CON LA OREJA A VER...
PFFFFFF...
¡PLOF!
¡BONG!
¡MI... MÍSTER POTATOE! ¿DÓNDE SE HA METIDO? ¡VUELVAAAA!
¡MISTER POTATOE!
¡ZOUF!
¡HALA! ¡EL... EL APARATO DE RAYOS X HECHO MIGAS!
PTAF
BONG
CRAS
TZOING
¡RÁPIDO, ENFERMERO! ¡TRAIGA LA BOMBA DE OXÍGENO PARA MÍSTER POTATOE!
SÍ, SEÑOR...
¡NADA, NI PONIÉNDOLE UN CHICLE MASCADO!
PFFFFF...
¡AQUÍ ESTÁ!
¡ACÉRQUELA UN POCO MÁS, HOMBRE!
GLGLGLGL...
¿ASÍ?
¡ESO ES! YA ESTÁ CONECTADA A LA MASCARILLA...
CLIC
BUENO, PUES YO, A SEGUIR CON LO MÍO...
¡GAW!
¡RAYOS!

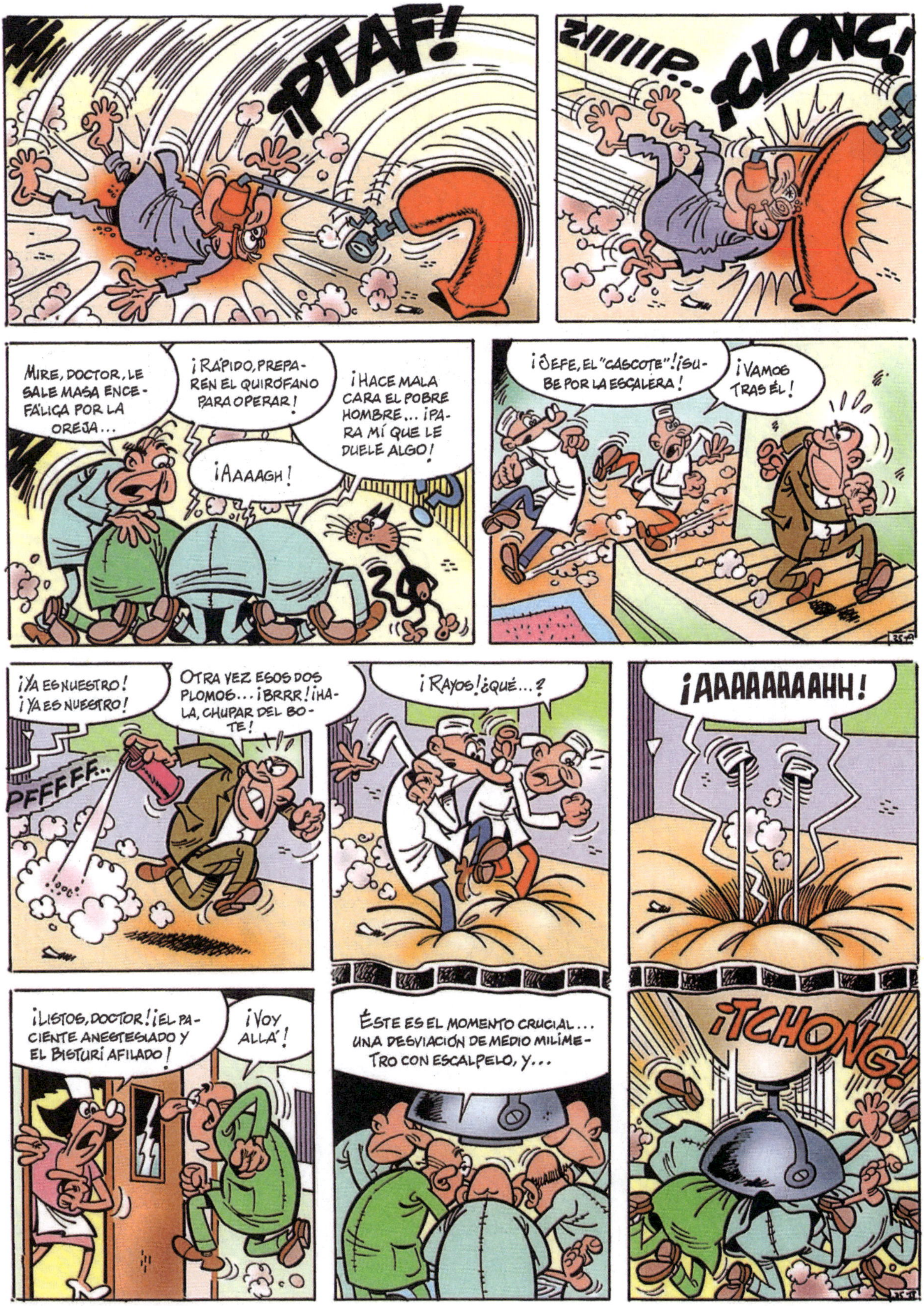
¡PTAF!
ZIIIIIP... ¡CLONC!
MIRE, DOCTOR, LE SALE MASA ENCEFÁLICA POR LA OREJA...
¡RÁPIDO, PREPAREN EL QUIRÓFANO PARA OPERAR!
¡HACE MALA CARA EL POBRE HOMBRE... ¡PARA MÍ QUE LE DUELE ALGO!
¡AAAAGH!
¡JEFE, EL "CASCOTE"! ¡SUBE POR LA ESCALERA!
¡VAMOS TRAS ÉL!
¡YA ES NUESTRO! ¡YA ES NUESTRO!
OTRA VEZ ESOS DOS PLOMOS... ¡BRRR! ¡HALA, CHUPAR DEL BOTE!
PFFFFF...
¡RAYOS! ¿QUÉ...?
¡AAAAAAAAHH!
¡LISTOS, DOCTOR! ¡EL PACIENTE ANESTESIADO Y EL BISTURÍ AFILADO!
¡VOY ALLÁ!
ÉSTE ES EL MOMENTO CRUCIAL... UNA DESVIACIÓN DE MEDIO MILÍMETRO CON ESCALPELO, Y...
¡TCHONG!

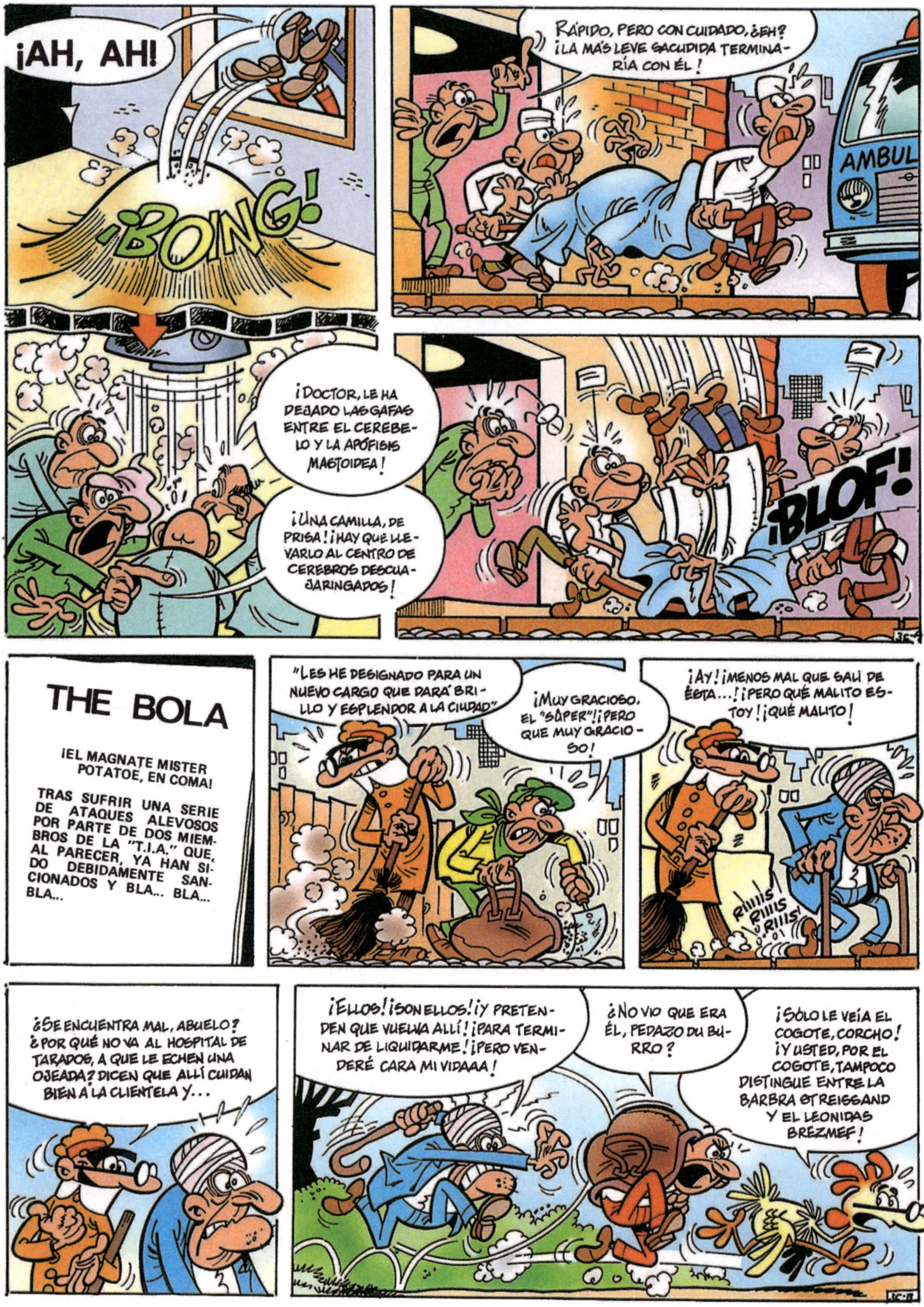
¡AH, AH!
¡BONG!
RÁPIDO, PERO CON CUIDADO, ¿EH? ¡LA MÁS LEVE SACUDIDA TERMINARÍA CON ÉL!
AMBUL
¡DOCTOR, LE HA DEJADO LAS GAFAS ENTRE EL CEREBELO Y LA APÓFISIS MASTOIDEA!
¡UNA CAMILLA, DE PRISA! ¡HAY QUE LLEVARLO AL CENTRO DE CEREBROS DESCUAJARINGADOS!
¡BLOF!
THE BOLA
¡EL MAGNATE MISTER POTATOE, EN COMA!
TRAS SUFRIR UNA SERIE DE ATAQUES ALEVOSOS POR PARTE DE DOS MIEMBROS DE LA "T.I.A." QUE, AL PARECER, YA HAN SIDO DEBIDAMENTE SANCIONADOS Y BLA... BLA... BLA...
"LES HE DESIGNADO PARA UN NUEVO CARGO QUE DARÁ BRILLO Y ESPLENDOR A LA CIUDAD"
¡MUY GRACIOSO, EL "SÚPER"! ¡PERO QUE MUY GRACIOSO!
¡AY! ¡MENOS MAL QUE SALÍ DE ÉSTA...! ¡PERO QUÉ MALITO ESTOY! ¡QUÉ MALITO!
RIIIIS RIIIIS RIIIS!
¿SE ENCUENTRA MAL, ABUELO? ¿POR QUÉ NO VA AL HOSPITAL DE TARADOS, A QUE LE ECHEN UNA OJEADA? DICEN QUE ALLÍ CUIDAN BIEN A LA CLIENTELA Y...
¡ELLOS! ¡SON ELLOS! ¡Y PRETENDEN QUE VUELVA ALLÍ! ¡PARA TERMINAR DE LIQUIDARME! ¡PERO VENDERÉ CARA MI VIDAAA!
¿NO VIO QUE ERA ÉL, PEDAZO DU BURRO?
¡SÓLO LE VEÍA EL COGOTE, CORCHO! ¡Y USTED, POR EL COGOTE, TAMPOCO DISTINGUE ENTRE LA BARBRA STREISSAND Y EL LEONIDAS BREZMEF!

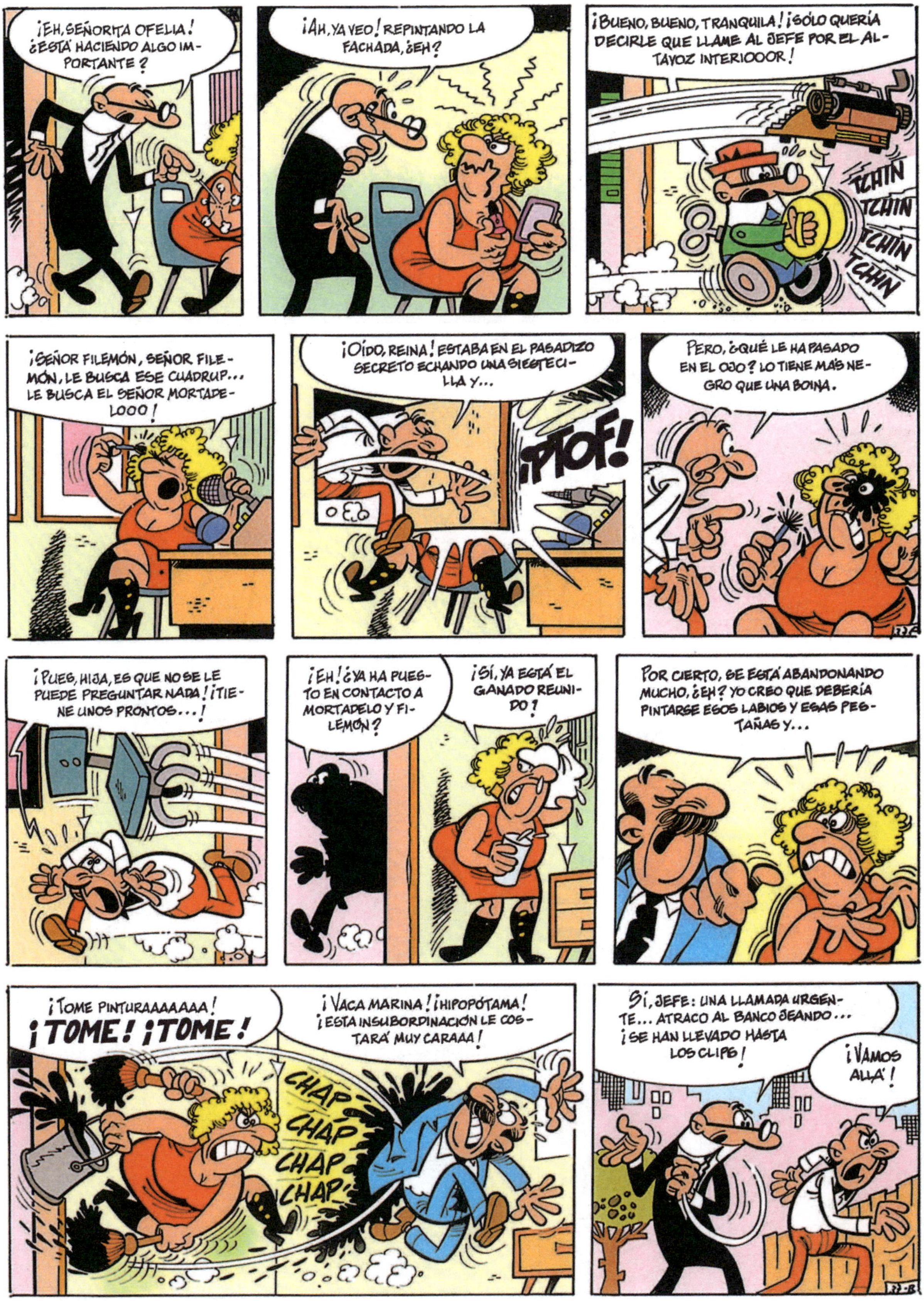
¡EH, SEÑORITA OFELIA! ¿ESTÁ HACIENDO ALGO IMPORTANTE?
¡AH, YA VEO! REPINTANDO LA FACHADA, ¿EH?
¡BUENO, BUENO, TRANQUILA! ¡SÓLO QUERÍA DECIRLE QUE LLAME AL JEFE POR EL ALTAVOZ INTERIOOOR!
TCHIN
TCHIN
TCHIN
TCHIN
¡SEÑOR FILEMÓN, SEÑOR FILEMÓN, LE BUSCA ESE CUADRUP... LE BUSCA EL SEÑOR MORTADELOOO!
¡OÍDO, REINA! ESTABA EN EL PASADIZO SECRETO ECHANDO UNA SIESTECILLA Y...
¡PTOF!
PERO, ¿QUÉ LE HA PASADO EN EL OJO? LO TIENE MÁS NEGRO QUE UNA BOINA.
¡PUES, HIJA, ES QUE NO SE LE PUEDE PREGUNTAR NADA! ¡TIENE UNOS PRONTOS...!
¡EH! ¿YA HA PUESTO EN CONTACTO A MORTADELO Y FILEMÓN?
¡SÍ, YA ESTÁ EL GANADO REUNIDO!
POR CIERTO, SE ESTÁ ABANDONANDO MUCHO, ¿EH? YO CREO QUE DEBERÍA PINTARSE ESOS LABIOS Y ESAS PESTAÑAS Y...
¡TOME PINTURAAAAAAA! ¡TOME! ¡TOME!
¡VACA MARINA! ¡HIPOPÓTAMA! ¡ESTA INSUBORDINACIÓN LE COSTARÁ MUY CARAAA!
CHAP
CHAP
CHAP
CHAP
SÍ, JEFE: UNA LLAMADA URGENTE... ATRACO AL BANCO JEANDO... ¡SE HAN LLEVADO HASTA LOS CLIPS!
¡VAMOS ALLÁ!

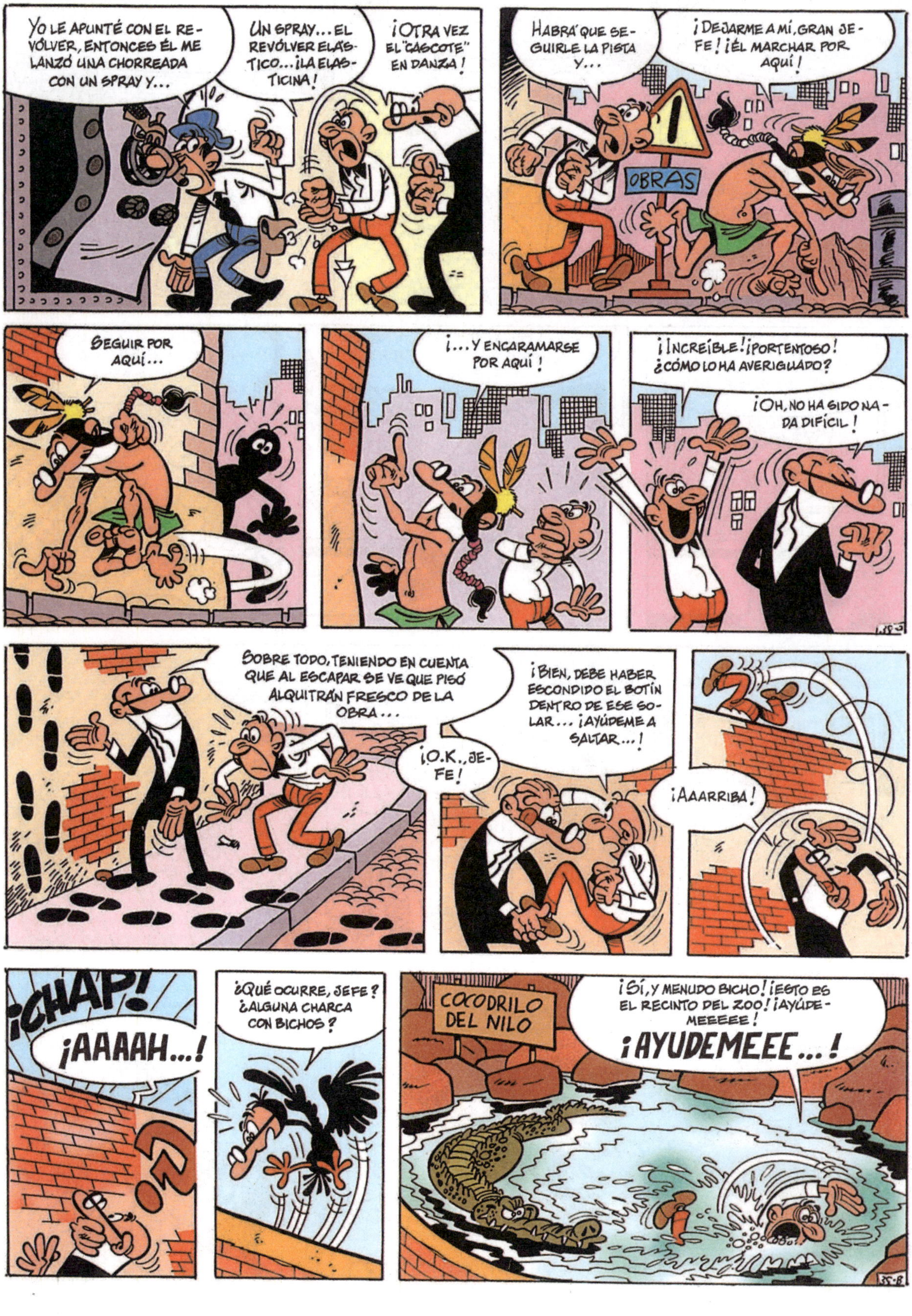
YO LE APUNTÉ CON EL RE-VÓLVER, ENTONCES ÉL ME LANZÓ UNA CHORREADA CON UN SPRAY Y...
UN SPRAY... EL REVÓLVER ELÁSTICO... ¡LA ELASTICINA!
¡OTRA VEZ EL "CASCOTE" EN DANZA!
HABRÁ QUE SEGUIRLE LA PISTA Y...
¡DEJARME A MÍ, GRAN JEFE! ¡ÉL MARCHAR POR AQUÍ!
OBRAS
SEGUIR POR AQUÍ...
¡...Y ENCARAMARSE POR AQUÍ!
¡INCREÍBLE! ¡PORTENTOSO! ¿CÓMO LO HA AVERIGUADO?
¡OH, NO HA SIDO NADA DIFÍCIL!
SOBRE TODO, TENIENDO EN CUENTA QUE AL ESCAPAR SE VE QUE PISÓ ALQUITRÁN FRESCO DE LA OBRA...
¡BIEN, DEBE HABER ESCONDIDO EL BOTÍN DENTRO DE ESE SOLAR... ¡AYÚDEME A SALTAR...!
¡O.K., JEFE!
¡AAARRIBA!
¡CHAP!
¡AAAAH...!
¿QUÉ OCURRE, JEFE? ¿ALGUNA CHARCA CON BICHOS?
COCODRILO DEL NILO
¡SÍ, Y MENUDO BICHO! ¡ESTO ES EL RECINTO DEL ZOO! ¡AYÚDEMEEEEE!
¡AYUDEMEEE...!

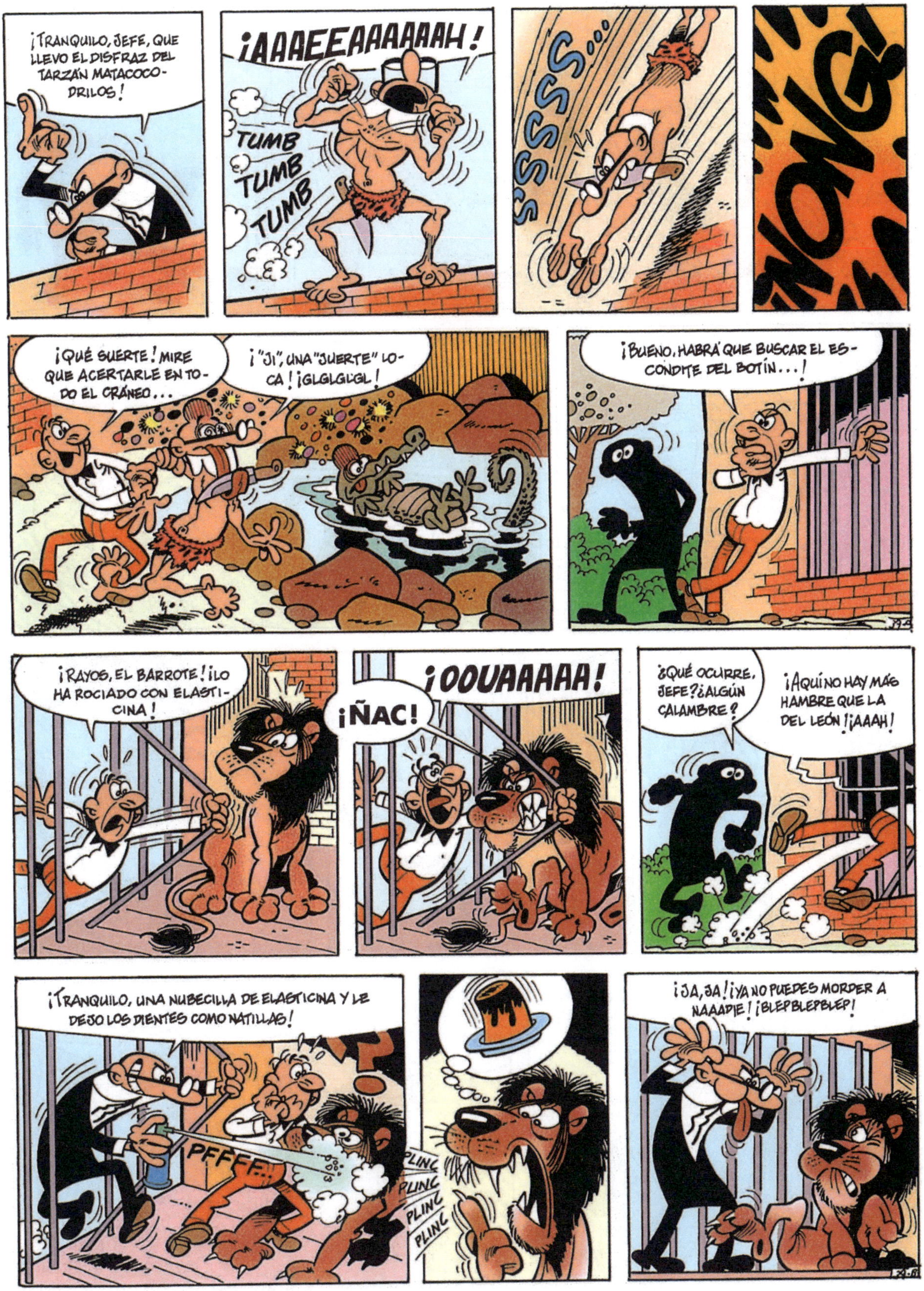
¡TRANQUILO, JEFE, QUE LLEVO EL DISFRAZ DEL TARZÁN MATACOCODRILOS!
¡AAAEEAAAAAAH!
TUMB TUMB TUMB
SSSSS...
¡BONG!
¡QUÉ SUERTE! MIRE QUE ACERTARLE EN TODO EL CRÁNEO...
¡"JI", UNA "JUERTE" LOCA! ¡GLGLGLGL!
¡BUENO, HABRÁ QUE BUSCAR EL ESCONDITE DEL BOTÍN...!
¡RAYOS, EL BARROTE! ¡LO HA ROCIADO CON ELASTICINA!
¡OOUAAAAA!
¡ÑAC!
¿QUÉ OCURRE, JEFE? ¿ALGÚN CALAMBRE?
¡AQUÍ NO HAY MÁS HAMBRE QUE LA DEL LEÓN! ¡AAAH!
¡TRANQUILO, UNA NUBECILLA DE ELASTICINA Y LE DEJO LOS DIENTES COMO NATILLAS!
PFFFF
PLINC PLINC PLINC PLINC
¡JA, JA! ¡YA NO PUEDES MORDER A NAAADIE! ¡BLEPBLEPBLEP!

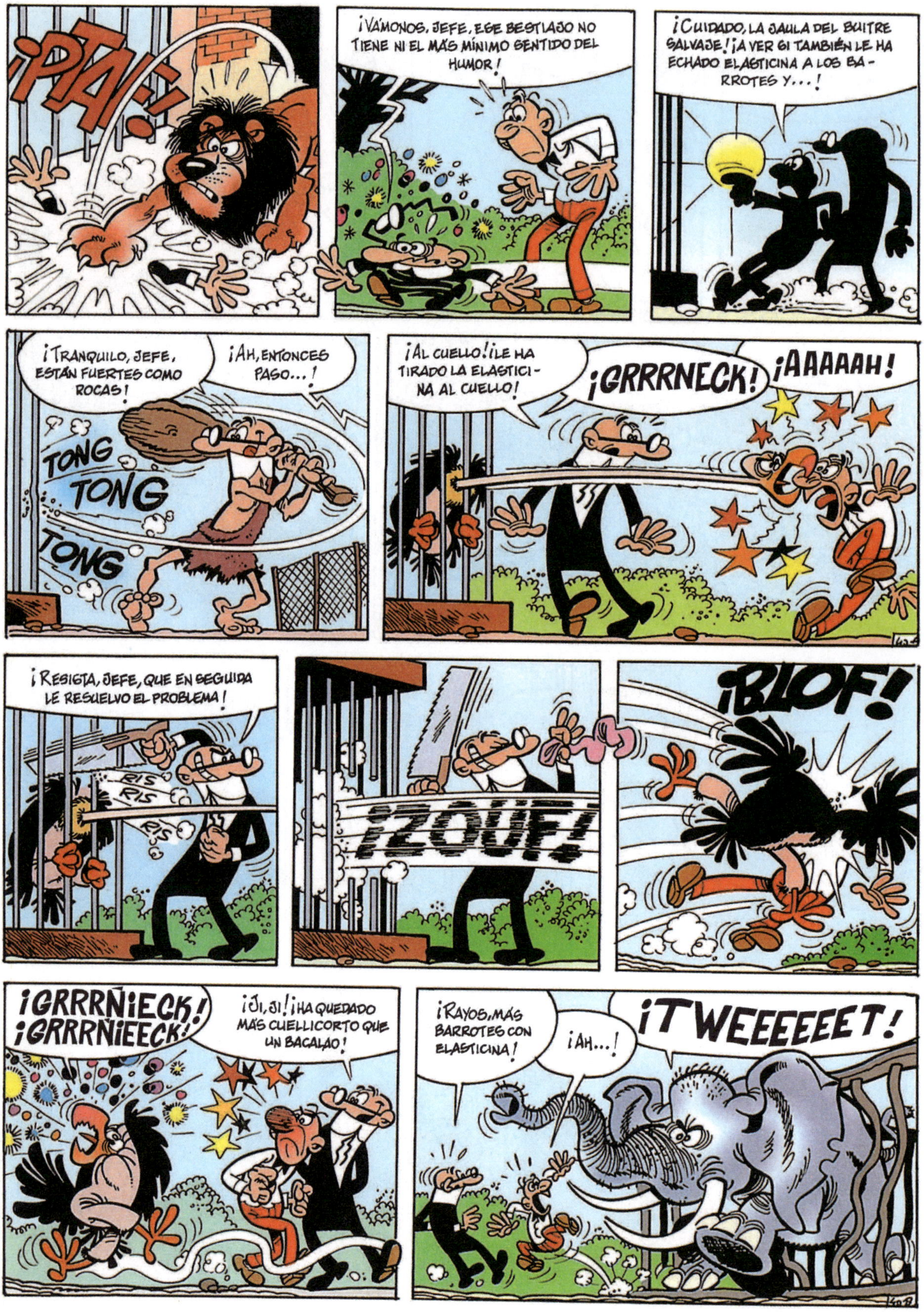
¡PTAF!
¡VÁMONOS, JEFE, ESE BESTIAJO NO TIENE NI EL MÁS MÍNIMO SENTIDO DEL HUMOR!
¡CUIDADO, LA JAULA DEL BUITRE SALVAJE! ¡A VER SI TAMBIÉN LE HA ECHADO ELASTICINA A LOS BARROTES Y...!
¡TRANQUILO, JEFE, ESTÁN FUERTES COMO ROCAS!
¡AH, ENTONCES PASO...!
TONG
TONG
TONG
¡AL CUELLO! ¡LE HA TIRADO LA ELASTICINA AL CUELLO!
¡GRRRNECK!
¡AAAAAH!
¡RESISTA, JEFE, QUE EN SEGUIDA LE RESUELVO EL PROBLEMA!
RIS
RIS
RIS
¡ZOUF!
¡BLOF!
¡GRRRÑIECK! ¡GRRRÑIEECK!
¡JI, JI! ¡HA QUEDADO MÁS CUELLICORTO QUE UN BACALAO!
¡RAYOS, MÁS BARROTES CON ELASTICINA!
¡AH...!
¡TWEEEEEET!

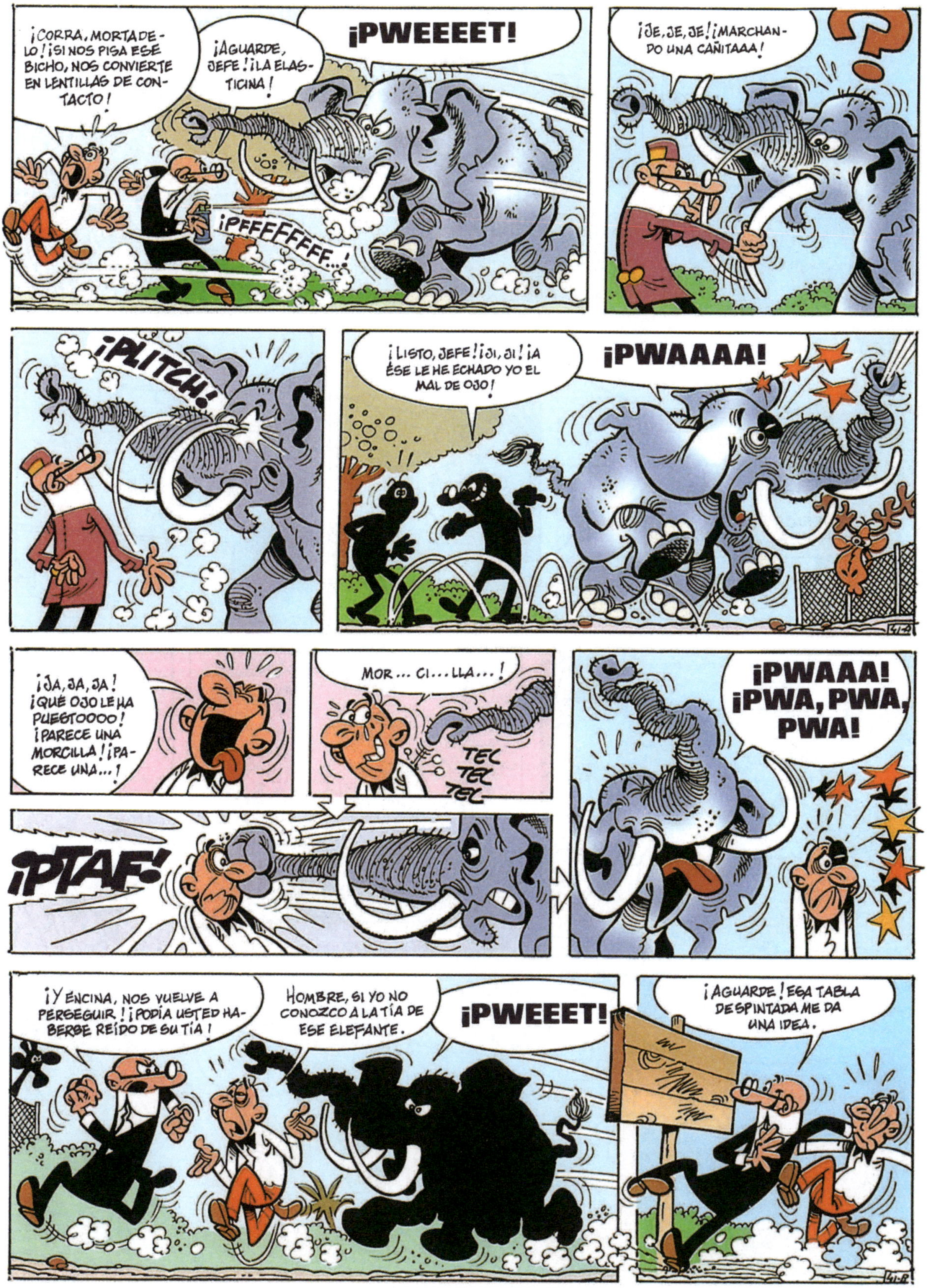
¡CORRA, MORTADELO! ¡SI NOS PISA ESE BICHO, NOS CONVIERTE EN LENTILLAS DE CONTACTO!
¡AGUARDE, JEFE! ¡LA ELASTICINA!
¡PWEEEET!
¡PFFFFFFFF...!
¡JE, JE, JE! ¡MARCHANDO UNA CAÑITAAA!
¡PLITCH!
¡LISTO, JEFE! ¡JI, JI! ¡A ÉSE LE HE ECHADO YO EL MAL DE OJO!
¡PWAAAA!
¡JA, JA, JA! ¡QUÉ OJO LE HA PUESTOOOO! ¡PARECE UNA MORCILLA! ¡PARECE UNA...!
MOR... CI... LLA...!
TEL TEL TEL
¡PTAF!
¡PWAAA! ¡PWA, PWA, PWA!
¡Y ENCIMA, NOS VUELVE A PERSEGUIR! ¡PODÍA USTED HABERSE REÍDO DE SU TÍA!
HOMBRE, SI YO NO CONOZCO A LA TÍA DE ESE ELEFANTE.
¡PWEEET!
¡AGUARDE! ESA TABLA DESPINTADA ME DA UNA IDEA.

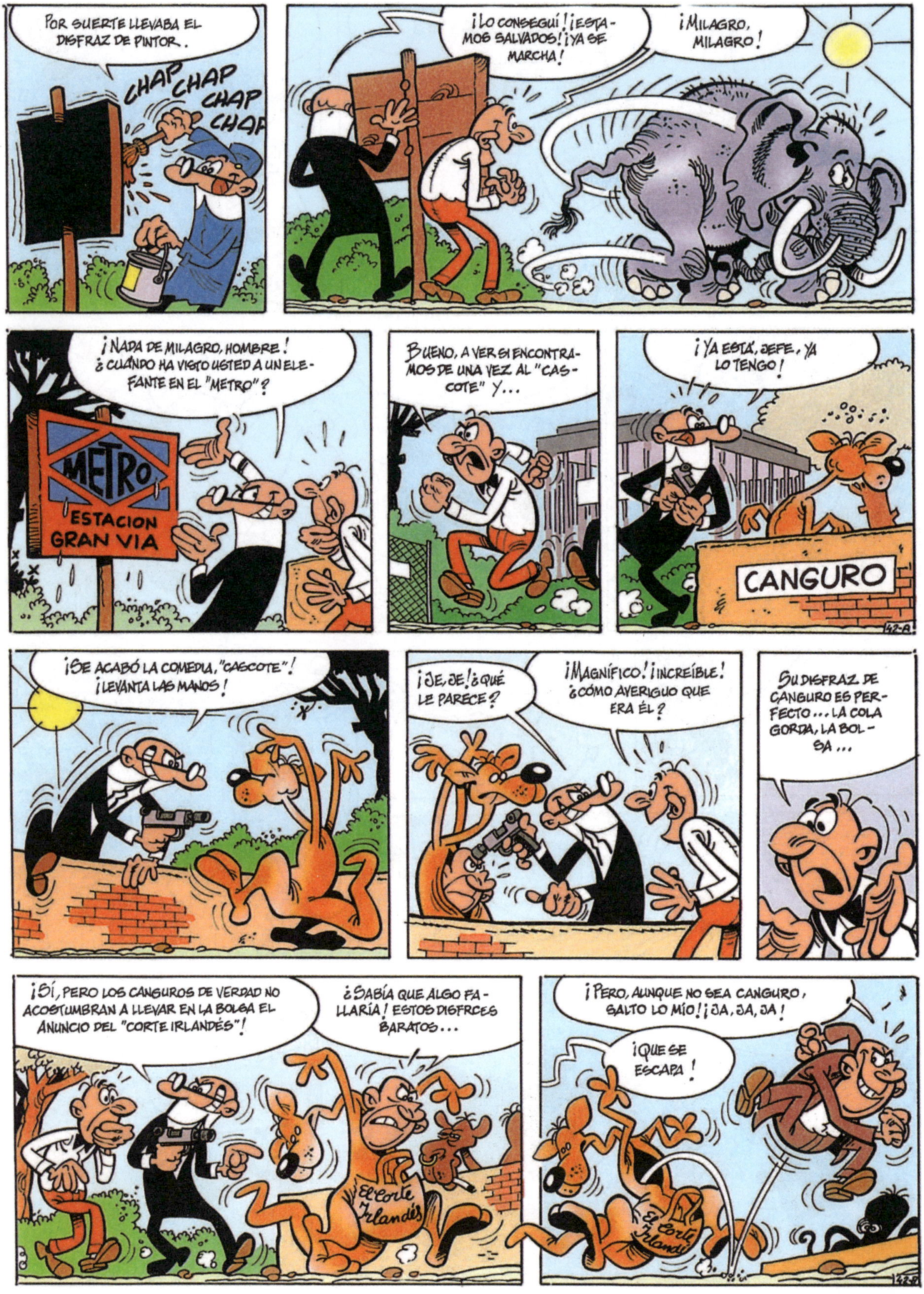
POR SUERTE LLEVABA EL DISFRAZ DE PINTOR.
CHAP CHAP CHAP CHAP
¡LO CONSEGUÍ! ¡ESTAMOS SALVADOS! ¡YA SE MARCHA!
¡MILAGRO, MILAGRO!
¡NADA DE MILAGRO, HOMBRE! ¿CUÁNDO HA VISTO USTED A UN ELEFANTE EN EL "METRO"?
METRO
ESTACION GRAN VIA
BUENO, A VER SI ENCONTRAMOS DE UNA VEZ AL "CASCOTE" Y...
¡YA ESTÁ, JEFE, YA LO TENGO!
CANGURO
¡SE ACABÓ LA COMEDIA, "CASCOTE"! ¡LEVANTA LAS MANOS!
¡JE, JE! ¿QUÉ LE PARECE?
¡MAGNÍFICO! ¡INCREÍBLE! ¿CÓMO AVERIGUÓ QUE ERA ÉL?
SU DISFRAZ DE CANGURO ES PERFECTO... LA COLA GORDA, LA BOLSA...
¡SÍ, PERO LOS CANGUROS DE VERDAD NO ACOSTUMBRAN A LLEVAR EN LA BOLSA EL ANUNCIO DEL "CORTE IRLANDÉS"!
¿SABÍA QUE ALGO FALLARÍA! ESTOS DISFRCES BARATOS...
El Corte Irlandés
¡PERO, AUNQUE NO SEA CANGURO, SALTO LO MÍO! ¡JA, JA, JA!
¡QUE SE ESCAPA!
El Corte Irlandés

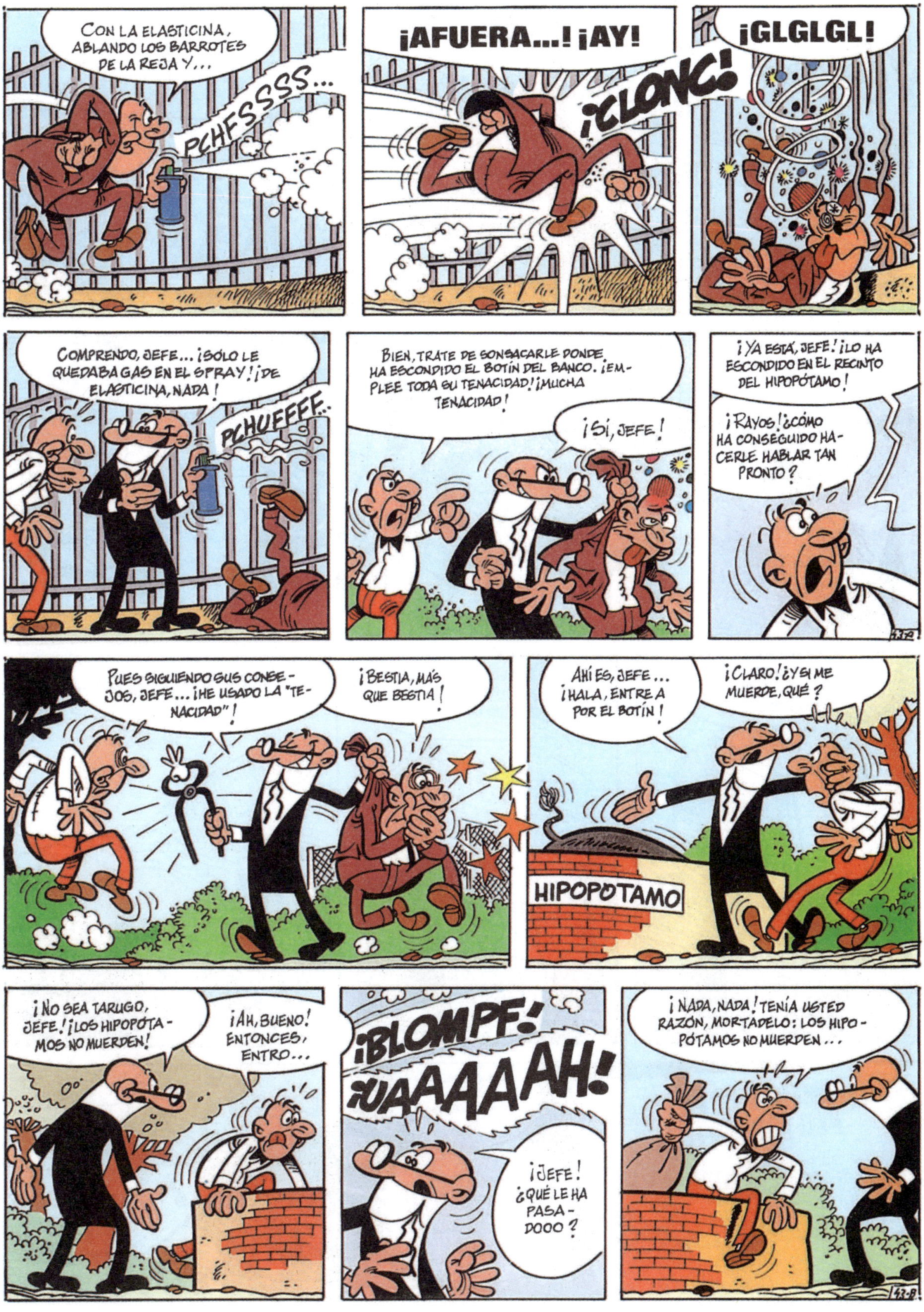
CON LA ELASTICINA, ABLANDO LOS BARROTES DE LA REJA Y...
PCHFSSSS...
¡AFUERA...! ¡AY!
¡CLONC!
¡GLGLGL!
COMPRENDO, JEFE... ¡SÓLO LE QUEDABA GAS EN EL SPRAY! ¡DE ELASTICINA, NADA!
PCHUFFFF...
BIEN, TRATE DE SONSACARLE DONDE HA ESCONDIDO EL BOTÍN DEL BANCO. ¡EMPLEE TODA SU TENACIDAD! ¡MUCHA TENACIDAD!
¡SÍ, JEFE!
¡YA ESTÁ, JEFE! ¡LO HA ESCONDIDO EN EL RECINTO DEL HIPOPÓTAMO!
¡RAYOS! ¿CÓMO HA CONSEGUIDO HACERLE HABLAR TAN PRONTO?
PUES SIGUIENDO SUS CONSEJOS, JEFE... ¡HE USADO LA "TENACIDAD"!
¡BESTIA, MÁS QUE BESTIA!
AHÍ ES, JEFE... ¡HALA, ENTRE A POR EL BOTÍN!
¡CLARO! ¿Y SI ME MUERDE, QUÉ?
HIPOPOTAMO
¡NO SEA TARUGO, JEFE! ¡LOS HIPOPÓTAMOS NO MUERDEN!
¡AH, BUENO! ENTONCES, ENTRO...
¡BLOMPF!
¡UAAAAAH!
¡JEFE! ¿QUÉ LE HA PASADOOO?
¡NADA, NADA! TENÍA USTED RAZÓN, MORTADELO: LOS HIPOPÓTAMOS NO MUERDEN...

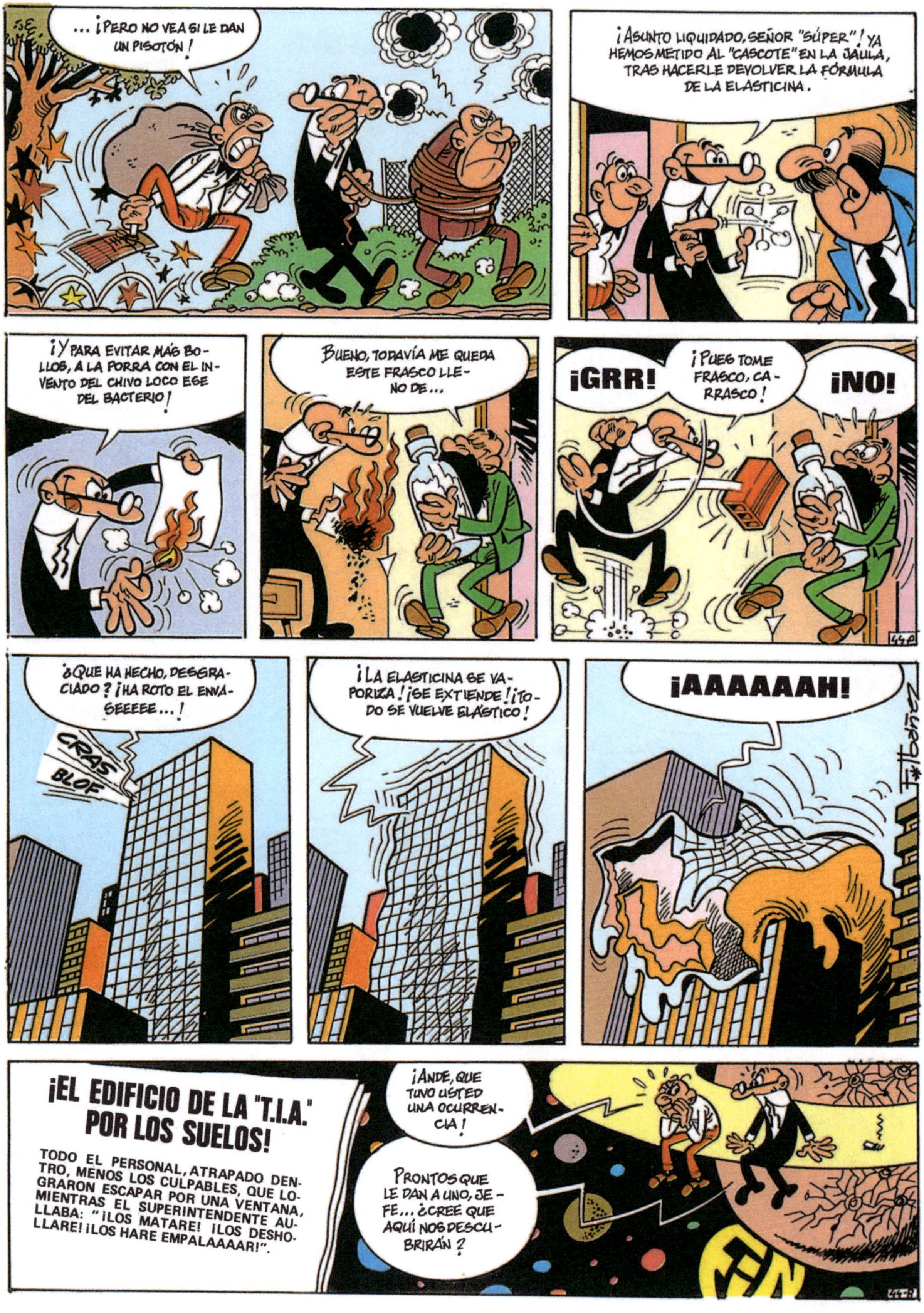

... ¡PERO NO VEA SI LE DAN UN PISOTÓN!
¡ASUNTO LIQUIDADO, SEÑOR "SÚPER"! YA HEMOS METIDO AL "CASCOTE" EN LA JAULA, TRAS HACERLE DEVOLVER LA FÓRMULA DE LA ELASTICINA.
¡Y PARA EVITAR MÁS BOLLOS, A LA PORRA CON EL INVENTO DEL CHIVO LOCO ESE DEL BACTERIO!
BUENO, TODAVÍA ME QUEDA ESTE FRASCO LLENO DE...
¡GRR!
¡PUES TOME FRASCO, CARRASCO!
¡NO!
¿QUE HA HECHO, DESGRACIADO? ¡HA ROTO EL ENVASEEEEE...!
CRAS
BLOF
¡LA ELASTICINA SE VAPORIZA! ¡SE EXTIENDE! ¡TODO SE VUELVE ELÁSTICO!
¡AAAAAAH!
¡EL EDIFICIO DE LA "T.I.A." POR LOS SUELOS!
TODO EL PERSONAL, ATRAPADO DENTRO, MENOS LOS CULPABLES, QUE LOGRARON ESCAPAR POR UNA VENTANA, MIENTRAS EL SUPERINTENDENTE AULLABA: "¡LOS MATARE! ¡LOS DESHOLLARE! ¡LOS HARE EMPALAAAAR!".
¡ANDE, QUE TUVO USTED UNA OCURRENCIA!
PRONTOS QUE LE DAN A UNO, JEFE... ¿CREE QUE AQUÍ NOS DESCUBRIRÁN?

SI HAS LEÍDO LA AVENTURA ANTERIOR "LA ELASTICINA" CON SUMA ATENCIÓN, PODRÁS RESPONDER CORRECTAMENTE EL SIGUIENTE CUESTIONARIO. HAZ TRABAJAR LA NEURONA Y SEÑALA LA RESPUESTA CORRECTA.

A. Bacterio aplica un crecepelo al Súper, pero en vez de pelos, brotan...

1. ☐ Telarañas
2. ☐ Pimientos morrones
3. ☐ Espaguetis

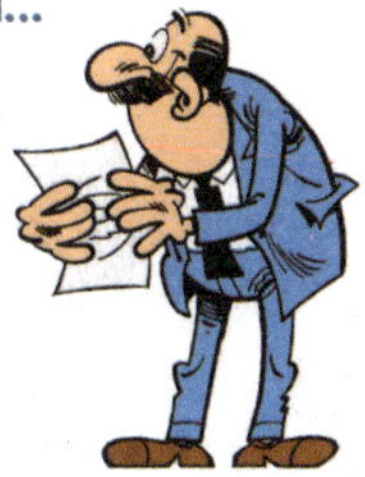

B. ¿Cómo se llama el caco que robó la elasticina?

1. ☐ Imanol "el supositorio"
2. ☐ Rosendo "el cascote"
3. ☐ Sisebuto "el tonto l'haba"

C. Cuando M y F dan con el ladrón en el hospital, ¿cómo reacciona?

1. ☐ Le da un ataque de diarrea
2. ☐ Se inyecta la antirrábica
3. ☐ Se tira por la ventana

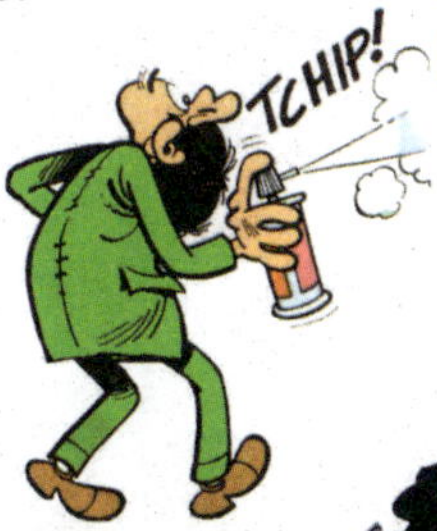
TCHIP!

D. ¿En qué banco han convertido la puerta de la caja fuerte en goma?

1. ☐ En el Banco Billetájez
2. ☐ En el Banco Molocos
3. ☐ En el BBBA (Banca de Borrachos de Borricón de Arriba)

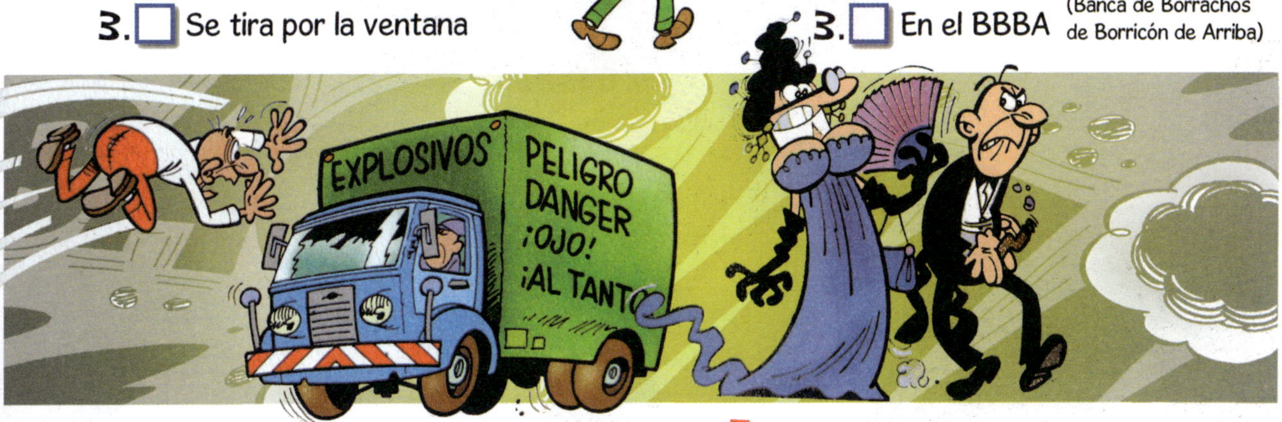
EXPLOSIVOS
PELIGRO
DANGER
¡OJO!
¡AL TANTO

E. ¿Dónde acaba el saco con los 30 millones del botín del robo al banco?

1. ☐ En la cuenta corriente del Súper
2. ☐ Ardiendo en una hoguera
3. ☐ En las fauces de un hipopótamo

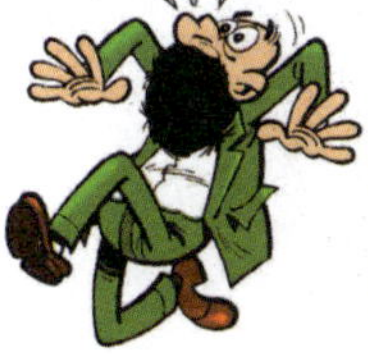

F. Mortadelo se disfraza de mujer de la alta nobleza, y se pone...

1. ☐ Una peluca de pelo de rana
2. ☐ Una rabadilla de silicona
3. ☐ Una bocina bajo el sostén

G. Un pobre anciano las pasa canutas en el hospital. Su nombre es...

1. ☐ Lord Ketchup
2. ☐ Mister Potatoe
3. ☐ Sir Archibald Bradley

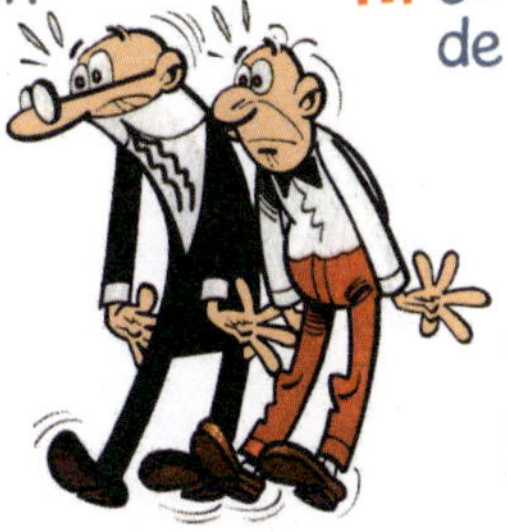

H. ¿Con qué disfraz se oculta el ladrón de la elasticina en el zoológico?

1. ☐ De canguro
2. ☐ De elefante
3. ☐ De tiranosaurio

SOLUCIONES: A2, B2, C3, D1, E2, F3, G2, H1.

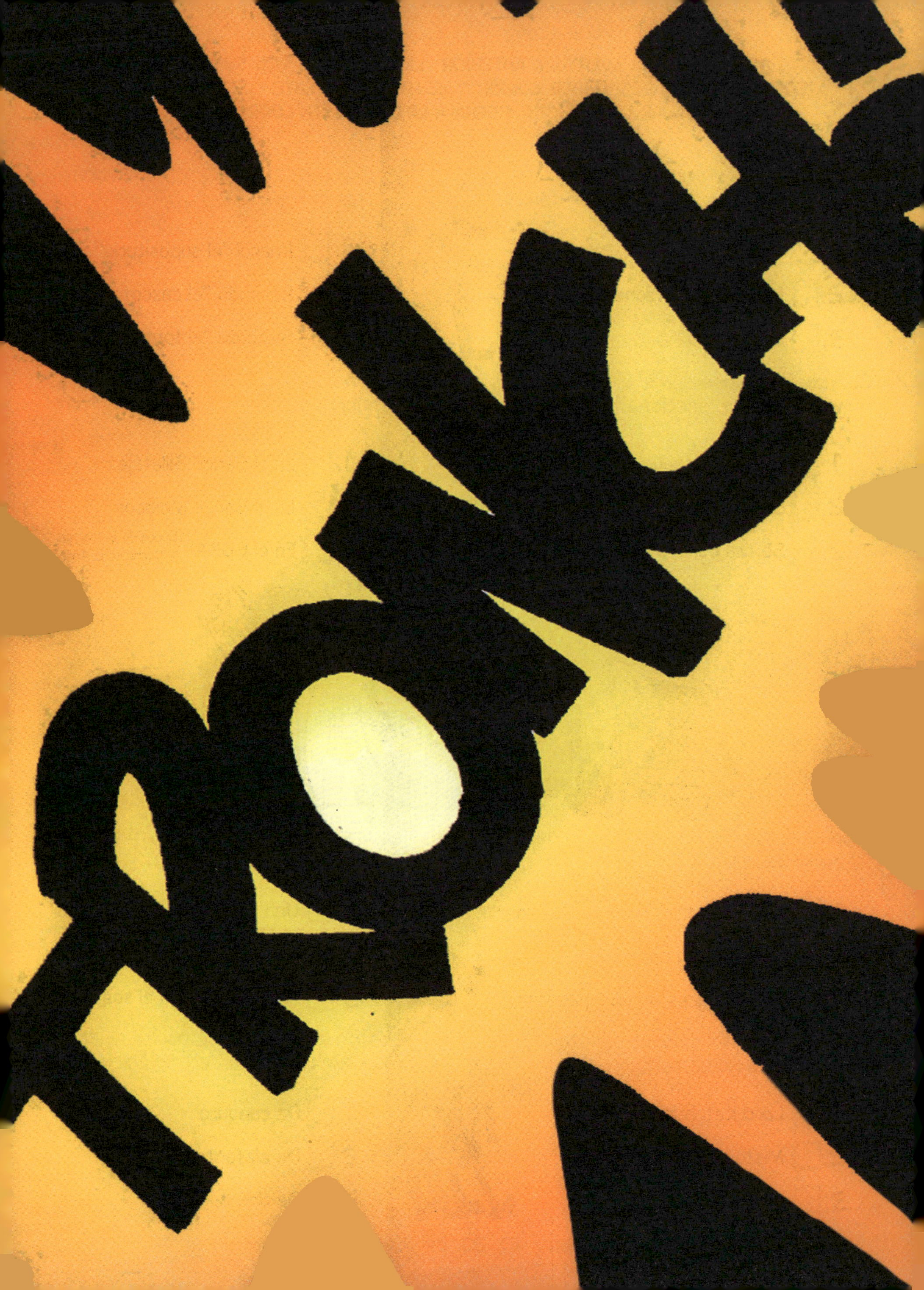

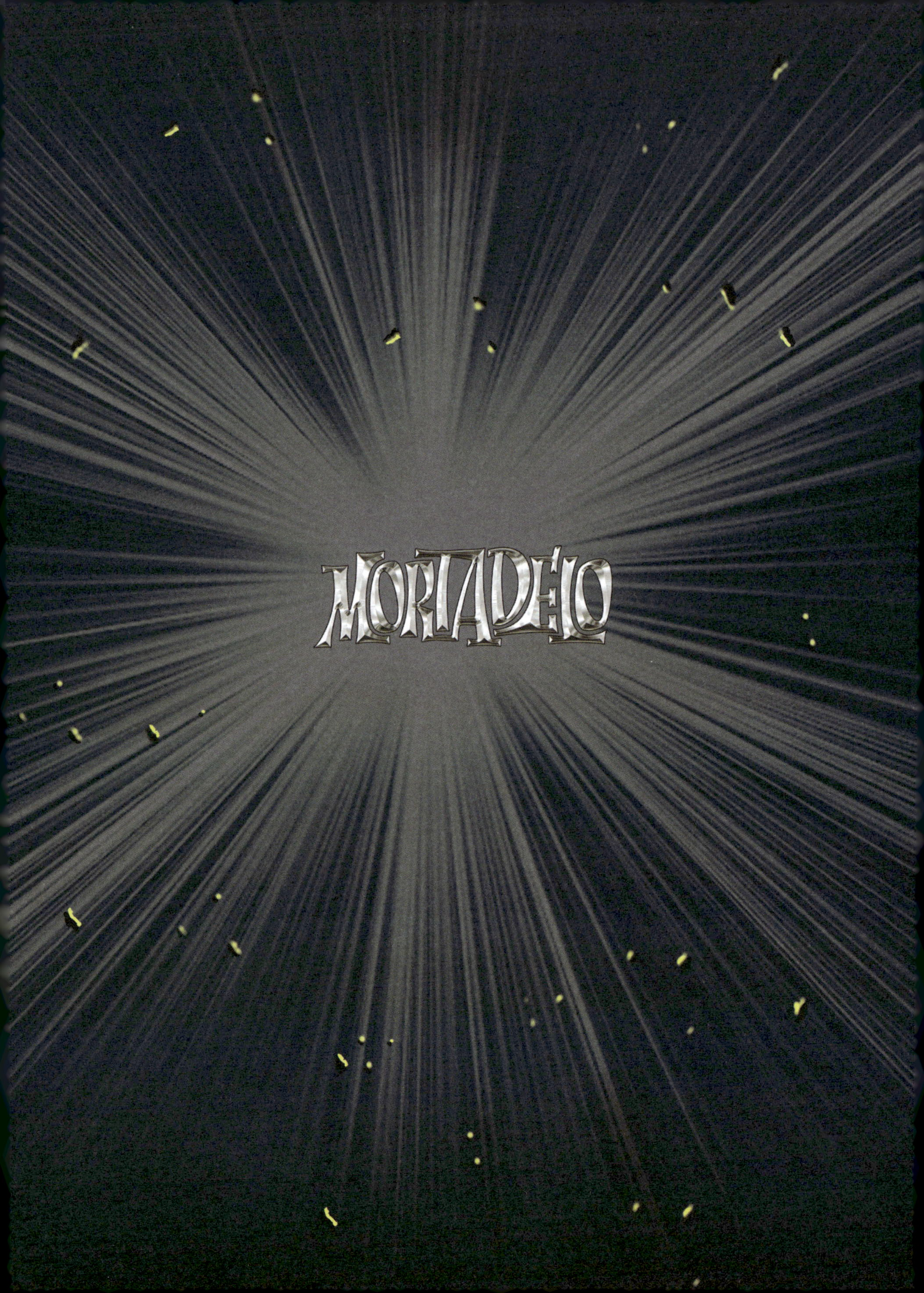
MORTADELO